GESTOR PELA PRIMEIRA VEZ

UM GUIA CLÁSSICO PARA QUEM ENFRENTA
UM NOVO DESAFIO NA CARREIRA

GESTOR PELA PRIMEIRA VEZ

LOREN B. BELKER
JIM McCORMICK
GARY S. TOPCHIK

AGIR

TRADUÇÃO: EDMUNDO BARREIROS

Título original: *The First-Time Manager*

Publicado mediante acordo com a HarperCollins Leadership, um selo da HarperCollins Publishers.

Direitos de edição da obra em língua portuguesa no Brasil adquiridos pela Agir, selo da EDITORA NOVA FRONTEIRA PARTICIPAÇÕES S.A. Todos os direitos reservados. Nenhuma parte desta obra pode ser apropriada e estocada em sistema de banco de dados ou processo similar, em qualquer forma ou meio, seja eletrônico, de fotocópia, gravação etc., sem a permissão do detentor do copirraite.

EDITORA NOVA FRONTEIRA PARTICIPAÇÕES S.A
Av. Rio Branco, 115 — Salas 1201 a 1205 — Centro
Rio de Janeiro — RJ — 20040-004
Tel.: (21) 3882-8200

Dados Internacionais de Catalogação na Publicação (CIP)

B 432g Belker, Loren B; McCormick, Jim; Topchik, Gary S.

Gestor pela primeira vez / Loren B. Belker, Jim McCormick, Gary S. Topchik; tradução Edmundo Barreiros — Rio de Janeiro: Agir, 2022.
328 p.; 15,5 x 23 cm

Título original: The First-Time Manager

ISBN: 978-65-5837-124-3

1. Aperfeiçoamento pessoal. I. Belker, Loren B. II. McCormick, Jim. III. Topchik, Gary S. IV. Barreiros, Edmundo. V. Título.

CDD: 158.1
CDU: 130.1

André Queiroz – CRB-4/2242

Para todos os gestores que aspiram a aperfeiçoar suas habilidades em benefício de si mesmos e daqueles que eles lideram.

Sumário

Prefácio à sétima edição norte-americana, 11
Agradecimentos, 13
Introdução, 15

Parte I
Então você vai gerenciar pessoas, 17
    1. A estrada para o gerenciamento, 19
    2. O começo, 25
    3. A construção da confiança, 35
    4. Mostre sua satisfação, 39
    5. Seja um ouvinte ativo, 43
    6. O trabalho de um novo gestor e as armadilhas a evitar, 49
    7. O trato com seus superiores, 55
    8. A escolha de um estilo gerencial próprio, 65

Parte II
O enfrentamento de novos deveres, 71
    9. A construção de uma dinâmica de equipe, 73
    10. Gerenciamento versus liderança, 79
    11. O gerenciamento de funcionários-problema, 81
    12. Contratação e entrevista, 89
    13. O treinamento dos membros da equipe, 103
    14. Gerenciamento de mudanças: como lidar com a resistência, 111

15. A criação de disciplina nos funcionários, 115
16. "Ah, meu Deus! Não consigo demitir ninguém!", 127
17. Tenha consciência jurídica, 139

Parte III
Trabalhar com pessoas, construir relacionamentos e gerenciar riscos, 147
18. Sem segredos, 149
19. O departamento de recursos humanos, 153
20. O estado atual da lealdade, 157
21. Motivação existe?, 159
22. Entenda a inclinação ao risco, 169
23. Estímulo à iniciativa e à inovação, 177
24. Melhore os resultados, 183
25. A distância entre gerações, 189
26. Gerenciamento de funcionários em trabalho remoto, 195
27. Mídias sociais no ambiente de trabalho, 199

Parte IV
Descrições de cargo, avaliações de desempenho e administração de salários, 201
28. Descrições de cargo, 203
29. Avaliações de desempenho, 207
30. Administração de salários, 223

Parte V
Evolução e desenvolvimento pessoal, 231
31. Inteligência emocional, 233
32. Desenvolva uma autoimagem positiva, 237
33. Gerencie seu próprio tempo, 257
34. A palavra escrita, 267
35. A rádio corredor, 273
36. Sua melhor amiga: a delegação, 277
37. Senso de humor, 283
38. Gerir, participar de e liderar reuniões, 287

39. Você no centro do palco: o papel de falar em público em sua carreira, 299
40. Alguns insights sobre linguagem corporal, 307

Parte VI
A pessoa completa, 311
    41. Aprenda a lidar com o estresse, 313
    42. O equilíbrio em sua vida, 317
    43. Um toque de classe, 321

Conclusão, 323

Prefácio à sétima edição norte-americana

Continua a ser uma honra participar deste projeto de importância vital que há mais de 35 anos tem um impacto extremamente positivo em centenas de milhares de leitores. Meu primeiro contato com este livro foi quando a AMACOM Books me procurou para atualizá-lo a fim de criar a sexta edição. Ao ler este clássico, cheguei a quatro conclusões. A primeira foi o fato deste livro ser um instrumento fantástico que nitidamente ajudou incontáveis novos gestores. A segunda foi que é impossível para as pessoas o lerem e não melhorarem sua capacidade de gerenciar bem, independentemente do tempo em que atuam como gestores. A terceira foi que eu teria gostado muito de me sentar com Loren Belker e Gary Topchik, porque nossas filosofias de gerenciamento e nossas abordagens em geral da vida são muito bem alinhadas. Minha conclusão final foi que melhorar este instrumento extraordinário seria um grande desafio. E me senti como se tivessem me pedido para lapidar uma pedra preciosa já brilhante.

Nunca haver tido a oportunidade de conhecer Loren ou Gary me levou a sentir uma obrigação ainda maior para levar seu trabalho adiante respeitosamente, acrescentar alguns insights novos e não reduzir o valor que eles haviam criado. Para parafrasear sir Isaac Newton, se eu acrescentei valor foi "por me erguer nos ombros de gigantes".

Respeitosamente,
Jim McCormick

Agradecimentos

Gostaria de agradecer a todos os gestores que conheci e observei ao longo de minha carreira. Suas habilidades iam do extraordinário ao horrendo, embora eu tenha aprendido com todos eles. Aos membros de equipes que tive o privilégio de liderar eu digo obrigado. Vocês todos foram fontes de divertimento e de aprendizado. Quanto aos aspirantes a gestor aos quais tive a oportunidade de ensinar, eu aplaudo sua sede de conhecimento. Obrigado a minha editora, Ellen Kading, por confiar a mim o legado que é este livro. E, finalmente, agradeço a minha agente, Maryann Karinch, que conhece minhas habilidades melhor do que eu.

JM

Introdução

Ao abrir este livro, você se destacou e manifestou claramente que deseja melhorar sua habilidade de gerenciamento. Nossos cumprimentos a você por seu desejo tanto de melhorar suas habilidades profissionais quanto sua habilidade de tornar a vida profissional de outras pessoas mais recompensadora. Este livro foi criado para ajudá-lo nesse esforço.

Da mesma forma que não é possível liderar um desfile se ninguém o está seguindo, você não pode gerenciar se não tem uma equipe para liderar. Está arraigada neste livro a crença de que uma equipe bem liderada sempre vai alcançar resultados superiores ao de um indivíduo. Consistente com essa convicção, o livro foi escrito por uma equipe. Três de nós enfrentamos o desafio — em épocas diferentes e de nossos próprios jeitos — de procurar apresentar a você a melhor orientação que pudemos reunir para um candidato a gestor. Os resultados desse esforço em conjunto são melhores em razão de nossa colaboração. O mesmo será verdade para você se assumir os insights que vai descobrir neste livro.

O aconselhamento do livro está centrado em torno de duas mensagens abrangentes: seja ponderado em suas ações e sempre se conduza com classe. Você nunca vai se arrepender de acatar nenhuma das duas.

Parte I
Então você vai gerenciar pessoas

Bem-vindo ao papel empolgante e desafiador de gestor. Ter sucesso significa valorizar, entender e conduzir o mais complexo de todos os sistemas: pessoas. Você vai descobrir que isso é mais uma arte que uma ciência. E é potencialmente mais recompensador do que qualquer outra coisa que você já fez.

1
A estrada para o gerenciamento

Há muitas maneiras diferentes para as pessoas se tornarem gestores. Infelizmente, diversas empresas não passam por um processo muito rigoroso na escolha daqueles que vão ser alçados a uma posição de gerenciamento. Normalmente, a decisão é tomada com base apenas na qualidade do desempenho da pessoa em sua posição atual. O melhor colaborador individual nem sempre se torna o melhor gestor, embora muitas empresas ainda façam a escolha com base nisso. A teoria é que o desempenho bem-sucedido no passado é o melhor indicador de sucesso futuro. Entretanto, habilidades de gerenciamento são muito diferentes das habilidades necessárias para se obter sucesso como colaborador individual.

Então o fato de uma funcionária ter bom desempenho, embora ela demonstre um padrão de sucesso, não significa necessariamente que ela vai ser uma gestora de sucesso. Ser um gestor exige outras habilidades além das de um técnico excelente. Gestores precisam se concentrar em pessoas, não apenas em tarefas. Eles precisam confiar nos outros, não apenas ser autônomos. Gestores também são orientados para a equipe e têm foco amplo, enquanto não gestores obtêm sucesso tendo um foco restrito e sendo orientados para os detalhes. De muitas maneiras, a transição do papel de um colaborador individual para um gestor é semelhante à diferença entre ser um técnico e ser um artista. O gestor é um artista porque o gerenciamento frequentemente tem nuances e é subjetivo. Ele envolve uma mentalidade diferente.

O GERENCIAMENTO NÃO É PARA TODO MUNDO

Algumas empresas têm programas de treinamento de gestores. Esses programas variam de excelentes a lamentáveis. Com demasiada frequência, o programa é oferecido a pessoas que já estão há certo número de anos em posição de gerenciamento. É verdade que mesmo gestores experientes deviam fazer cursos de reciclagem em estilo e técnicas de gerenciamento. Mas, se um programa de treinamento tem algum mérito, ele deve ser oferecido a indivíduos que estão sendo considerados para posições de gerenciamento. O programa de treinamento vai ajudá-los não apenas a evitar erros, ele também vai dar a seus participantes uma oportunidade para ver se eles ficarão confortáveis liderando outras pessoas. Um programa de treinamento gerencial que ajude gestores em potencial a decidir que não são vocacionados para gerenciar faz um grande favor tanto para candidatos a gestor quanto para a organização da qual fazem parte.

Infelizmente, muitas organizações usam o método "pegar ou largar" de treinamento gerencial. Todos os funcionários que vão para posições de supervisão devem aprender sozinhos. Esse método supõe que todo mundo sabe intuitivamente como gerenciar. Não é bem assim. Gerenciar pessoas é crucial para o sucesso de qualquer organização; mas, em muitos casos, isso é deixado ao acaso. Qualquer um que tenha trabalhado por qualquer período observou situações em que uma promoção não funcionou, e a pessoa pediu de volta seu cargo antigo. O ditado conhecido "Cuidado com o que você deseja, pois seu desejo pode se realizar" vem à mente. Em muitas empresas, as oportunidades de promoção são limitadas se você não vai para um cargo de gestor. Como resultado, vão para a gerência muitas pessoas que não deveriam estar ali — e elas não gostariam de estar no gerenciamento se houvesse outras oportunidades de aumentos salariais e promoções.

Uma série de seminários de gerenciamento foi realizada em uma empresa que usava uma abordagem esclarecida do problema de colocar as pessoas erradas em posições de gerenciamento. Todo mundo que estava sendo potencialmente considerado para uma posição de gerenciamento de primeira linha foi convidado a participar de um seminário de um dia sobre o que está envolvido no gerenciamento de pessoas. Nele, havia também alguns problemas simples, mas típicos, do gerenciamento. Quando esses candidatos foram convidados a participar, a empresa lhes disse: "Se após participar deste seminário você decidir que o gerenciamento de pessoas não é algo que você queira fazer, apenas diga. Essa decisão não vai afetar de nenhum jeito outras possibilidades de promoção que não sejam para posições de gerência nem decisões salariais futuras em sua posição atual."

Aproximadamente quinhentas pessoas participaram desses seminários, e aproximadamente 20% decidiram que não queriam ir para posições de gerenciamento. Depois de terem uma prova breve do gerenciamento, cerca de cem pessoas sabiam que não dariam bons gestores, mas ainda eram funcionários valiosos. É dramático pensar nisso. Se esse programa é representativo, ele sugere que 20% de pessoas promovidas a gestores prefeririam não estar ali. Pessoas demais aceitam promoções para gestor porque sentem (frequentemente corretamente) que estarão em um beco sem saída se recusarem a promoção.

O ONIPOTENTE

Algumas pessoas acreditam que, se você quer alguma coisa feita da maneira certa, é melhor você mesmo fazê-la. Pessoas com essa atitude raramente se tornam bons líderes ou gestores porque têm dificuldades em delegar responsabilidade. Todo mundo já viu pessoas assim: elas delegam apenas aquelas tarefas triviais que qualquer um poderia fazer, e guardam para si mesmas todas as coisas significativas. Como resultado, elas trabalham à noite e nos fins de semana, e levam trabalho para casa também. Não há nada errado em trabalhar além do horário. A maior parte das pessoas de vez em quando precisa dedicar algum tempo extra para o emprego, mas aqueles que seguem esse padrão como um modo de vida são gestores ruins. Eles têm tão pouca fé nos membros de sua equipe que confiam a eles apenas tarefas sem importância. O que eles na verdade estão dizendo é que não sabem como treinar seu pessoal corretamente.

Há sempre um problema de rotatividade em uma equipe com esse tipo de gestor. Os funcionários são geralmente mais bem qualificados do que o "onipotente" acredita e logo se cansam de lidar apenas com trivialidades.

Você provavelmente conhece algum onipotente em sua organização. É um problema se você está trabalhando para um deles, porque você terá dificuldade para ser promovido. Aprisionado nessa situação intolerável, não dão a você nada importante para fazer. Como resultado, você nunca tem chance de demonstrar suas habilidades. Os onipotentes raramente fazem recomendações para promoções. Eles estão convencidos de que a razão para ter de fazer todo o trabalho é que sua equipe não aceita responsabilidade. Eles nunca podem admitir que isso se deve a eles se recusarem a delegar. A armadilha de se tornar um onipotente está sendo enfatizada porque você não quer se permitir cair nesse modo de comportamento. Se você perceber que está apenas delegando tarefas menores, é hora de parar e fazer uma avaliação pessoal de seu estilo de gerenciamento.

Outra característica invariável dos onipotentes é que eles raramente tiram suas férias todas de uma vez. Eles tiram apenas alguns dias de cada vez porque têm certeza de que a empresa não consegue funcionar por mais que isso sem eles. Antes de sair de férias, eles vão deixar instruções específicas sobre que trabalho deve ser guardado até seu retorno. Eles vão instruir sua equipe a lhes enviar e-mails, mensagens de texto ou mesmo ligar para eles caso se trate de alguma coisa significativa, embora eles devessem estar de férias. O onipotente até reclama para a família e os amigos.

— Não consigo me afastar dos problemas do escritório nem por alguns dias sem ser importunado.

O que os onipotentes não dizem é que é exatamente isso que eles querem, porque faz com que se sintam importantes. Para alguns gestores onipotentes, qualquer alegria em seus anos de aposentadoria é destruída porque a aposentadoria significa um fim para sua dedicação ao trabalho, para a crença de serem indispensáveis e, possivelmente, para sua razão de viver.

OS POUCOS ESCOLHIDOS

Às vezes, as pessoas são escolhidas para assumir uma função por serem parentes ou por terem alguma proximidade com o chefe. Considere-se feliz se você não trabalha para esse tipo de empresa. Mesmo que você *seja* aparentado com o chefe, é muito difícil assumir responsabilidades adicionais sob essas circunstâncias. Você sem dúvida tem a autoridade, mas as empresas de hoje não são ditaduras, e as pessoas não vão ter um bom desempenho só porque você se viu ungido pelos níveis superiores de gerência. Então, se você é o filho, a filha ou o amigo do chefe, você precisa provar a si mesmo. A realidade é que seus colegas podem até esperar que você tenha um nível mais alto de desempenho do que alguém que não tenha as vantagens que você tem.

Será necessário aceitar o padrão mais alto que estabelecerem para você. As coisas são simplesmente assim. Você terá respeito superficial ou por sua posição, mas vamos encarar isto: é o que as pessoas realmente pensam sobre você, não o que elas dizem, que importa, e isso afeta o desempenho delas.

Nas melhores organizações, você não é escolhido para uma posição de gerência por seu conhecimento técnico, mas porque alguém viu a fagulha da liderança em você. Essa é a fagulha que você precisa começar a desenvolver. É difícil definir a liderança. Um líder é uma pessoa para quem as outras olham à procura de orientação, alguém cujo julgamento é respeitado porque normalmente é correto. À medida que você exercita seu julgamento e desenvolve a capacidade de tomar decisões acertadas, isso se torna uma característica que se autoperpetua. Sua fé em seu próprio poder de tomada de decisões fica fortificada. Isso alimenta sua autoconfiança, e, com mais autoconfiança, você se torna menos relutante a tomar decisões difíceis.

Líderes são pessoas que podem olhar para o futuro e visualizar os resultados de suas decisões. Líderes também conseguem deixar de lado questões de personalidade e tomar decisões com base em fatos. Isso não significa que você ignore o elemento humano — você nunca o ignora —, mas você sempre lida com os próprios fatos, não com a percepção emocional das pessoas a respeito desses fatos. Isso não significa que você esteja cego ao impacto emocional de suas decisões, mas que você não deixa que esses impactos o afastem do caminho. As pessoas são escolhidas para serem gestores por várias razões. Se você for escolhido por razões sólidas, a aceitação por sua nova equipe vai ser, em geral, muito mais fácil de ser conquistada.

2
O começo

Sua primeira semana no cargo de gestor não vai ser comum, para dizer o mínimo. Se você for um estudioso do comportamento humano, vai observar desenvolvimentos surpreendentes.

RECÉM-PROMOVIDO

Não acredite que todo mundo está feliz com sua promoção. Alguns de seus colegas de trabalho vão achar que *eles* deviam ter sido escolhidos. Eles podem ficar com inveja de sua nova posição e torcer em segredo por seu fracasso.

Outros, os "puxa-sacos" do escritório, vão imediatamente começar a ser amistosos e educados com você. Como o escolhido, você pode ser o bilhete deles para o sucesso. O objetivo deles não é de todo ruim, mas a abordagem é lamentável.

Alguns colegas de trabalho logo vão botá-lo em teste. Eles podem lhe fazer perguntas para saber se você sabe as respostas. Se você não souber, eles vão querer ver se vai admitir isso ou tentar blefar. Alguns podem lhe fazer perguntas das quais seja impossível que você saiba a resposta, só pelo puro prazer de embaraçá-lo.

Boa parte deles — com sorte, a maioria — vai adotar uma atitude de esperar para ver. Eles não vão condenar você nem o elogiar até ver seu desempenho. Essa atitude é saudável e é tudo o que, na verdade, você tem direito de esperar.

No início, você vai ser analisado em comparação com seu antecessor no cargo. Se o desempenho dessa pessoa era ruim, suas habilidades vão parecer ótimas comparativamente, mesmo que você seja medíocre. Se você substitui uma pessoa de desempenho extremamente capaz, sua adaptação vai ser mais difícil. Antes que você comece a pensar que é melhor substituir uma pessoa com desempenho ruim, pense na quantidade de problemas que você vai herdar de seu antecessor inepto, razão pela qual ele não está mais ali. Vai ser difícil, mas potencialmente muito recompensador, se você estiver à altura do desafio. O antecessor extremamente capaz provavelmente foi embora por ter sido promovido. Nos dois casos, você tem um grande trabalho pela frente.

Uma de suas primeiras decisões deve ser evitar instituir imediatamente mudanças em seu método de operação. (Em certas situações, os níveis administrativos mais altos podem ter instruído a fazer mudanças imediatas pela gravidade da situação. Nesses casos, porém, é normalmente anunciado que mudanças estão por vir.) Acima de tudo, seja paciente. Tenha em mente que muitas pessoas acham mudanças ameaçadoras e ficam inclinadas a resistir a elas consciente ou inconscientemente. Mudanças repentinas frequentemente resultam em uma resposta de medo que vai trabalhar contra você e vai impedi-lo de causar tanto impacto positivo quanto deseja.

Quando você tiver de fazer mudanças, seja logo após sua promoção ou mais tarde, procure ser o mais aberto possível ao explicar o que vai acontecer e por quê. Embora a mudança possa ser assustadora para as pessoas, o desconhecido é ainda mais imobilizador. Isso não significa que você deve revelar todos os detalhes. Determinar o que revelar e o que guardar consigo mesmo é parte do julgamento que é preciso ter como gestor. Mas, quanto mais aberto você for, mais vai ajudar sua equipe a passar pela resistência à mudança que é parte da natureza humana.

Em todas as situações, mas especialmente na implementação de mudanças, responda às perguntas com toda a honestidade possível. Caso seja novo no cargo, não tenha medo de dizer "não sei" se você não souber. Seu pessoal não espera que você saiba tudo. Eles podem apenas estar testando para ver se podem confiar em você. Tentar fabricar uma resposta para uma pergunta cuja resposta você não sabe é sempre uma má ideia e muito provavelmente vai cobrar seu preço em credibilidade e confiança.

Se você fizer mudanças imediatamente, as pessoas vão ficar ressentidas. Além de serem inquietantes para sua equipe, suas ações podem ser vistas como arrogantes e um insulto a seu antecessor. Muitos novos líderes tornam suas vidas mais difíceis supondo que devem usar todo o poder recém-recebido imediatamente. A palavra-chave deve ser *contenção*. É vital se lembrar que é você que está sob teste com seus subordinados, não eles com você.

Este é um bom momento para fazer uma observação importante sobre sua própria atitude. Vários novos gestores se comunicam muito bem para cima, com seus superiores, mas de forma ruim para baixo, com seus subordinados diretos. Entretanto, seus subordinados diretos vão ter mais a dizer sobre seu futuro que seus superiores. Você vai ser avaliado pelo funcionamento de sua equipe — então as pessoas que trabalham para você agora são as mais importantes em sua vida profissional. Acredite ou não, elas são mais importantes para seu futuro que o presidente da empresa. Esse conhecimento sempre pareceu óbvio, entretanto muitos gestores passam quase todo o seu tempo planejando a comunicação com níveis superiores e dão apenas um olhar de passagem para as pessoas que realmente controlam seu futuro.

O USO DE SUA NOVA AUTORIDADE

Se há uma área em que novos gestores têm problemas, é o uso de autoridade. Isso é especialmente verdadeiro com novos gestores que seguem adiante por meio de um método "tudo ou nada" dirigido por eles mesmos no treinamento no emprego. Isso se deve à crença equivocada de que, como você agora tem a autoridade de um gestor, deve começar a usá-la — e você deve usá-la e demonstrá-la em grande estilo. Esse pode ser o maior erro cometido por novos gestores.

Veja a autoridade de sua nova posição como um estoque limitado. Quanto menos você usar esse estoque, mais vai restar para quando for realmente necessário

O gestor recém-indicado que começa a agir como "o chefe" dando ordens e outras diretivas já começa mal. Embora você possa não ouvir as observações diretamente, os comentários típicos feitos pelas costas de um gestor tão mal orientado podem ser "Cara, ele está embriagado pelo poder", ou "Nossa, esse emprego realmente lhe subiu à cabeça", ou "Ele está se achando desde a promoção". Você não precisa desse tipo de problema.

Se você não usa seu estoque de autoridade com muita frequência, a autoridade que você pode ter de usar em uma emergência é mais eficaz porque não é exibida sem necessidade. As pessoas que você lidera sabem que você é o gestor. Sabem que os pedidos feitos por você têm a autoridade de sua posição. Na maior parte do tempo, é desnecessário usar essa autoridade.

Há uma expressão nas artes criativas conhecida por *meias-palavras*. Em geral, ela significa que o não dito pode ser tão importante quanto o dito. Isso também é verdade com o uso de autoridade. Uma orientação dada como um pedido são meias-palavras gerenciais. Se a resposta que você está buscando não fica disponível, você sempre pode esclarecer seu pedido ou acrescentar um pouco de autoridade. Em contrapartida, se você usar toda sua autoridade para realizar uma tarefa, e então descobrir pela reação que a usou demais, o dano estará causado. É difícil, se não impossível, reduzir a escala do excesso do uso de autoridade.

Em resumo, não presuma que você precisa usar a autoridade de sua posição. Talvez o melhor resultado dessa abordagem delicada seja não construir uma imagem negativa que possa ser quase impossível de apagar.

COM UM TOQUE PESSOAL

Em algum momento de seus primeiros sessenta dias em seu novo cargo de gestor, você deve planejar ter uma conversa pessoal com cada uma das pessoas em sua área de responsabilidade. Não faça isso na primeira nem na segunda semana. Dê a seu pessoal uma chance para se acostumar à ideia de que você está lá. Se você tentar fazer isso imediatamente, corre o risco de sufocar ou intimidar os membros da equipe. Quando chegar a hora de falar, chame-os à sua sala, para almoçar ou para um café fora do escritório para uma discussão sem pressa sobre qualquer coisa que esteja em suas cabeças. Não fale mais que o necessário. Essa primeira discussão não é feita para uma comunicação óbvia e fácil com os membros de sua equipe; ela é feita para abrir os canais de comunicação entre eles e você. (Você já percebeu que, quanto mais você deixa as outras pessoas falarem, mais você vai ser considerado um interlocutor brilhante?)

Embora as preocupações pessoais dos funcionários sejam importantes, é preferível restringir as discussões a temas relacionados ao trabalho. Às vezes é difícil definir esses limites porque problemas em casa podem estar aborrecendo um funcionário mais do que qualquer outra coisa, mas você sempre tem de evitar ficar em uma situação em que precise dar conselhos pessoais. Só porque foi escolhido como chefe, isso não faz de você um especialista em todos os problemas pessoais que estejam atormentando seu pessoal. Escute-os; frequentemente, é disso que eles precisam mais do que qualquer coisa — alguém que os escute.

Não ache nem por um momento que isso pode ser feito por e-mail ou por ligação telefônica. Sem chance. Os dois métodos são substitutos inaceitáveis para uma conversa pessoal. Nenhum deles permite que ocorra a conexão que você está tentando estabelecer. Se você tem equipe em trabalho remoto, pode ter de começar com uma chamada de vídeo se não for possível ter uma conversa pessoal nos primeiros sessenta dias. Se você precisar recorrer a uma chamada de vídeo, deixe claro que a conversa vai continuar pessoalmente assim que possível.

CONHECER SUA EQUIPE

O propósito de ter uma conversa com os membros de sua equipe é dar a eles uma oportunidade para abrir os canais de comunicação com você. É importante que você mostre verdadeiro interesse por suas preocupações e por saber de suas ambições dentro da empresa. Faça perguntas que lhes permita aprofundar seus pontos de vista. Você não pode forjar interesse verdadeiro por outras pessoas; você está fazendo isso porque se preocupa com o bem-estar do funcionário. Essa atenção é vantajosa para os dois lados. Se você ajudar os funcionários a alcançar seus objetivos, eles vão ser mais produtivos. É ainda mais importante que eles vejam que estão fazendo progresso na direção de seus objetivos.

Então sua meta nessas primeiras conversas é fazer com que os membros de sua equipe saibam que você se preocupa com eles como indivíduos e está ali para ajudá-los a alcançar seus objetivos. Deixe que eles saibam que, se possível, você quer ajudá-los a resolver problemas que eles estejam enfrentando no trabalho. Estabeleça uma zona de conforto na qual eles possam lidar com você. Faça com que eles sintam ser perfeitamente natural discutir desafios com você. Ao discutir pequenos problemas e pequenas irritações, você pode conseguir evitar problemas maiores.

AMIGOS NO DEPARTAMENTO

Um dos problemas que muitos novos executivos enfrentam é lidar com amizades no departamento que agora são suas subordinadas. É uma situação difícil para a qual não há resposta. Uma das perguntas mais frequentes feitas por novos gestores é:

— Ainda posso ser amigo das pessoas que eram minhas colegas e agora são subordinadas a mim?

É óbvio que você não deve abrir mão de suas amizades apenas porque recebeu uma promoção. Entretanto, você não quer que suas amizades atrapalhem seu rendimento nem o rendimento de seus amigos.

É um erro permitir que suas amizades interfiram com seu método de operação. Um subordinado direto que seja realmente um amigo vai entender o dilema em que você se encontra.

Você deve garantir que os funcionários que eram seus amigos antes de você se tornar supervisor deles recebam o mesmo tratamento de todas as outras pessoas. E isso não significa apenas não os favorecer em detrimento de outros funcionários. Eles também não podem ser tratados de forma pior apenas para você provar aos outros o quanto é imparcial.

Embora seja certamente verdade que você pode ser amigo das pessoas, você não pode esperar ser amigo delas da mesma forma no contexto do trabalho. Como um novo gestor, você vai precisar estabelecer algumas expectativas de como vai trabalhar com todos os membros de sua equipe, sejam eles amigos ou não. Você precisa cobrar de todos os indivíduos os mesmos padrões de desempenho, comportamento e responsabilidade. Também tenha em mente que o que pode parecer amizade para você pode soar como favoritismo para outras pessoas.

Há uma tentação de usar seu velho amigo no departamento como confidente, mas você não quer dar a impressão de ter seus favoritos. Na verdade, você não deve fazer isso. Se você precisa de um confidente, é preferível usar o gestor em outro departamento ou seção da organização.

Você pode levar em conta ter uma conversa com um amigo e ex-colega sobre a ida dele para outro departamento. Independentemente do quanto você se esforce para não demonstrar favoritismo, isso pode ser quase impossível, e será melhor para você e seu amigo se ele não for subordinado a você. Essa pode ser a melhor alternativa se você realmente valoriza a amizade que está em risco em razão seu novo papel.

A ESTRUTURA DE SUA ORGANIZAÇÃO

Com o tempo, você vai querer considerar se pode melhorar a estrutura de sua organização. A menos que você esteja especialmente familiarizado com os membros de sua equipe e seus papéis, é melhor não fazer isso logo. Reestruturações tendem a ser muito estressantes para todos os envolvidos. É melhor fazê-las com menos frequência e bem. Mesmo que sempre seja possível corrigir um erro na estruturação de sua organização, é melhor, para começo de conversa, não cometer o erro.

Enquanto olha para as relações de subordinação dentro de sua equipe, você vai precisar prestar atenção especial a quantas pessoas estão diretamente subordinadas a você. Esse número é chamado de sua extensão de controle. Em décadas recentes, a tecnologia da informação permitiu que organizações tivessem menos camadas mais amplas. Esse *achatamento* das estruturas organizações teve muitos resultados positivos. Bem executado, ele permitiu comunicação mais eficiente e melhorou a tomada de decisões. Como acontece com todas as coisas, é preciso haver equilíbrio ao criar uma estrutura mais achatada.

Gestores menos experientes às vezes cometem o erro de um alcance excessivo de controle. É fácil fazer isso. Quase todo mundo gostaria de se reportar diretamente a você. Isso dá a eles acesso melhor ao tomador final de decisões e traz também um certo status dentro da organização. O problema é que você só consegue gerenciar com eficiência um número limitado de pessoas que se reportam diretamente a você. Quando gestores permitem que um grupo muito grande de pessoas se reporte diretamente a eles, torna-se um salve-se quem puder. Eles podem encontrar uma fila em sua porta e a caixa de entrada de e-mails cheia de mensagens. Eles podem passar seus dias inteiros tentando responder a todas essas necessidades e perguntas das pessoas que se reportam diretamente a eles. Eles raramente têm sucesso em atender a todas as solicitações de orientação e decisões, então começam o dia seguinte atrasados; eles raramente têm tempo para qualquer tipo de pensamento ou planejamento de longo prazo. Um alcance excessivo de controle é um esquema para o fracasso.

Então, que nível de controle vai funcionar para você? Há inúmeras variáveis que você precisa levar em conta. Uma é a localização física das pessoas que se reportam diretamente a você. Você pode lidar com um nível um pouco maior de controle se elas estiverem localizadas nas mesmas instalações que você. A capacidade de se encontrar com elas pessoalmente vai facilitar a comunicação. Outro fator é o nível de experiência; uma pessoa que se reporta diretamente e tem um desempenho comprovado provavelmente não vai exigir muito de seu tempo. Um funcionário novo, ou um que foi recentemente transferido para um cargo novo ou recebeu responsabilidades adicionais, provavelmente vai exigir mais de seu tempo, pelo menos por um período.

Uma boa regra é não ter mais pessoas se reportando a você do que aquelas com as quais você possa se reunir uma vez por semana. Quando falo em reunir, estou falando em tempo real de conversa. A reunião pode ser pessoalmente ou por videoconferência, mas precisa ser apenas entre vocês, cara a cara, não uma reunião de equipe. Considerando que você tem muita coisa a fazer além de se encontrar com seus subordinados diretos, cinco é um bom número máximo. Isso permite que você tenha uma de suas reuniões cara a cara a cada dia da semana de trabalho se isso se adequar a seus propósitos.

Cuidado para não deixar essas reuniões saírem de controle — elas são parte vital de sua capacidade de gerenciar bem e com eficiência. Se seus subordinados diretos sabem que vão ter tempo exclusivo com você toda semana, eles vão conseguir economizar itens que precisam discutir até essa reunião. É muito mais eficiente lidar com questões nesse ambiente do que passando um pelo outro no corredor ou com um telefonema do aeroporto, ou trocando mensagens de texto ou e-mails.

Se seus funcionários não podem contar com oportunidades regulares de se comunicar diretamente com você, eles vão ficar mais inclinados a procurá-lo sempre que surgir qualquer coisa que eles considerem que exige sua atenção. Os resultados negativos têm dois lados: muito mais contatos específicos que não facilitam a tomada refletida de decisões e mais questões sendo levadas a você que o necessário. Caso consiga se restringir a reuniões diretas com as pessoas que se reportam diretamente a você e treiná-las para guardar o máximo possível de questões até essas reuniões, você vai ficar surpreso e satisfeito em ver quantas coisas elas aprendem a resolver sozinhas que, do contrário, levariam a você.

GERENCIAMENTO DE SEU ESTADO DE ÂNIMO

Seus subordinados têm muita consciência do tipo de estado de ânimo em que você está, especialmente se você tende a ter mudanças de humor significativas. Ataques de raiva não têm lugar nos hábitos de trabalho de um gestor maduro — e a maturidade não tem nada a ver com a idade. Permitir que sua irritação transpareça de vez em quando pode ser eficaz, desde que seja sincera e não manipuladora.

Todos nós, de vez em quando, caímos sob o feitiço de estados de ânimo que refletem situações externas ao escritório que estão nos preocupando. Muitos livros sobre gerenciamento nos dizem que devemos deixar nossos problemas na porta, ou em casa, e não os levar para o trabalho. A atitude é ingênua, porque poucas pessoas conseguem se desligar completamente de um problema pessoal e impedir que ele afete seu desempenho no trabalho.

Há, porém, pouca dúvida de que você pode minimizar o impacto que um problema tem em seu trabalho. O primeiro passo é admitir que alguma coisa o está irritando e que ela pode afetar sua capacidade de trabalhar com eficácia com seus colegas. Se você consegue fazer isso, provavelmente pode evitar que outras pessoas sejam vítimas de seu problema pessoal. Se um problema externo o está incomodando e você precisa lidar com um funcionário em situação crítica, não há nada errado em dizer para o funcionário:

— Olhe, meu estado de ânimo não é dos melhores hoje. Se eu parecer um pouco irritado, espero que você me perdoe.

Esse tipo de sinceridade é agradável para um subordinado. E é muito melhor revelar estar distraído do que arriscar que um membro da equipe pense que ele é a causa de seu comportamento distante ou agitado.

Nunca pense nem por um momento que os outros não têm a capacidade de julgar seus estados de ânimo. Ao demonstrar mudanças dramáticas de humor, você se torna menos eficiente. Além disso, seus subordinados diretos vão saber quando esperar essas mudanças e quais são seus sinais indicativos e vão evitar lidar com você quando seu estado de ânimo não for dos melhores. Eles vão esperar até você estar na extremidade elevada do espectro.

GERENCIAMENTO DE SEUS SENTIMENTOS

Você deve se esforçar muito para ter um temperamento equilibrado. Mas não é uma boa ideia ser o tipo de gestor que nunca se aborrece com nada — uma pessoa que nunca parece sentir grande alegria, grande tristeza ou grande qualquer coisa. As pessoas não vão se identificar com você se acreditarem que você disfarça todos os seus sentimentos.

Manter-se tranquilo o tempo todo, entretanto, é outra questão. Há boas razões para se manter tranquilo. Se puder sempre permanecer calmo, mesmo em situações problemáticas, você tem mais chance de pensar com clareza e estar em posição melhor para lidar com problemas difíceis. Mas você pode demonstrar sentimentos — sem perder sua tranquilidade — de modo que as pessoas não achem que você é um robô gerencial.

Para ser um extraordinário gestor de pessoas, você deve se preocupar com as pessoas. Isso não significa adotar uma abordagem de missionário ou assistente social em relação a elas, mas, se desfruta de sua companhia e respeita seus sentimentos, você vai ser muito mais eficiente em seu emprego que o supervisor que é principalmente orientado por tarefas.

Esse, na verdade, é um dos problemas que as empresas atraem para si mesmas quando supõem que o funcionário mais eficiente em uma área é aquele que deve ser promovido a gestor. Esse funcionário pode ser eficiente porque é orientado por tarefa. Transferir esse tipo de funcionário para áreas em que eles supervisionem outros não faz deles automaticamente orientados por pessoas.

3
A construção da confiança

Construir confiança é um processo gradual. Um de seus principais objetivos é desenvolver a confiança de seus funcionários, não apenas em suas próprias habilidades, mas também em sua opinião sobre você. Eles devem acreditar que você é tão competente quanto justo.

O HÁBITO DO SUCESSO

Construir confiança nos funcionários não é uma tarefa fácil. Seu objetivo é ajudá-los a estabelecer um padrão de sucesso. A confiança é construída sobre o sucesso, então seu trabalho como líder é dar a eles tarefas nas quais possam se sair bem. Especialmente com novos funcionários, atribua-lhes tarefas que eles possam dominar. Construa neles o hábito de ser bem-sucedido, começando modestamente, se necessário, com sucessos menores.

De vez em quando, um membro da equipe vai fazer uma tarefa de forma incorreta ou apenas simplesmente estragar tudo. Como você lida com essas situações tem grande impacto na confiança de seus funcionários. Nunca os corrija na frente de outros. Definitivamente, viva segundo o credo: "Elogie em público, critique em particular." Isso vai ser útil a você.

Mesmo quando você fala com um membro da equipe em particular sobre um erro, sua função é treinar essa pessoa para reconhecer a natureza do problema a fim de que o erro não seja repetido. Sua atitude em relação aos erros vai falar mais alto que as palavras que você usa. Suas afirmações devem ser orientadas na direção de corrigir a incompreensão que levou ao erro — não na direção de nenhum tipo de julgamento pessoal. Nunca diga nem faça nada que leve o funcionário a se sentir inadequado. Você quer construir confiança, não destruir. Se você obtém prazer em fazer com que os membros da equipe se sintam tolos, então é melhor começar a examinar seus próprios motivos, porque você não pode se erguer destruindo uma pessoa. Examine o erro com base no que deu errado, onde a falta de entendimento ocorreu, e parta daí. Trate o pequeno erro de forma rotineira; não o torne maior do que ele realmente é.

Vamos discutir rapidamente a parte do "elogie em público" desse credo. Esse conceito costumava ser considerado um preceito até que os gestores descobriram que isso também podia criar problemas. O indivíduo que recebe o elogio se sente acalentado e satisfeito com ele, mas os outros que não foram igualmente recomendados podem reagir de forma negativa. A decepção destes pode então ser dirigida para o funcionário que foi elogiado. Além disso, elogiar um membro da equipe na frente de seus colegas pode deixá-lo desconfortável. Por isso é importante ser cauteloso em relação a elogiar em público. Por que tornar a vida mais dura para os funcionários criando inveja e ressentimento entre seus colegas de trabalho? Se você quer mesmo elogiar alguém abertamente por um desempenho incrível, faça isso na privacidade de seu escritório. Você vai obter os prós sem os contras do ressentimento e da inveja dos colegas de trabalho. Em contrapartida, se você tem um grupo que trabalha bem junto, respeita os esforços de cada membro da equipe e está alcançando seus objetivos, um elogio público seria um estímulo ao moral da equipe inteira.

Por enquanto, vamos emendar o credo para: "Elogie em público ou em particular (dependendo da preferência do indivíduo e da dinâmica de sua equipe), critique em particular."

Você também pode construir confiança envolvendo seu pessoal em parte de seu processo de tomada de decisões. Sem delegar nenhuma de suas responsabilidades de supervisão, permita que os funcionários tenham informações sobre questões que os afetem. Uma nova tarefa prestes a ser desempenhada em sua área apresenta a oportunidade de dar a seus subordinados alguma informação. Solicite ideias sobre como a nova tarefa pode ser incluída melhor na rotina diária.

Quando você pede informação, envia a mensagem importante de que valoriza os pensamentos e ideias de seus funcionários. Você também está se beneficiando quando convida à discussão. Os membros de sua equipe provavelmente estão mais perto da situação que você e podem ter insights que lhe escaparam.

É vital que você deixe claro que está realmente interessado na informação que está pedindo. Se seu pessoal sentir que você está fazendo um exercício inautêntico, você vai perder tempo e correr o risco de perder a confiança deles.

Seu desafio é que parte da informação obtida por você não será útil. Como líder, você precisa deixar claro que valoriza e aprecia as ideias oferecidas. Quando você obtém informação que não pode implementar, vai ser sábio explicar rapidamente por que você não está seguindo nessa direção. Quando fizer isso, assegure-se de não se permitir ser crítico em relação ao conselho e à pessoa que o ofereceu.

Levando-se em conta esse tipo de participação, o novo método tem muito mais chances de ter sucesso porque é o método de todo mundo e não apenas seu. Isso não significa que sua equipe vai tomar decisões por você; ao envolver seu pessoal no processo que leva à sua decisão, você vai fazê-los trabalhar com você em vez de aceitar passivamente sistemas impostos a eles. O resultado provavelmente vai ser um nível mais alto de participação e menos resistência.

OS MALES DO PERFECCIONISMO

Alguns gestores esperam perfeição de seus funcionários. Eles sabem que não vão conseguir isso, mas sentem que vão chegar mais perto se cobrarem. Ao insistir na perfeição, você pode na verdade derrotar seus próprios propósitos. Alguns funcionários vão se tornar tão inseguros em relação a cometer um erro que vão desacelerar muito seu desempenho para ter certeza absoluta de que não farão nenhuma besteira. Como resultado, a produtividade cai muito, e os funcionários perdem confiança.

Outro inconveniente de ser um perfeccionista é que todo mundo se ressente de você por isso. Seus subordinados diretos acreditam que é impossível agradá-lo, e você prova isso a eles diariamente. Isso também acaba com a confiança do funcionário. Você sabe quais são os padrões aceitáveis de desempenho no trabalho em sua empresa — ninguém pode culpá-lo por querer ser melhor que a média —, mas você vai ter muito mais sucesso se envolver os funcionários em ajudar a decidir como melhorar o desempenho. Se eles tiverem autoria do plano, você tem uma chance significativamente maior de alcançar seu objetivo.

Você também pode estabelecer confiança desenvolvendo *esprit de corps* dentro de sua própria área. Faça, porém, com que o sentimento que você estabelece apoie o espírito predominante da empresa e não compita com ele.

A IMPORTÂNCIA DE ESTABELECER CONFIANÇA

Além de permitir erros e ajudar indivíduos a verem seus erros, elogiando e oferecendo reconhecimento, ao envolver outras pessoas no processo de tomada de decisões e evitar o perfeccionismo, você, o gestor, pode estabelecer confiança de muitas outras maneiras.

Você pode compartilhar a visão da organização e do departamento com os membros de sua equipe. Fazer isso dá a eles um quadro mais nítido de quais são os objetivos e como eles estão ajudando a alcançá-los.

Você pode dar instruções claras a indivíduos. Isso mostra que você sabe o que está fazendo e está mantendo as coisas nos trilhos.

Você pode compartilhar exemplos de como você obteve sucesso e que erros cometeu. Fazer isso constrói relacionamentos e torna você real para sua equipe.

Você pode conversar com cada um dos membros de sua equipe para saber o que cada um deles deseja do emprego. Ao fazer isso, você demonstra que realmente se preocupa e está falando sério em relação a ajudá-los a progredir profissionalmente.

Todas essas estratégias adicionais, e outras que você desenvolver, podem construir um ambiente de confiança.

4
Mostre sua satisfação

No Capítulo 3, a importância de dar feedback positivo ou elogios foi enfatizada. É um dos melhores métodos para motivar indivíduos e construir um ambiente de trabalho positivo. Muitos gestores não elogiam seus subordinados diretos, o que é um grande erro. Elogios fazem com que os funcionários saibam que você se importa com o que eles estão fazendo. Também permite que saibam que seu trabalho é importante. Se pensar nisso, provavelmente compreenderá que leva apenas alguns segundos fazer um elogio a alguém e não custa nada. Isso tem, porém, um grande impacto na maior parte dos funcionários. Você pode elogiá-los cara a cara, pelo telefone, com um e-mail ou uma mensagem de texto. Pessoalmente é sempre o melhor método de dar feedback, mas, se você tem funcionários em outros locais ou não consegue falar com eles de maneira oportuna, use o telefone, o e-mail ou uma mensagem de texto. A coisa boa em fazer isso com uma mensagem de texto é que o membro da equipe provavelmente vai recebê-lo quase imediatamente. A maioria de nós não pode resistir a conferir uma nova mensagem de texto assim que ela é recebida.

Alguns gestores podem não mostrar sua satisfação porque os outros nunca demonstraram sua satisfação a eles, mas você pode interromper esse ciclo. Demonstre satisfação. Alguns gestores sentem que os funcionários devem ter bom desempenho porque são pagos para trabalhar bem, então não há razão para elogiá-los por fazer isso. Esse não é um bom raciocínio. Esses gestores devem ter em mente que, se elogiassem seus funcionários, eles poderiam ter um desempenho ainda melhor. Considerando que não custa nada e leva pouquíssimo tempo, por que não fazer isso? Seu objetivo como líder é inspirar os membros de sua equipe a ter um desempenho no máximo de suas capacidades. Elogiá-los de maneira apropriada quando merecido contribui para fornecer essa inspiração.

Há muitos gestores, especialmente os mais novos, que ficam desconfortáveis fazendo elogios. Isso deve ser esperado porque pode ser uma habilidade nova para eles. Para se tornar mais confortável em expressar satisfação, você precisa fazer isso. Quanto mais praticar, mais fácil vai ficar. Pense em alguns dos pontos a seguir quando elogiar ou mostrar satisfação:

Seja específico. Se quer a repetição de alguns comportamentos, o gestor precisa ser específico no tipo de feedback positivo que dá. Quanto mais detalhista for o gestor, mais chances haverá de que o comportamento se repita. Não diga apenas: "Bom trabalho semana passada." Diga: "Você lidou com aquela situação difícil na semana passada com diplomacia e bom senso."

Descreva o impacto. A maior parte dos membros de uma equipe gosta de saber como seu trabalho se encaixa no quadro mais amplo ou no esquema mais vasto das coisas, como alcançar os objetivos da unidade, departamento ou organização. Se esse for o caso, deixe que eles saibam como suas contribuições tiveram um efeito positivo além de sua equipe.

Não exagere. Alguns gestores chegam ao extremo e dão aos membros de sua equipe feedback positivo demais. Quando isso acontece, o impacto desse retorno é reduzido, e o elogio pode não parecer sincero. Faça com que o elogio seja certeiro e merecido, ou ele vai perder seu valor.

A VERDADEIRA HABILIDADE

Elogiar ou demonstrar apreciação envolve dois passos. Primeiro, você descreve especificamente o comportamento, a ação ou o desempenho que merece a apreciação. Por exemplo:

— Você fez um bom trabalho com o novo design para a capa do catálogo de nossos produtos.

Então você descreve por que isso merece sua apreciação e o impacto no negócio da contribuição. Por exemplo:

— O novo design muito provavelmente vai aumentar as vendas.

Para destacar esse ponto, em um grupo de trinta participantes de um seminário de gerenciamento, estas duas perguntas foram feitas:

1. Qual o melhor exemplo de gerenciamento esclarecido que você já viu?
2. Qual o pior exemplo de gerenciamento que você experimentou?

Não foi surpresa que quase todas as respostas tivessem a ver com alguma forma de apreciação recebida ou negada quando o membro da equipe sentiu ser merecedor. Surpreendente foi a profundidade da emoção demonstrada em relação ao tema.

Uma resposta foi um clássico: um jovem relatou que lhe pediram para dirigir uma picape por oitenta quilômetros até uma instalação distante para fazer um reparo importante. Às dez e meia da noite, quando ele tinha acabado de voltar para casa, o telefone tocou. Era sua gestora.

— Só liguei para saber se você chegou em casa bem. Está uma noite meio feia por aqui.

A gestora nem perguntou como tinha ido o conserto, o que indicou sua completa confiança na habilidade do rapaz. A gestora tinha perguntado apenas sobre seu retorno seguro. O incidente tinha acontecido mais de cinco anos antes, mas, para o jovem trabalhador, estava tão fresco como se tivesse acabado de acontecer.

Em uma pesquisa realizada por uma empresa importante nos Estados Unidos, pediram aos funcionários para classificarem atributos de um trabalho que eles consideravam importante. O salário ficou em sexto. O primeiro lugar, por grande margem, foi "uma necessidade de ser apreciado pelo que eu faço".

Se a apreciação é importante para você em seu relacionamento com seu gestor, perceba que ela é igualmente importante para as pessoas que você gerencia. Quando as pessoas merecerem elogio, não se negue. Isso não custa nada a você nem à sua organização, e de muitas maneiras vale mais que dinheiro.

5
Seja um ouvinte ativo

Um dos segredos mais bem guardados do gerenciamento de sucesso é a habilidade de ouvir ativamente. Audição ativa é a capacidade de fazer com que a outra pessoa saiba que foi ouvida. Você faz isso se envolvendo na conversa, dizendo coisas esclarecedoras, fazendo perguntas, resumindo o que ouviu e usando as deixas visuais e vocais apropriadas. Os melhores ouvintes são os ouvintes ativos.

Novos gestores devem se preocupar com sua capacidade de se comunicar e ouvir ativamente. Muitos novos gestores têm a ideia equivocada de que, no minuto em que são promovidos, as pessoas vão estar atentas a cada palavra que dizem. Essa é a abordagem errada. Quanto mais eles ouvirem, mais sucesso vão obter. O quanto é suficiente ouvir? Para começar, assegure-se de que você esteja pelo menos ouvindo duas vezes mais que falando.

A audição ativa é uma das características mais valiosas que um gestor novo pode demonstrar por duas razões importantes: primeiro, se você fizer muita audição ativa, você não vai ser tachado de sabe-tudo, que é como a maioria percebe alguém que fala demais. Segundo, ao ouvir muito ativamente e falar menos, você vai aprender o que está acontecendo e ganhar insights e informação que perderia se estivesse falando sozinho.

A maior parte das pessoas não é ouvinte ativa, e é importante entender por quê.

O OUVINTE RUIM

Muitos acreditam que o som mais bonito do mundo é sua própria voz. Ela nunca é demais para eles, que exigem que outros a escutem. Geralmente, essas pessoas estão mais interessadas no que elas mesmas vão dizer do que naquilo que os outros estão dizendo. Na verdade, a maior parte das pessoas consegue se lembrar de quase tudo o que disse e praticamente nada do que o interlocutor disse. As pessoas ouvem parcialmente, elas não são ouvintes ativas. Estão ocupadas demais pensando nas coisas inteligentes que estão prestes a enunciar.

Se não se lembrar de nada deste capítulo, você vai fazer a si mesmo um favor incomensurável caso se lembre desta frase: *se você quer ser visto como um gestor brilhante, seja um ouvinte ativo.*

Muitos gestores, tanto novos quanto experientes, falam demais e não escutam o suficiente. Você aprende pouquíssimo enquanto está falando, mas pode aprender muito enquanto escuta. Novos gestores frequentemente pensam que agora que estão no comando, todo mundo está atento a suas palavras. Mas, quanto mais você fala, mais corre o risco de entediar e até alienar os outros. Quanto mais você ouve, mais aprende e mostra respeito pelas ideias, experiência e opiniões das outras pessoas. Parece uma escolha óbvia, especialmente para um gestor de pessoas.

Outra razão para as pessoas não serem boas ouvintes é a diferença de compreensão. A maioria se comunica com cerca de oitenta a 120 palavras por minuto. Vamos supor cem palavras por minuto, como a velocidade média de fala. As pessoas conseguem compreender em um grau muito mais elevado. Aqueles que já fizeram um curso de leitura dinâmica e mantêm a habilidade podem compreender bem mais de mil palavras por minuto. Se alguém está falando a cem palavras por minuto para um ouvinte que pode compreender mil palavras por minuto, há uma diferença de compreensão de novecentas palavras por minuto. Uma velocidade de fala de cem palavras por minuto não exige toda a nossa atenção, então nós desconectamos de quem está falando. Nós pensamos em outras coisas e, periodicamente, voltamos para checar quem está falando para ver se alguma coisa interessante está acontecendo. Quantas vezes você viu pessoas checarem seus e--mails ou mensagens de texto durante uma reunião ou apresentação? Embora não estejam totalmente engajadas, muitas pessoas ainda são capazes de ser razoavelmente atentas enquanto fazem outra tarefa. Mas, se nos tornamos mais interessados no que estamos pensando do que nas palavras de quem está falando, pode demorar um pouco para voltarmos a nos sintonizar com o que a pessoa está dizendo.

Todo mundo tem uma necessidade de ser ouvido. Que serviço maravilhoso, então, nós ofereceremos, se formos grandes ouvintes ativos. O gestor capaz de ouvir ativamente satisfaz uma necessidade importante para todo funcionário na equipe.

O OUVINTE ATIVO

Ouvintes ativos possuem diversas características e habilidades, todas elas podendo ser desenvolvidas com o tempo. Na verdade, eles encorajam a outra pessoa a falar. Quando finalmente falam, os ouvintes ativos não voltam a conversa para si mesmos. Eles continuam a linha de comunicação da outra pessoa. Eles usam certas expressões ou gestos para sinalizar que estão realmente interessados no que está sendo dito.

Olhar para alguém que está falando com você indica que você está interessado no que a outra pessoa tem a dizer. Gesticular afirmativamente com a cabeça de vez em quando indica que você entende o que a pessoa está dizendo. Sorrir ao mesmo tempo indica que você está gostando da conversa.

Ao discutir um problema com um funcionário, provavelmente outros pensamentos vão entrar em sua cabeça. Você precisa controlar esses pensamentos. Enquanto a pessoa está discutindo o problema, tente antecipar aonde está indo o pensamento. Que perguntas provavelmente vão ser feitas? Se alguém está sugerindo soluções para um problema, tente pensar em outras soluções. De forma ideal, você deve se concentrar 100% no que a outra pessoa está dizendo, mas a diferença de compreensão é uma realidade. Ao controlar seus pensamentos desgarrados, você pode permanecer concentrado no assunto à sua frente, em vez de em alguma ideia estranha.

Se ficar incomodado com um pensamento especialmente persistente enquanto está ouvindo, você pode parar a conversa brevemente dizendo:

— Me dê um momento para tirar esse pensamento da cabeça para poder me concentrar no que você está dizendo.

Então anote a ideia e volte para a audição ativa. Isso vai permitir que você esteja totalmente presente na conversa e evitar enviar a mensagem não verbal de que seus pensamentos estão em outro lugar.

O mesmo método funciona bem se você perceber que sua habilidade de ouvir está sendo prejudicada por uma resposta que você está formulando em sua mente. Se estiver esperando ansiosamente uma oportunidade para interromper a conversa para responder a algo que foi dito, você não estará ouvindo ativamente. Na verdade, você precisa tirar um momento para interromper a conversa, tomar nota de seu pensamento e tornar a se concentrar.

Um comentário bem colocado indica à pessoa que fala que você tem um interesse real no que ela tem a dizer.

- "Que interessante."
- "Fale mais sobre isso."
- "Por que você acha que ela disse isso?"
- "Por que você se sentiu assim?"

Na verdade, só dizer "Que interessante. Fale mais sobre isso" vai fazer de você um interlocutor brilhante nas mentes de todo mundo com quem você entrar em contato.

O auge da audição ativa é repetir o que você acabou de ouvir com suas próprias palavras. Fazer isso é algo poderoso por duas razões. Envia a mensagem clara de que você está engajado na conversa e reduz significativamente a chance de você compreender errado o que está sendo dito.

Para usar a repetição com suas próprias palavras, você simplesmente intervém depois que uma observação importante que acabou de ser feita dizendo algo como "Deixe-me ver se entendi o que você está dizendo", e oferece sua própria versão do que você acha ter ouvido. Depois de fazer isso, pergunte ao seu interlocutor se você entendeu certo. Ao fazer isso, você está enviando uma mensagem clara de que está dando valor ao que a pessoa está dizendo.

Ser um ouvinte ativo também significa que todas as três formas de comunicação funcionam em conjunto. Ou seja, as palavras usadas, suas expressões sociais e seu tom de voz, todos transmitem o mesmo significado. A pessoa que fala vai receber uma mensagem confusa, se você disser: "Isso é interessante. Conte-me mais", mas estiver com o cenho franzido ou falar em tom sarcástico. Outra mensagem confusa é responder bem verbalmente, mas afastar o olhar de quem está falando ou se distrair com um pensamento desgarrado, uma resposta pronta para ser dita ou um documento. Você teria confiança de que esse ouvinte está realmente interessado no que você está dizendo?

TERMINADORES DE CONVERSAS

Quando um gestor conquista a reputação de excelente ouvinte, a equipe forma fila para discutir inúmeras questões. Algumas pessoas ficam mais do que são bem-vindas. Elas podem até achar que conversar com você é melhor que trabalhar. Você precisa ter algumas chaves em sua caixa de ferramentas gerencial para encerrar essas conversas.

Quem quer que tenha tido um emprego conhece os terminadores verbais de uma conversa.

- "Foi bom você ter vindo aqui."
- "Foi bom falar com você."
- "Você me deu muita coisa em que pensar."
- "Deixe-me pensar nisso um pouco e depois lhe dou um retorno."

Há, também, terminadores de conversa mais sutis que você pode ter ouvido. Você deve ter conhecimento deles por duas razões: primeiro, para que você possa reconhecê-los imediatamente quando um executivo mais experiente os usar com você e, segundo, para que você possa usá-los quando parecerem apropriados.

Se você já teve uma conversa no escritório de alguém e, enquanto você estava falando, viu seu anfitrião estender a mão e colocá-la no aparelho telefônico mesmo que o telefone não tivesse tocado, esse é um terminador de conversa. Ele diz: "Espero que você saia logo, porque preciso dar um telefonema." Outra técnica é a pessoa pegar um papel em sua mesa e olhar para ele periodicamente durante sua conversa. Ao segurar o papel na mão, seu anfitrião está dizendo: "Tenho que cuidar de uma coisa assim que você for embora."

Outro terminador de conversa é aquele em que a anfitriã gira na cadeira atrás da mesa para uma posição lateral, como se estivesse prestes a se levantar. Se isso não funciona, ela se levanta. Isso sempre transmite a mensagem. Essa abordagem pode parecer muito direta, mas às vezes se torna necessária.

De vez em quando, você tem um funcionário que está se divertindo tanto na visita que todos os sinais são ignorados. Nesse caso, um terminador verbal que sempre funciona é: "Eu gostei muito da conversa, mas tenho certeza de que nós dois temos muita coisa que precisa ser feita." Isso não é rude quando alguém ignorou todos os outros convites para partir.

Quando entra em sua sala um funcionário ou colega que você sabe, antecipadamente, que não vai captar nenhum de seus sinais, você pode anunciar no início que tem apenas uma quantidade limitada de tempo e que, se isso não for suficiente, então vocês dois terão de marcar uma hora para se encontrarem depois. Você vai ver que essa estratégia funciona muito bem. Seus visitantes em geral vão dizer o que precisam dizer dentro do período de tempo estabelecido.

É importante que você reconheça esses terminadores de conversa. Claro, você deve manter suas conversas relevantes o suficiente para impedir seu uso com você e por você com os outros. Há muitos mais, mas você vai compilar sua própria lista e descobrir que pessoas diferentes têm seus próprios terminadores de conversa favoritos.

RESUMO SOBRE A AUDIÇÃO

As pessoas gostam de estar próximas de alguém que mostre um interesse verdadeiro nelas. Boas habilidades de audição se estendem a muitos aspectos tanto de sua vida profissional quanto da pessoal. O interessante é que você pode começar a usar essas técnicas porque percebe que as pessoas vão gostar de estar com você. Não há nada errado com essa atitude. Você se torna querido, e os membros de sua equipe ganham um gestor que faz com que se sintam bem em relação a si mesmos.

Todo mundo ganha com esse esquema. Você pode precisar se esforçar em suas habilidades de audição ativa, mas com o tempo elas vão se tornar uma segunda natureza. No início, você pode considerar esse tipo de comportamento uma dramatização. Mas depois de algum tempo vai ser incapaz de dizer quando a dramatização terminou, porque você ficou muito confortável com ela e ela se tornou parte de seu comportamento habitual. Você vai obter muita satisfação pessoal por ser o tipo de pessoa de quem as outras gostam de estar por perto. Você também será um gestor muito mais eficaz.

6
O trabalho de um novo gestor e as armadilhas a evitar

Então qual é realmente o trabalho do gestor?

Há muitas maneiras de responder a essa pergunta, mas a mais útil é encarar o gerenciamento da mesma forma que um ator encararia um papel. Como gestor, você precisa interpretar vários papéis — coach, determinador de padrões, avaliador de desempenho, professor, motivador, visionário e assim por diante. Você escolhe o papel apropriado com base na situação em que está e nos objetivos que quer alcançar. Frequentemente, novos gestores são aconselhados a "simplesmente ser você mesmo". Isso na verdade é um mau conselho. Vai impedir que você use os papéis diferentes que vão fazer de você um gestor eficiente e bem-sucedido.

Outro erro que muitos novos gestores cometem é acreditar que seu papel é impor direções — ou seja, dizer aos outros o que fazer e como fazer, e garantir que isso seja feito. Isso pode ser parte do trabalho ou, às vezes, necessário. O que permite que você e seus funcionários tenham sucesso a longo prazo, entretanto, é ajudar seus funcionários a dirigirem a si mesmos. Isso significa que você precisa ter seu apoio e comprometimento, compartilhar poder com eles e remover o máximo possível de obstáculos para seu sucesso.

AS PRINCIPAIS RESPONSABILIDADES DO GESTOR

A maior parte dos especialistas em gerenciamento concorda que gestores têm certas responsabilidades principais, independentemente de onde trabalham ou de quem trabalha para eles. Essas responsabilidades mais importantes incluem contratar, comunicar, planejar, organizar, treinar, monitorar e demitir. Quanto melhor e mais confortável você fica com essas responsabilidades, mais fácil se torna o trabalho de gerenciar. Essas oito responsabilidades são abordadas ao longo do livro, mas vamos defini-las aqui:

1. *Contratar* é encontrar indivíduos com habilidades ou habilidades em potencial, comprometimento e confiança para terem sucesso no emprego.
2. *Comunicar* é compartilhar a visão, as metas e os objetivos da organização com seus funcionários. Também significa compartilhar informação sobre o que está acontecendo em seu departamento, unidade, grupo ou comunidade de negócios.
3. *Planejar* é decidir que trabalho precisa ser feito para atingir os objetivos de seu departamento que, por sua vez, atinge os objetivos da organização.
4. *Organizar* é determinar os recursos necessários para desempenhar cada trabalho ou projeto e decidir que membros da equipe fazem o quê.
5. *Treinar* é avaliar o nível de habilidade de cada um de seus funcionários para determinar as diferenças de habilidade e oferecer oportunidades de instrução para acabar com essas diferenças.
6. *Monitorar* é garantir que o trabalho está sendo feito e que cada um de seus funcionários está tendo sucesso com projetos e tarefas.
7. *Avaliar* é medir o desempenho de membros individuais da equipe, oferecer a eles retorno valioso e comparar seu desempenho com os níveis necessários para cada membro e a equipe terem sucesso.
8. *Demitir* é remover pessoas da equipe que não são capazes de fazer as contribuições necessárias para si mesmas ou para a equipe ser bem-sucedida.

PREOCUPAÇÃO VERDADEIRA

Uma maneira de fazer bem seu trabalho é dar toda a atenção para as necessidades das pessoas em sua área de responsabilidade. Alguns líderes cometem o erro de achar que a preocupação que têm com seus funcionários é interpretada como um sinal de fraqueza. A preocupação verdadeira, porém, é um sinal de força. Demonstrar interesse no bem-estar de seu pessoal não significa que você vai ceder a demandas absurdas. Infelizmente, muitos novos gestores não conseguem reconhecer esse fato. Eles são incapazes de diferenciar entre preocupação e fraqueza.

Sua preocupação deve ser verdadeira. Não pode ser fingida. Preocupar-se verdadeiramente significa garantir que seu pessoal esteja recebendo os desafios adequados, que eles sejam apropriadamente reconhecidos, que sejam recompensados quando tiverem bom desempenho e que recebam feedback preciso e oportuno sobre seu desempenho.

Você não pode começar dizendo a si mesmo de forma complacente: "Eu vou ser um cara legal." Você deve levar a sério e aceitar o fardo da responsabilidade sobre essas pessoas. Na verdade, você e sua equipe são mutuamente responsáveis um pelo outro. Você deve garantir que os objetivos da empresa e os objetivos de sua equipe não estejam em caminhos opostos. Seu pessoal deve perceber que só vai alcançar seus objetivos fazendo sua parte em ajudar a empresa a atingir seus objetivos globais.

Os membros de sua equipe olham para você em busca de liderança. Você serve como intérprete para os funcionários, pois é uma fonte primária de informação sobre as estratégias mais amplas e os objetivos da organização. Parte vital de seu trabalho é manter seu pessoal informado. Tentar manter seu pessoal no escuro ou ser sovina com informação vai trabalhar contra você. Os membros de sua equipe simplesmente vão procurar outro lugar na organização para encher o vazio de informação que você criou. Eles não só vão receber a mensagem de que você não os respcita por sua má vontade em fornecer a informação de que eles precisam para ter sucesso, eles também podem receber informação incorreta já que sabem sobre ela indiretamente ou por pessoas sem envolvimento com a situação.

ARMADILHAS A EVITAR

A maior parte dos gestores iniciantes não supervisiona um grupo grande de pessoas. Por isso, pode haver a tentação de se envolver demais no trabalho de seus poucos funcionários. À medida que você avança, provavelmente vai ser responsável por mais pessoas. É impossível estar envolvido em todas as facetas do trabalho de 35 pessoas, então comece agora a se distanciar dos detalhes de cada tarefa e se concentre no projeto de forma geral.

Um dos perigos para um gestor novato como você é a possibilidade de gerenciar alguém que faz seu trabalho antigo e considerá-lo mais importante que as outras tarefas. É da natureza humana pensar que aquilo que fazemos é mais importante do que aquilo que os outros fazem, mas isso não funciona quando você é o gestor. Isso não é uma abordagem equilibrada do gerenciamento. Você precisa resistir à tentação de fazer de seu velho trabalho seu hobby ocupacional simplesmente porque é familiar e confortável.

Frequentemente, seu primeiro trabalho gerencial é como líder de projeto ou posição de liderança. Você gerencia outros, mas ainda tem suas próprias tarefas para realizar; você faz as duas coisas. Se essa é sua situação, você precisa permanecer interessado e envolvido nos detalhes por algum tempo. Quando você passar para um cargo de gerenciamento em tempo integral, porém, não leve esse hobby ocupacional com você, pois isso pode distraí-lo do quadro maior.

Claro, não leve esse conselho ao extremo. Quando algumas pessoas passam para o gerenciamento, elas se recusam a ajudar sua equipe em um momento difícil ou de crise. Elas leem revistas de gerenciamento enquanto sua equipe está freneticamente cumprindo prazos; elas estão agora "na gerência". Isso é simplesmente estúpido. Você pode desenvolver confiança com sua equipe quando, em um momento difícil, você arregaça as mangas e ajuda a resolver a crise.

Enquanto você faz a transição para seu papel de gestor, não se esqueça do erro de gerenciamento mais comum: delegar responsabilidade sem autoridade. Você provavelmente já experimentou isso. Você consegue se lembrar de um momento em que recebeu uma tarefa, mas não a autoridade para ter sucesso? O resultado foi ou que você não conseguiu completar a tarefa ou voltou ao seu supervisor para pedir a autoridade de que precisava. A verdade é que você foi posto em uma situação que era um caso perdido.

Provavelmente seu supervisor não fez isso de propósito. Ele pode apenas não ter pensado na autoridade de que você ia precisar. Da mesma forma, você provavelmente não vai fazer o mesmo de propósito com as pessoas que está supervisionando. Conforme atribui tarefas para as pessoas que agora você lidera, pergunte a si mesmo se está delegando autoridade suficiente para que elas tenham sucesso. Você pode até querer discutir a questão na atribuição da tarefa.

Você vai ter sucesso como gestor quando seu pessoal tiver sucesso. Prepará-los para o sucesso inclui procurar delegar autoridade com responsabilidade.

UM PONTO DE VISTA EQUILIBRADO

Em todas as questões de gerenciamento, mantenha um senso de equilíbrio. Você sem dúvida já viu gestores que dizem:
— Sou um cara do quadro geral; não me incomodem com detalhes.
Infelizmente, essa característica está presente em muitos gestores. Eles se tornam tão orientados pelo quadro geral que ficam alheios aos detalhes que formam esse quadro. Eles também podem ficar insensíveis a quanto esforço é exigido para completar o trabalho minucioso.
Outros gestores, incluindo muitos gestores iniciantes que foram promovidos de uma posição inferior, são tão empolgados com os detalhes que o objetivo geral se perde. É necessário equilíbrio.

7
O trato com seus superiores

O Capítulo 6 discutiu a atitude de um gestor em relação a seus funcionários. Também é importante que gestores prestem atenção à sua atitude em relação aos superiores. Seu sucesso futuro depende tanto de seus subordinados quanto de seus superiores.

Se você acabou de ter uma grande promoção, pode estar se sentindo grato em relação a seu chefe. Você também pode estar satisfeito porque os executivos sêniores foram perceptivos o bastante para reconhecer seu talento. Mas suas novas responsabilidades exigem de você um novo nível de lealdade. Afinal de contas, agora você é parte da equipe de gerenciamento. Você não pode ser um membro efetivo de uma equipe a menos que se identifique com ela.

LEALDADE COM ELES

A lealdade a empregadores se tornou menos comum. A lealdade cega nunca foi uma boa ideia, mas ser leal não significa vender sua alma. Supostamente, sua empresa e seu chefe não querem explorar a sociedade. Se quiserem, não merecem sua lealdade. Mais importante: você não devia estar trabalhando para eles.

Então vamos supor que você esteja convencido de que o propósito de sua empresa é honrado e você esteja satisfeito em ser associado aos objetivos dela. O tipo de lealdade de que estamos falando tem a ver com efetivar políticas ou decisões que sejam moralmente válidas. Vamos supor que sua posição na empresa permita alguma participação nas decisões relacionadas a sua área de responsabilidade. Você deve fazer todos os esforços para garantir que essa participação seja tão pensada e amplamente embasada quanto possível. Não seja o tipo de gestor de mente estreita cujas recomendações são projetadas para beneficiar apenas sua própria área de responsabilidade. Quando isso acontece, seu conselho vai ser desacreditado e com o tempo não vai mais ser procurado porque ele não reflete uma perspectiva ampla.

Se você faz recomendações de base ampla e consistentes com o bem maior da empresa, seu conselho vai ser visto como mais valioso e vai ser buscado com maior frequência. O importante aqui é que sua contribuição ao processo de tomada de decisões possa ir além de seu próprio nível gerencial.

De vez em quando, uma decisão ou política vai ser estabelecida estando diretamente contrária às opiniões que você expressou; espera-se que você apoie essa decisão ou política, e você pode até ter de implementá-la. Se você já não sabe, pergunte à sua chefe por que a decisão foi tomada. Explique a ela que você gostaria de entender o raciocínio por trás da decisão para que possa implementá-la melhor. Descubra que considerações importantes entraram na formulação da política e nos processos que levaram à decisão.

A filosofia de seguir cegamente o líder não se mantém no mundo de hoje. Ainda assim, muitos gestores e executivos superiores desejam que a lealdade cega ainda existisse.

Se você vai fazer um trabalho de gerenciamento relevante, tem o direito de entender as razões por trás das principais decisões e políticas da empresa. Talvez seus gestores sigam a autoridade mais alta cegamente e protejam a informação sobre os níveis superiores de gerenciamento como se fosse ultrassecreta — e você fosse o inimigo.

Se essa é a abordagem deles, eles estão cometendo o erro mencionado no Capítulo 6 de não fornecer a informação de que você precisa para ser eficaz. Mais uma vez, o vazio de informação vai ser preenchido, dessa vez por você. Infelizmente, você vai ter de se adaptar à preferência deles por reter informação. Se é uma política que afeta outros departamentos sobre os quais você precisa de informação, você pode conseguir descobrir com pessoas em seu próprio nível organizacional nesses departamentos. Se um amigo no departamento X tem um chefe que compartilha informação abertamente com os funcionários, pode ser relativamente simples descobrir o que você quer saber com seu amigo.

VOCÊ TEM RESPONSABILIDADE

Quando trabalha e se comunica com seu gestor, você tem muitas responsabilidades na construção de um bom relacionamento com ele. Você precisa fazer o seguinte:

- Manter seu gestor informado de seus planos, ações e projetos.
- Respeitar o tempo de seu gestor e tentar marcar encontros ou reuniões de acordo com a conveniência dele.
- Estar bem preparado. Apresentar seus argumentos e preocupações de maneira lógica e objetiva, e ter exemplos e fatos para apoiar o que você está dizendo.
- Estar disposto a ouvir o ponto de vista de seu gestor. Ele pode ter experiência ou informação que você não tem e que o levaram a uma conclusão diferente.

O TRATO COM UM GESTOR DIFÍCIL

Nós não vivemos em um mundo perfeito. Por isso, em algum momento em sua carreira, você pode se ver na posição desconfortável de subordinado de um gestor difícil — alguém que não está fazendo um bom trabalho de gerenciamento ou pode ser uma pessoa desagradável. Infelizmente, você não pode demitir um chefe incompetente ou exorbitante, por mais que você gostasse de fazer isso.

Vamos ser francos. Se um gestor é difícil há muito tempo, você tem de se perguntar por que permitem essa situação. Se todo mundo na organização sabe que é horrível trabalhar para essa pessoa, por que os níveis superiores de gerenciamento permitem que a situação continue?

Em contrapartida, se todas as outras pessoas no departamento acham que o gestor está fazendo um grande trabalho e você é o único tendo problemas, essa é uma situação bem diferente. Se você é novo no departamento, pode dar a isso algum tempo não reagindo depressa demais. O problema pode se resolver se você fizer um trabalho excelente e não for extremamente sensível. Você pode descobrir que é estilo, não substância.

Se sua gestora está realmente causando problema a você ou a seus subordinados diretos, porém, você sem dúvida precisa fazer alguma coisa em relação a isso, e você tem algumas escolhas viáveis. Dependendo do ambiente político e da cultura de sua organização, certas estratégias podem funcionar melhor que outras. De imediato, você deve tentar se comunicar diretamente com a sua chefe. Conte a ela o que está acontecendo. Explique de maneira profissional e diplomática como seus comportamentos, políticas ou ações estão tendo um grande impacto no negócio. Fale sobre a organização, não a pessoa. Comece a discussão com uma afirmação construtiva e sem julgamentos morais, como:

— Nós podemos estar perdendo algumas oportunidades de sermos mais eficientes.

Por exemplo, suponha que sua gestora esteja dando para sua equipe instruções diferentes da sua. Isso está causando atraso em remessas e reclamação dos consumidores — preocupações importantes. Mesmo que ela não goste de ouvir, sua chefe deve apreciar sua objetividade em destacar esse problema.

Supervisores frequentemente não percebem que podem estar fazendo algo que não ajuda. Eles precisam de feedback. Você sempre deve tentar se encontrar com seu chefe com regularidade para discutir quaisquer questões que precisem ser resolvidas. Se seu gestor não acha que essas reuniões são necessárias, você deve insistir. Tente explicar como a comunicação regular pode evitar que problemas cresçam e ajudar a tornar os dois mais eficazes.

Há outra coisa: se não lhe designaram um mentor, você deve a si mesmo encontrar um. Você precisa de alguém dentro da organização que seja respeitado e tenha conhecimento da dinâmica política da organização. Você precisa de alguém que possa guiá-lo e compartilhar conhecimentos obtidos com o tempo.

Digamos que você tem o tipo de chefe que não gosta de receber feedback dos funcionários. O que você faz agora? É aqui que entra entender a política e a cultura de sua organização e onde seu mentor pode ser de grande ajuda. Você pode precisar conseguir outra pessoa para falar com sua chefe. Pode ser alguém no mesmo nível, um amigo que você tem na organização, o setor de recursos humanos — se sua reputação for boa e eles jogarem limpo —, ou você pode precisar correr o risco maior de pular níveis para que o chefe dessa pessoa cuide da situação. Tenha em mente que, quando você faz isso, provavelmente corta para sempre seu relacionamento com sua chefe, mas você pode não ter outra escolha. Você está fazendo isso por sua equipe ou pelo benefício geral da organização.

Existe uma opção final. Você pode ter de dizer a si mesmo:

— A chefe é difícil. Ela é difícil há muitos anos; ninguém parece ligar ou estar interessado em mudar seu comportamento. Esse pode não ser o melhor lugar para mim, já que minha chefe tem uma grande influência no meu sucesso. Talvez eu precise encontrar uma posição em outro departamento ou outra organização.

O AFASTAMENTO DE PESSOAS BOAS

É verdade que muitas empresas tiram proveito de uma piora na economia para pressionar mais seu pessoal, reconhecendo que é mais difícil para as pessoas se demitirem. Há razões para a pouca visão dessa atitude. Primeiro, os melhores profissionais sempre conseguem arranjar outros empregos, por pior que esteja a economia. As pessoas menos talentosas são aquelas que não conseguem. Então, essa atitude mal ajustada da empresa afasta os mais talentosos e retém os menos talentosos. Isso é uma receita de mediocridade. Segundo, em uma economia difícil, apreciar toda sua equipe, inclusive os gestores muito talentosos, coloca a organização em uma posição mais forte para competir com eficácia. Uma empresa com uma equipe capaz e valiosa sempre vai prevalecer sobre outra que trata seus funcionários como meras unidades de produção. As perspectivas de longo prazo para esta última não são boas.

Uma das maneiras mais certas de acabar afastando pessoas boas de sua empresa é perpetuar o mau gerenciamento. Isso pode parecer óbvio, mas muitos novos gestores mal podem esperar para começar a tratar as pessoas do jeito que foram tratados. Podem ensinar a eles a abordagem gerencial mais humana, mas eles põem em prática o que conhecem. Eles estão ansiosos para que chegue sua vez de "distribuir" depois de tantos anos de "aturar".

A lição do chefe difícil é ser o tipo de líder que você gostaria de ter, não continuar com a tradição. Não adote o estilo de gerenciamento que você odeia nem tire a forra com as pessoas que não tiveram nada a ver com o gerenciamento pouco profissional sob o qual você sofreu.

Se você está trabalhando para um chefe difícil, faça um favor à sociedade e diga:

— Que isso termine em mim.

O ESTILO DE PERSONALIDADE DE SEU GESTOR

Incontáveis livros e artigos já foram escritos sobre como gerenciar seu chefe. A premissa principal de todos esses textos é a mesma: se você conhecer o estilo de personalidade de seu chefe, vai ser capaz de gerenciar essa pessoa sabendo do que seu gestor precisa, o que ele quer e como gosta de trabalhar e se comunicar. Se você souber compreender seu estilo, vai ter menos problemas no trabalho.

Há quatro tipos básicos de personalidades de gestores. Alguns têm um estilo distinto de personalidade, enquanto outros são uma combinação de dois ou três estilos. Leia as descrições a seguir e veja se consegue identificar o estilo de seu gestor. Se conseguir, vai ter mais sucesso no trabalho com ele.

- **Os centralizadores.** Esses gestores gostam de estar no controle de tudo, tomam decisões rapidamente e se aferram a essas decisões; são muito organizados e orientados por resultados. Eles são do tipo "faça o que eu digo ou rua". Se eles estivessem praticando tiro, diriam "preparar, fogo, apontar" (em oposição ao habitual "preparar, apontar, fogo"). Se você trabalha com centralizadores, procure ser claro e direto com sua comunicação, tenha todos os fatos ao alcance e esteja preparado para fazer o que eles dizem. Às vezes, centralizadores projetam uma imagem de gestores inclusivos, que delegam poderes e querem incorporar as opiniões de todos os membros da equipe em suas decisões. Com gestores que projetam esse estilo, olhe mais para o resultado do que para o processo — eles, na verdade, podem ser centralizadores comprometidos depois que você passa pela camada externa de participação.

- **Os metódicos.** Esses gestores são do tipo analítico, que gostam de passar tempo reunindo informação e dados antes de tomar uma decisão. Eles são muito constantes e previsíveis e extremamente preocupados com a precisão. Se estivessem praticando tiro, diriam "apontar, apontar, apontar". Eles odeiam tomar decisões e estão sempre procurando mais informação ou informação diferente. Se você trabalha para metódicos, seja paciente! Entenda que eles estão tentando tomar a melhor decisão com base em todos os dados. Quando você der sua opinião ou sua sugestão, assegure-se de tê-la analisado cuidadosamente e de poder explicar a eles seu raciocínio e sua lógica.

- **Os motivadores**. É divertido conviver com esses chefes. Eles são carismáticos e parecem ter bom relacionamento com todo mundo na organização. Têm muita energia, criatividade e um espírito competitivo. Entretanto, frequentemente falam mais que o necessário. Gostam de começar coisas, completá-las, porém, é outra história. Se estivessem praticando tiro, diriam "falar, falar, falar". Eles simplesmente adoram conversar e se divertir, e às vezes o trabalho fica em segundo plano. Quando se comunicar com motivadores, procure conversar bastante. Pergunte a eles como foi o fim de semana, como estão os filhos e por aí vai. Antes de chegarem aos negócios, eles precisam socializar.

- **Os altruístas**. Você provavelmente tem um ambiente de trabalho relaxado e descontraído se seu supervisor é um altruísta. Altruístas têm um sentido forte de dedicação, são membros leais de equipes, pacientes, simpáticos, compreensivos, confiáveis e excelentes para manter o ritmo. Seu calcanhar de Aquiles é que eles evitam conflitos e não gostam de mudanças. Eles favorecem o status quo. Eles também podem se preocupar mais com como estão as pessoas do que com o andamento do trabalho. Se eles estivessem praticando tiro, diriam "preparar, preparar, preparar". Eles estão sempre presentes para você. As necessidades dos outros vêm antes de suas próprias. Quando trabalhar com altruístas, ponha seu chapéu de sentimentos e trabalho em equipe. Você vai precisar dele!

A Figura 7-1 resume os quatro estilos de personalidade descritos acima.

FIGURA 7-1. O ESTILO DE SEU SUPERVISOR	
CENTRALIZADOR	METÓDICO
• No comando • Direto • Decisões rápidas • Organizado • Esteja preparado com os fatos	• Analítico • Quer muita informação • Valoriza a precisão • Decisões lentas • Esteja pronto para sustentar sua posição
MOTIVADOR	ALTRUÍSTA
• Convivência divertida • Carismático e social • Energia elevada • Pode não fazer acompanhamento • Esteja pronto para conversar	• Dedicado e leal • Paciente e compreensivo • Avesso a conflitos • Não gosta de mudanças • Precisa que você seja um jogador de equipe

Preste atenção ao último tópico em cada categoria. Ele lhe dá um entendimento de como você vai precisar estar preparado para responder a uma pessoa nesse estilo.

AS PREFERÊNCIAS DE SEUS SUPERVISORES

Sua vida no trabalho vai ser mais fácil e mais agradável se você estiver atento às preferências de sua supervisora. Como exemplo, se ela tende a focar o quadro geral e tem pouca tolerância com detalhes, você vai frustrar a si mesmo e a ela se insistir em discutir minúcias. Da mesma forma, se sua supervisora for orientada pelos detalhes, você vai precisar estar preparado para fornecer informação minuciosa quando estiver trabalhando com ela. Do contrário, provavelmente ela vai pedir para que você volte com mais informação, e você vai correr o risco de ser visto como mal preparado.

Aqui estão quatro aspectos importantes das preferências de sua supervisora aos quais você precisa estar atento:

1. Como ela processa informação.
2. O nível de detalhamento preferido pela supervisora.
3. Seu nível de imediatismo, o que significa o quanto ela se preocupa em ter toda a informação mais recente imediatamente

ou se prefere que novas informações sejam apresentadas após serem contempladas.
4. Os tópicos que interessam a ela e os tópicos pelos quais ela tem pouco interesse.

A Figura 7-2 vai lhe ajudar com esse processo.

FIGURA 7-2. AS PREFERÊNCIAS DE SEU SUPERVISOR	
Como ele ou ela prefere processar informação?	Que nível de detalhamento ele ou ela prefere?
• Verbalmente • Por escrito • Graficamente • Em apresentações	• Muitos detalhes • Visões gerais e resumos • Grandes conceitos
Qual seu nível inato de imediatismo?	O que interessa e o que não interessa a ele ou ela?
• Quer informação nova imediatamente • Prefere que você processe e reflita sobre a informação antes de compartilhá-la com o resto da equipe • Prefere receber informação em uma hora regular no dia ou na semana	• O que o/a fascina • O que não interessa a ele ou ela • O que faz com que ele ou ela se retire

Primeiro observe o gráfico com seu supervisor em mente. Você pode até querer discutir os tópicos abertamente com ele. Fazer isso vai enviar uma mensagem clara de que você é sério em relação a compreender suas preferências para facilitar interações de sucesso. Depois de pensar nas preferências de seu supervisor, agora seu interesse será mantê-las em mente quando estiver interagindo com ele.

Não limite esse processo a seu supervisor direto. Provavelmente há outras pessoas em sua organização com quem você precisa trabalhar com sucesso. Faça a si mesmo as mesmas perguntas sobre elas, e adapte seus métodos de acordo com isso. Ao fazer isso, você será visto como interessado, eficiente e eficaz.

8
A escolha de um estilo gerencial próprio

Se você olhar para a história dos estilos gerenciais, vai perceber que dois deles foram dominantes. Os gestores eram ou autocráticos ou diplomatas. Hoje, porém, os melhores gestores sabem que há mais de dois estilos de gerenciar, e que precisam ser bons em múltiplos estilos. Antes de discutir a necessidade de ter um estilo gerencial "consciente", vamos conhecer o estilo autocrático e o diplomata.

O AUTOCRATA VS. O DIPLOMATA

É difícil acreditar que, hoje em dia, ainda vemos o antiquado autocrata em cargos de gerência. Você precisa se perguntar por que isso acontece. Em parte, isso tem a ver com o fato de tantos gestores não receberem treinamento. Eles precisam encontrar seu próprio caminho sozinhos, então começam a agir como pensam que deveriam. Eles pensam em termos de ser um "chefe". Autocratas também acreditam que, se usarem uma abordagem mais suave, os funcionários vão tirar proveito deles, achando que a abordagem vai ser vista como um sinal de fraqueza.

Outra possibilidade é que leva mais tempo para alguém ser um gestor diplomático. Esses gestores passam tempo com pessoas explicando não apenas *o que* deve ser feito, mas também *por que* deve ser feito. O tipo autocrático de gestor não quer se dar a esse trabalho. A atitude dessa pessoa é: "Faça isso por que eu disse para fazer." O diplomata percebe que, quanto mais as pessoas entenderem o quê e o porquê, melhor vai ser seu desempenho.

Autocratas querem tomar todas as decisões e veem a equipe como provedora de respostas robóticas a suas ordens. O autocrata aperta os botões, a equipe entra em ação, e tudo acontece. O diplomata sabe que o tempo passado fazendo com que todos se envolvam é recompensado com enormes dividendos mais à frente.

O autocrata produz medo, enquanto o diplomata constrói respeito e até algum nível de afeição. O autocrata faz com que as pessoas murmurem em voz baixa: "Um dia ainda vou à forra com esse FDP." O diplomata faz as pessoas dizerem: "Ele nos respeita e se preocupa conosco. Eu ficaria ao lado dele até o fim. Tudo o que ele precisa fazer é pedir."

O autocrata acredita que o diplomata é um fraco. O diplomata acredita que o autocrata é um ditador. A diferença é que o autocrata usa a autoridade constantemente, enquanto o diplomata a usa com inteligência e bom senso.

As pessoas trabalhando para o autocrata acreditam estar trabalhando *para* alguém, enquanto aquelas subordinadas ao diplomata acreditam estar trabalhando *com* alguém.

A NECESSIDADE DE CONSCIÊNCIA

Como um novo gestor, você deve usar a abordagem da "consciência" ao escolher um estilo gerencial apropriado. Para estar consciente, você deve usar a quantidade certa de *controle* e *encorajamento* para cada um de seus funcionários.

Controle é:

- Dizer aos funcionários o que fazer.
- Mostrar a eles como fazer.
- Assegurar que o trabalho seja feito.

Encorajamento é:

- Motivar.
- Ouvir.
- Intervir para que os funcionários possam fazer o que se espera deles.

Alguns funcionários precisam de grandes doses de controle e encorajamento, e outros precisam de poucas. Há também aqueles que estão em algum ponto intermediário. Para usar a abordagem da consciência ao escolher um estilo gerencial, você tem de determinar o que cada funcionário precisa de você. Ou seja, quanto controle e encorajamento eles precisam de você?

A quantidade de controle ou encorajamento exigida por cada funcionário vai depender daquilo em que ele está trabalhando ou do que está acontecendo no departamento. Por exemplo, se uma funcionária precisa aprender a operar um novo equipamento, ela vai precisar de muito controle. Se há conversas sobre reduções no quadro de funcionários por toda a empresa, os membros de sua equipe vão precisar de encorajamento.

O gráfico e as descrições seguintes vão ajudar você a ver a conexão entre aquilo que sua equipe precisa de você e quanto controle ou encorajamento você dá a ela; em outras palavras, você está consciente de suas necessidades?

- **Tipo A.** É alguém muito motivado para trabalhar bem, mas que não tem a habilidade nem o conhecimento para ter sucesso. Sendo consciente, você sabe que essa pessoa precisa principalmente de controle de sua parte.
- **Tipo B.** É alguém que perdeu a motivação, mas tem as habilidades para fazer o trabalho. Sendo consciente, você sabe que essa pessoa precisa de muito encorajamento.
- **Tipo C.** É alguém de desempenho muito bom e também motivado. Sendo consciente, você sabe que essa pessoa precisa de pouco controle e encorajamento.
- **Tipo D.** É alguém que não tem a habilidade nem a disposição para desempenhar suas funções. Sendo consciente, você sabe que essa pessoa precisa de muito controle e encorajamento.
- **Tipo E.** É alguém que tem uma quantidade média de habilidades e motivação. Sendo consciente, você sabe que essa pessoa precisa de quantidades medianas de controle e encorajamento.

A AVALIAÇÃO DE SEU PESSOAL

Para aplicar isso com sua equipe, primeiro você precisa avaliar seu pessoal com base nos dois critérios que estamos usando — seu nível de motivação e seu nível de habilidades e conhecimentos relacionados com suas responsabilidades. Primeiro você os avalia, em seguida os põe em seu gráfico. Quanto mais eles possuírem habilidades e conhecimentos relacionados ao trabalho, mais perto estarão da direita do gráfico.

SUA RESPOSTA

Olhando para a Figura 8-1 e em que lugar do gráfico você botou seu pessoal, você agora tem consciência de como reagir. Quanto mais perto da esquerda a pessoa estiver, mais controle você vai ter de exercer. Quanto mais perto do pé da Figura 8-1 ela estiver posicionada, mais encorajamento você vai ter de oferecer.

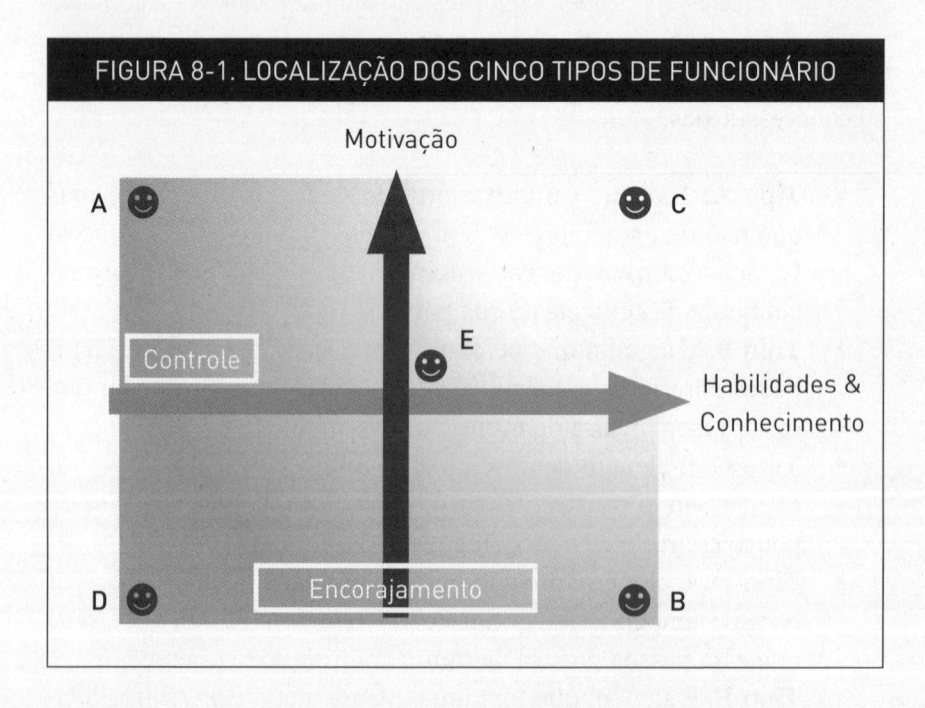

FIGURA 8-1. LOCALIZAÇÃO DOS CINCO TIPOS DE FUNCIONÁRIO

Eixo vertical: Motivação. Eixo horizontal: Habilidades & Conhecimento. Controle à esquerda, Encorajamento embaixo. A (superior esquerdo), C (superior direito), E (centro), D (inferior esquerdo), B (inferior direito).

Vamos olhar para uma situação de trabalho e verificar o quanto você consegue ser consciente. Suponha que você esteja chefiando um grande projeto independente em uma empresa de telecomunicações. Um dos funcionários atribuídos a você, Andy, costumava trabalhar de forma independente em suas tarefas. Andy gosta de tomar todas as decisões e gosta realmente de seu trabalho. Ele sempre consegue resultados excelentes, e seus clientes internos ficam empolgados com seu desempenho. Trabalhando em seu projeto, porém, você percebe que ele tem dificuldade para planejar, comunicar e tomar decisões com outros membros da equipe. Além disso, Andy menospreza todo o conceito de trabalhar como uma equipe e diz que isso é perda de tempo. Ele expressou sua insatisfação por estar nesse novo projeto.

Sendo consciente, em qual tipo (de A a E) Andy se situa, e o que ele precisa de você como seu gestor? A resposta: embora Andy seja um funcionário experiente em seu trabalho habitual, isso não é verdade em seu projeto. Andy precisa de controle e encorajamento. Ele precisa de orientação sobre como trabalhar com os outros em um ambiente de equipe e apoio para a transição difícil que ele está fazendo. Andy é um tipo D para esse projeto, embora provavelmente seja um tipo C em suas próprias tarefas.

Eis uma sugestão que vai tornar o gerenciamento muito mais fácil para você. No caminho para o trabalho, pense durante alguns dias sobre seus subordinados diretos. Pense no que eles precisam de você. Se você já estiver dando isso a eles, você tem a situação perfeita. Se não estiver, decida o que precisa fazer de diferente. Você verá que essa sugestão vai fazer uma diferença enorme para você como gestor. Experimente.

O GERENCIAMENTO É SITUACIONAL

Nenhum único estilo gerencial é sempre apropriado. Uma situação que você está enfrentando pode exigir um estilo diferente do que você normalmente usaria. Quando está diante de uma urgência com um prazo muito curto para a qual nenhum defeito é aceitável, você pode precisar ser mais controlador que o normal. Em contraste, o início de um grande projeto no qual você precisa que todos os membros da equipe concordem com métodos que vão ser usados pode exigir que você delegue mais do que o normal enquanto permite o surgimento de um consenso. Ao desenvolver um estilo gerencial fundamental com o tempo, você vai precisar adaptá-lo em algumas situações com base na natureza dos desafios que estiver enfrentando.

Parte II
O enfrentamento de novos deveres

Como gestor, você terá de se tornar capaz de identificar e cultivar talento. É como ser o técnico de uma equipe esportiva. Seu sucesso depende de você recrutar os melhores que puder conseguir e ainda aperfeiçoá-los.

A construção de uma dinâmica de equipe

Em anos recentes, realizar trabalhos em equipe se tornou a prática padrão em muitas organizações. Isso é verdade por duas razões. Uma delas é a sinergia. Em geral, foi provado em ambientes de trabalho que grupos tomam decisões melhores que um indivíduo trabalhando sozinho. Outra razão para ter equipes é que as tecnologias de comunicação e as fontes ilimitadas de informação tornam improvável que um gestor possa saber tanto quanto todos os seus funcionários. O gestor não pode mais ser o especialista. Em muitos campos e ocupações, gestores têm pessoas trabalhando para eles com especialização específica muito além das deles. Não é possível nessas situações dizer às pessoas o que fazer. O gestor precisa apoiar e guiar os funcionários e permitir que eles deem as respostas relacionadas ao trabalho.

Se quer mesmo que sua equipe tenha sucesso e um desempenho nos níveis mais altos possíveis, você precisa construir uma dinâmica de equipe. Uma dinâmica de equipe é a disposição e a capacidade de trabalhar de forma interdependente em que membros da equipe precisam confiar em outros membros para realizar seu trabalho ou alcançar os objetivos da equipe. Para construir uma dinâmica de equipe, os seis fatores seguintes são essenciais:

1. Comunicação aberta.
2. Delegação de poder.
3. Papéis e responsabilidades definidos.
4. Clareza de objetivos.
5. Um líder eficaz.
6. Um sistema de recompensa e responsabilidade tanto para membros individuais da equipe quanto para toda ela.

COMUNICAÇÃO ABERTA

Pense na seguinte situação: uma jovem candidata a gestora acompanhou seu mentor, um gestor experiente, para observar uma equipe de alto desempenho em funcionamento em uma empresa manufatureira. Quando ela entrou no salão pela primeira vez, disse ao mentor:

— Nossa, que equipe disfuncional. Escute o jeito como eles estão discutindo uns com os outros.

O mentor respondeu:

— Preste atenção, na verdade essa é uma ótima equipe.

A candidata a gestora levou vários minutos para entender o que o gestor mais velho queria dizer. A equipe estava em conflito. Os membros estavam discutindo veementemente uns com os outros sobre a melhor maneira de aprimorar seu produto. É frequentemente bom sinal quando existe esse tipo de atrito. Uma equipe que se importa apaixonadamente com sua tarefa é muito positiva. Ela tem comunicação aberta e honesta. Isso é uma dinâmica de equipe.

DELEGAÇÃO DE PODER

Você tem uma dinâmica de equipe forte quando empodera os membros da equipe ao dar-lhes o direito de tomar decisões relacionadas ao trabalho que eles estão fazendo. Claro, você estabelece limites de tempo, dinheiro, escolhas e assim por diante. Mas, quando você der à equipe o poder final de tomada de decisões, vai perceber que surge confiança, camaradagem e um sentimento de força. Assegure-se de não delegar poder a equipes que não estejam preparadas para assumi-lo. Isso pode ser desastroso, e muitos novos gestores cometem esse grande erro. Eles provavelmente fazem isso porque querem cair nas boas graças da equipe. Assegure-se de que a equipe esteja pronta para receber poder, ou você e a organização vão sofrer as consequências de suas decisões ruins.

PAPÉIS E RESPONSABILIDADES DEFINIDOS

Você pode conversar com qualquer membro de sua equipe e fazer com que essa pessoa defina com clareza seu papel e suas responsabilidades na equipe? Você pode conversar com um membro qualquer de sua equipe e fazer com que ele defina com clareza os papéis e as responsabilidades de todos os outros membros da equipe, incluindo o seu como líder? Quando os membros da equipe podem fazer isso, eles sabem o que se espera deles e o que se espera de cada outro membro da equipe. Eles também sabem com quem podem contar para ajudá-los com seu trabalho. Tudo isso leva a uma dinâmica de equipe eficaz.

CLAREZA DE OBJETIVOS

Todo mundo que você chefia sabe os objetivos tanto de sua equipe quanto de toda a organização? Faça com que eles saibam. Simplifique as coisas — de preferência, uma frase para cada objetivo. A declaração de objetivo de sua equipe pode ser algo como: "Nosso objetivo é oferecer a nossos clientes internos dados de mercado precisos, oportunos e valiosos ao custo mais baixo." Isso é perfeito, cobre tudo. Depois que você tiver trabalhado com sua equipe para desenvolver sua declaração simples de objetivo, faça com que todos a conheçam e a saibam de cor. Você pode querer exibi-la em locais de destaque, incluí-la sempre no alto das pautas de reunião ou abaixo de sua assinatura em e-mails internos.

Quando estava em Singapura para treinar alguns novos gestores com base neste livro, eu me deparei com um exemplo excelente de uma organização com clareza de objetivos. Acima da entrada de funcionários de um grande hotel na área do Centro da Cidade, havia uma declaração de objetivo que, supostamente, se aplicava a todo mundo que trabalhava ali. Em letras luminosas de trinta centímetros de altura, havia cinco palavras que tornavam clara a tarefa de todos: "Criando experiências memoráveis em hotéis." Eu aplaudo o brilho de um objetivo tão simples e marcante que se aplica a todos os membros da equipe. O site corporativo da organização que opera o hotel identifica essas cinco palavras como a visão da empresa, que é aplicada a suas trinta propriedades em três continentes. Não é surpresa que o hotel pelo qual passei tenha avaliações excelentes na internet.

Por que isso é importante? A clareza de objetivos organizacionais mantém todo mundo se movendo na mesma direção. Ela dá a todos o padrão a partir do qual podem tomar decisões e decidir por um plano de ação. O padrão simples é se a decisão ou resultado que eles estão levando em consideração funciona a favor ou contra o objetivo. Se ela favorece o objetivo, vá em frente. Se trabalhar contra, pare.

A clareza de objetivos facilita inúmeros resultados valiosos:

- Ela permite que seu pessoal tome mais decisões próprias.
- Menos questões vão precisar crescer em escala para que você resolva.
- As decisões serão tomadas mais rápido.
- Sua organização vai ser mais ágil, tornando-se mais capaz de se adaptar rapidamente a mudanças.
- Sua organização vai ser mais eficiente.

Obviamente, nem sempre os membros de sua equipe saberão quando algumas circunstâncias enfrentadas favorecem ou atrapalham o objetivo. Essas condições vão ter de ser levadas a você. Mas frequentemente, em seus esforços diários, eles vão ser capazes de fazer progressos sem limites usando a declaração de objetivo como guia.

Quando você estiver instalado e conhecer sua equipe e seus papéis, trabalhe com a equipe para desenvolver uma declaração de objetivo simples e clara. Ela vai abastecer uma dinâmica de equipe muito mais empoderada e empreendedora.

LIDERANÇA EFICAZ

Leia a lista a seguir. Marque os itens que você atualmente faz. Desenvolva um plano de ação para qualquer item não marcado. Quando você conseguir marcar todos os itens, fará sua parte para construir uma dinâmica de equipe eficaz. Como líder, você deve fazer o seguinte:

- Estabeleça objetivos claros para cada membro da equipe e para a equipe.
- Dê instruções claras para aqueles que precisam.
- Compartilhe exemplos e experiências de seu próprio sucesso e erros pessoais para se relacionar com a equipe.
- Enfatize o positivo e não o negativo em suas conversas com a equipe.
- Dê retorno contínuo para cada membro da equipe e para a equipe — tanto positivo quanto construtivo.
- Use pequenos êxitos para construir a coesão da equipe.
- Pratique o que você diz.

- Expresse apreciação, sua e da organização, por meio de recompensas, se disponíveis.
- Desenvolva um relacionamento construtivo — você e a equipe estão trabalhando juntos na direção dos mesmos objetivos.
- Faça com que aconteçam mudanças para melhor encorajando a criatividade e a inovação.
- Encoraje a autoconfiança e o desenvolvimento profissional.
- Encoraje os membros da equipe a expressarem seus pontos de vista durante conflitos e compartilhe os seus com eles.
- Ajude sua equipe a ver sua conexão com a organização como um todo, os clientes e a comunidade.

SISTEMA DE RECOMPENSAS E RESPONSABILIDADES

Esse último fator para a construção de uma forte dinâmica de equipe é responsabilidade da organização e dos gestores trabalhando juntos. Muitas organizações pregam trabalho em equipe. Você anda pelo prédio e vê cartazes com grupos de pessoas felizes trabalhando e brincando juntas. Lê declarações de missão da empresa e elas dizem algo sobre ser a melhor equipe. As pessoas são designadas para equipes, ainda assim falta trabalho em equipe. Por que isso acontece? É porque a organização e seus gestores não responsabilizam as pessoas por trabalharem em equipe nem as recompensam por isso.

Se realmente esperamos que as pessoas cooperem umas com as outras pelo bem comum da organização, não podemos simplesmente avaliá-las ou lhes dar notas por desempenho exclusivamente por suas contribuições individuais. Temos de fazer tudo isso também com suas contribuições para sua equipe. Quando os membros da equipe entenderem que você os está responsabilizando com base na qualidade de seu desempenho como membros de uma equipe, eles vão entender rapidamente a mensagem de que equipes contam. É muito melhor que aqueles cartazes. Você precisa fazer a mesma coisa com o sistema de recompensas. Ou seja, recompensar pessoas tanto por suas contribuições individuais quanto para a equipe.

Alguns gestores alegam que não é uma boa prática recompensar alguns membros da equipe mais que outros. Eles dizem que você nunca vai ter equipes de alto desempenho se fizer isso. Esses gestores deviam dar uma olhada nas equipes esportivas de maior sucesso. Elas têm membros que ganham mais que outros com base no papel que eles exercem ou em suas conquistas. Funciona, e sua dinâmica de equipe provavelmente é forte. Olhe para muitas equipes de trabalho de sucesso e eficientes. Você frequentemente verá membros individuais ganhando salários mais altos ou obtendo recompensas especiais por suas contribuições individuais. Isso funciona nessas situações, e há uma forte dinâmica de grupo nessas equipes também.

10
Gerenciamento versus liderança

É comum ver as palavras *gerenciamento* e *liderança* usadas uma no lugar da outra. Isso é compreensível, mas essa confusão faz com que uma diferença importante se perca. Como gestor, você precisa tanto gerenciar quanto liderar, mas é vital que entenda a diferença.

Com o risco de simplificar demais a diferença, o gerenciamento tem a ver com controle, e a liderança, com inspiração. A Figura 10-1 se aprofunda na distinção.

FIGURA 10-1. GERENCIAMENTO VS. LIDERANÇA	
GERENCIAMENTO	LIDERANÇA
• Mais de cima para baixo e impositivo • Mais estruturado • Foco no método • Mais impositivo • Mais foco na correção • Determina métodos	• Mais de baixo para cima e participativa • Menos estruturada • Foco nas exceções • Mais uma dinâmica de coaching • Mais foco na afirmação • Determina objetivos, por isso deixa que os membros da equipe determinem seus métodos

Quanto mais você crescer como gestor, mais vai conseguir usar métodos de liderança. Fazer isso deve estar entre seus objetivos. À medida que a força de trabalho se torna mais bem instruída, informada e transitória, gestores que não são também inspiradores em seus métodos vão ficar em desvantagem.

11
O gerenciamento de funcionários-problema

Nem todo funcionário que você chefia vai ter sucesso no emprego. Alguém com um desempenho ruim pode exigir treinamento adicional, uma transferência para outra área onde ele possa brilhar ou, por último, a dispensa. Com demasiada frequência, em grandes empresas, gestores descarregam seus funcionários-problema em outro departamento. Isso não é ser justo com seus colegas gestores, a menos que você realmente acredite que a pessoa será mais bem-sucedida em um novo departamento onde suas habilidades se encaixem melhor. Em algumas empresas, já vi até gestores promoverem funcionários com mau desempenho só para se livrar deles. Quando o responsável por outro departamento pergunta a esses gestores sobre o desempenho do candidato em perspectiva, eles nem sempre são totalmente sinceros em sua resposta. Acho que a única política correta nessa situação é ser aberto e honesto. Um dia você pode estar olhando para pessoas em outros departamentos como candidatos a promoção para seu próprio departamento, e a melhor maneira de reduzir as chances de ficar com os rejeitados por outras pessoas é nunca fazer esse tipo de jogada baixa.

Você provavelmente pode ter alguma relação com a seguinte história envolvendo um gestor iniciante. Depois de examinar as avaliações de desempenho de pessoas um nível abaixo do cargo que ele estava tentando preencher em sua divisão, ele selecionou três candidatos prováveis. Como de costume, chamou os gestores desses candidatos e teve um relatório brilhante de um em especial. Ele promoveu o candidato para seu departamento e acabou sendo um desastre completo. Ele teve de demitir o candidato após um curto período de tempo devido ao mau desempenho. O gestor iniciante então confrontou a pessoa que tinha feito a recomendação e pediu uma explicação, sem jamais sonhar que tinha sido enganado. A resposta que ele obteve foi que o funcionário não tinha sido satisfatório e o gestor estava cansado de lidar com ele. Como o gestor anterior não foi sincero, o gestor inexperiente foi enganado e teve de fazer o trabalho sujo.

Claro, há uma grande tentação de retribuir um gestor desses na mesma moeda, mas a solução é não deixar, desde o princípio, que alguém faça isso com você. Retaliação em uma operação interna da empresa não é benéfico para ninguém e provavelmente e vai alcançá-lo se você for atrás dela.

REABILITAÇÃO

Não há nada errado, entretanto, em tentar reabilitar um funcionário pouco produtivo, se isso for feito com total conhecimento de todos os envolvidos. Na situação que acabou de ser descrita, por exemplo, se o colega gestor tivesse se sentado com o gestor novato e indicado que o funcionário não estava fazendo um bom trabalho, *mas* havia fortes razões para querer que o colaborador tivesse mais uma chance, o gestor inexperiente podia ter aceitado a pessoa. Houve muitos esforços como esse que tiveram sucesso. O cargo e o funcionário não se encaixaram bem, mas o funcionário tinha talento; a mudança para outra área onde esse talento podia ser mais bem utilizado transformou um funcionário menos que satisfatório em um funcionário produtivo.

Geralmente, porém, você vai ser muito mais eficaz como líder se conseguir solucionar seus próprios problemas em seu próprio departamento e não os descarregar em outro. As empresas usam muitos dispositivos de testes para botar as pessoas em cargos que se alinhem com seu conjunto de habilidades natural. Esses dispositivos vão de simples testes de cinco minutos a avaliações psicológicas complexas de três horas. Isso é algo que sua empresa já faz ou devia pensar em implementar. Para enfatizar isso outra vez, você sempre deve ter consciência das vantagens de encaixar funcionários em posições nas quais eles têm a melhor chance de serem bem-sucedidos. É muito mais fácil transferir pessoas para posições nas quais elas sejam adequadas que mantê-las em posições nas quais têm desempenho ruim, onde você então vai precisar "educá-las". Isso simplesmente não funciona com frequência.

PROBLEMAS PESSOAIS SÉRIOS

Alguns subordinados têm problemas pessoais que prejudicam sua frequência e seu desempenho no trabalho. Você seria muito ingênuo se acreditasse que álcool, drogas ou sérias dificuldades familiares não vão afetar suas responsabilidades gerenciais.

Só porque você é um gestor, isso não significa que está preparado para lidar com todos os problemas que surgirem em seu caminho. Muitas empresas esclarecidas reconhecem esse fato e mantêm programas de ajuda a funcionários. Esses programas geralmente têm o apoio da comunidade, a menos que a empresa seja grande o suficiente para justificar um serviço local. Programas de assistência aos empregados têm recursos profissionais disponíveis, oferecem conexões com programas de dependência química e conhecem os serviços que existem dentro da comunidade.

É tolice para você como gestor acreditar que tem a capacidade e os recursos para resolver todos os problemas. Se você tentar lidar com uma situação além de sua competência profissional, corre o risco de deixar a situação pior. Como gestor, sua responsabilidade é cuidar para que o trabalho seja feito dentro dos limites de sólidos princípios gerenciais. O problema pessoal de um funcionário pode interferir na conquista desse objetivo. Embora resgatar um ser humano também seja um objetivo legítimo, fazer isso de maneira profissional e bem-sucedida provavelmente está além de seu conhecimento pessoal.

Nos Estados Unidos, por exemplo,, um gestor é visto como alguém sem qualificação para dar conselhos pessoais. O caso a seguir aconteceu vários anos atrás em uma empresa fabricante de computadores em Salt Lake City. Uma trabalhadora da linha de montagem chegava atrasada em metade dos dias, às vezes com até de quarenta a cinquenta minutos de atraso. Além disso, seu desempenho estava piorando rapidamente. Depois de algumas semanas desse comportamento, seu gestor conversou com ela sobre isso. A funcionária se desculpou e disse que a creche de seu filho frequentemente abria tarde. Ela disse que não podia apenas deixar seu filho na porta e ir trabalhar. Ela também disse que ficava preocupada com o filho o dia inteiro porque não sabia se a creche era boa, e isso estava afetando seu desempenho.

O gestor respondeu:

— Ouça meu conselho. Mande seu filho para a creche onde mando os meus. Ela abre uma hora mais cedo. Se você fizer isso, e eu recomendo muito que faça, não vai mais se atrasar nem vai ter de se preocupar com esse problema.

A funcionária seguiu o conselho do gestor. Sem entrar nos detalhes sangrentos, algo lamentável aconteceu com o filho pequeno da funcionária nessa nova creche. A funcionária, com assistência jurídica, processou a empresa e ganhou.

A corte decidiu que um gestor não é qualificado para dar conselhos pessoais. O gestor devia ter enviado a pessoa para os recursos humanos ou para um serviço qualificado como uma assistência para funcionários. Trocar de creche era decisão da funcionária. Claro, você deve ouvir seus funcionários e dar apoio no que eles estão passando. Tenha em mente que todos os membros de sua equipe têm vidas desafiadoras fora do trabalho. Todos eles fizeram ajustes para estar no trabalho.

Você provavelmente vai precisar ter uma discussão franca com o funcionário-problema, mas, primeiro, será necessário definir seu objetivo *geral*. Seu objetivo é resolver um problema do trabalho. Você precisa insistir para que empregados com problemas os resolvam sozinhos, e você pode orientá-los para o programa de assistência ao funcionário. Você precisa deixar claro que, se eles escolherem não resolver o problema, podem ser demitidos. Cuidado para não fazer isso de um jeito cruel ou indiferente, mas procure ser firme para que não haja mal-entendidos.

Você deve estar disposto a escutar, mas não ao ponto de os funcionários-problema passarem muito tempo em seu escritório falando quando deviam estar trabalhando. Há uma linha tênue entre ser um bom ouvinte e permitir que as pessoas escapem do trabalho por duas horas enquanto bebem café e derramam todos os seus problemas sobre você.

Cedo ou tarde em sua carreira gerencial, você vai ouvir todos os problemas concebíveis (junto com alguns problemas inconcebíveis). As pessoas estão envolvidas na totalidade da vida; elas têm problemas com cônjuges, parceiros, filhos, pais, amantes, colegas de trabalho, consigo mesmas, com religião, dietas, sentimentos de autovalorização e assim por diante.

Uma regra fundamental para lidar com as fragilidades humanas que vai poupá-lo de irritação é: *não julgue*. Resolva o problema do trabalho e indique aos funcionários os recursos pelos quais eles podem resolver seus problemas pessoais. Em alguns casos, você pode exigir que eles resolvam o problema em razão do impacto negativo que ele está tendo sobre seu desempenho no trabalho.

COMO GERENCIAR TIPOS DE COMPORTAMENTO DESAFIADORES

Como um novo gestor, você provavelmente vai encarar muitos tipos diferentes de funcionários que você considera desafiadores. Quando tiver de gerenciá-los, você precisará lidar com seus comportamentos. Se você não lhes der a devida atenção, estará passando a mensagem de que está tudo bem o funcionário continuar se comportando dessa maneira. Além disso, o resto da equipe vai perder a confiança em você. Eles vão sentir que você não tem a habilidade para lidar com funcionários difíceis ou que não se importa.

A melhor maneira de encarar esses comportamentos desafiadores é dizer aos funcionários o que eles precisam mudar e por quê. Aí você precisa escutá-los — eles podem ter boas razões para se comportarem como se comportam. Em seguida, faça com que eles concordem em mudar e discutam como você vai monitorar seu comportamento. Não deixe de dar retorno positivo quando eles mostrarem sinais de melhora. Claro, você deve chegar a essa reunião preparado com exemplos do que quer dizer caso eles duvidem de sua sugestão ou não entendam ao certo o que você quer dizer. Seja positivo. Deixe claro que você quer que eles tenham sucesso. Explique como eles terão mais chances de sucesso se conseguirem mudar um pouco de seu comportamento problemático. Vai ser muito mais fácil para você se eles fizerem isso. Ter de botar alguém em um processo para discipliná-lo pode ser um pesadelo para todo mundo. Você pode não ter outra escolha, mas essa deveria ser sempre sua última alternativa. Vamos falar mais sobre disciplina no Capítulo 14.

Aqui há alguns dos tipos de funcionários que a maioria dos novos gestores acham especialmente desafiadores. Há muitos outros. Fique de olho neles. Use as sugestões discutidas aqui para enfrentar seu comportamento inaceitável.

- **O agressivo.** Essa pessoa sempre discorda do que você diz ou do que outros membros da equipe dizem. O agressivo tenta prejudicar você e impedir que o grupo ou departamento alcance seus objetivos.

- **O comediante.** Esse funcionário acha que sua principal tarefa no trabalho é divertir os outros. Risos no local de trabalho são ótimos, mas, quando isso ocorre em excesso, distrai e atrapalha o andamento do trabalho.

- **O desertor.** Esse indivíduo abandona a equipe mental ou fisicamente. O desertor se desliga e para de contribuir ou mesmo de participar do trabalho.

- **O fanfarrão.** Esse funcionário gosta de levar crédito pelo trabalho feito pelos outros e circula se gabando do quanto ele é crucial para o sucesso da organização.

- **O que tem outra ocupação.** Esse funcionário trata seu emprego regular como secundário em relação a algum outro interesse. Em uma empresa com cerca de 3,5 mil funcionários, um gestor estava com dificuldade para entender uma de suas funcionárias, chamada Joy. De agosto a janeiro, Joy era a funcionária mais atarefada que você podia imaginar. Ela estava sempre ao telefone, no computador ou em alguma reunião nas salas de reuniões. Mas, de fevereiro a julho, ela ficava só sentada sem nada para fazer. Adivinhe o que Joy estava fazendo. Ela administrava o bolão do futebol americano da empresa e fazia disso sua principal ocupação.

- **O "não é minha função".** Funcionários desse tipo não fazem nada além do que esteja na descrição do cargo. Se você pedir a eles para deixar algo no RH a caminho do almoço, eles vão se recusar. Afinal de contas, onde está escrito que isso é uma de suas responsabilidades ou objetivos?

- **O desvalorizado.** Esses funcionários sentem que deram suas vidas pela empresa, não receberam nada em troca, e querem que todo mundo saiba disso. O desvalorizado normalmente não tem vida ou não tem uma vida agradável fora do trabalho.

- **O reclamão.** Esse tipo gosta de se lamentar e reclamar de tudo. Pode ser da carga de trabalho, dos outros funcionários, do chefe, do cliente, da viagem até o trabalho, do dia da semana, do clima e por aí vai. Reclamões são perigosos porque sua negatividade se espalha facilmente para os outros.

Há obviamente muitos outros tipos de funcionários desafiadores. Como gestor, você terá de esperar todos os tipos de comportamento difícil e lidar com eles de maneira eficaz o quanto antes.

12
Contratação e entrevista

Nada do que você faz como gestor é tão importante quanto contratar bem. Nada. Você não pode se dar ao luxo de pegar atalhos em decisões de contratação. Uma decisão de contratação ruim pode lhe custar centenas de horas tentando resolver os problemas criados por ela. Se você não tem certeza ou está desconfortável em relação a um candidato a membro da equipe, confie em seus instintos. Faça o que for necessário para qualificar mais ou desqualificar o candidato. Depois que você faz uma oferta de emprego, suas opções ficam significativamente limitadas. Você precisa estar muito confiante de que tem a pessoa certa antes de oferecer o emprego. Sua certeza tem de estar baseada em fatos sólidos, pesquisa, verificação de referências, testes ou qualquer outra ferramenta que esteja à sua disposição. Essa não é uma área em que você pode se dar ao luxo de seguir apenas sua intuição. As decisões de contratação são as mais importantes que você vai tomar como gestor.

Provavelmente há tantas práticas de contratação diferentes quanto há empresas. Seria impossível cobrir todos os vários métodos, então vamos fazer duas suposições simples. Digamos que o departamento de recursos humanos faça a verificação inicial, mas você tem a decisão final sobre quem vai trabalhar em sua área de responsabilidade.

A UTILIDADE DE TESTES

Com maior participação federal, estadual ou municipal nos procedimentos de contratação, sua empresa pode não testar muito candidatos a funcionários. Há muitas exigências legais para seguir na aplicação de testes. Mas testar está entre as melhores maneiras de determinar se os candidatos realmente têm as habilidades que dizem ter. Há muitas empresas que pagam aos candidatos a emprego pelo tempo de entrevista para mantê-los em um local por um dia inteiro para testes.

A qualidade dos funcionários em perspectiva vai variar muito. Quando os níveis de desemprego estão altos, você vai ter um número maior de candidatos disponíveis para escolha. O contrário é verdade quando os níveis de desemprego estão baixos. Há até situações em que os funcionários disponíveis são tão poucos que você pensa em contratar praticamente qualquer um que apareça diante de sua mesa. Então, há forças além de seu controle. Nós, aqui, estamos focados em situações que você pode controlar.

O INGREDIENTE QUE FALTA

Quase sem exceção, gestores dizem que os ingredientes mais importantes na contratação de um novo funcionário são experiência, qualificações e formação. Eles raramente citam o ingrediente que falta: *atitude*.

Você pode contratar um empregado com toda a experiência, formação e qualificações que esperava, mas, se a pessoa tem uma atitude ruim, você acabou de contratar um funcionário-problema. Por outro lado, você pode contratar uma pessoa com menos experiência, formação e qualificações, e, se essa pessoa demonstra uma atitude excelente, é bem provável que você terá um funcionário excelente. Todo gestor experiente vai concordar que atitude é o elemento mais importante em um funcionário.

O PROCESSO DE EXAME

A maior parte dos gestores fala de mais e ouve de menos durante o processo de entrevistas.

A entrevista com o candidato é uma avaliação de mão dupla. Naturalmente, o candidato quer o emprego, então a maior parte dos candidatos vai lhe dar as respostas que eles acreditam que vão maximizar suas chances.

Não faça perguntas que sejam tão difíceis que o candidato não possa respondê-las. Aqui há algumas perguntas a evitar que gestores que se orgulham de serem entrevistadores duros poderiam fazer:

- "Por que você quer trabalhar aqui?"
- "O que faz você pensar que é qualificado para este emprego?"
- "Você está interessado neste emprego por causa do salário?"

Perguntas idiotas como essas vão fazer de você um péssimo entrevistador. Você deve se esforçar para deixar o candidato confortável a fim de que vocês possam ter uma conversa. Seu objetivo é conhecer melhor o candidato, e isso significa não criar um tom de confronto durante a entrevista. Em vez disso, faça afirmações ou perguntas que vão relaxar o candidato. Guarde as perguntas mais difíceis — mas não as três perguntas anteriores — para mais tarde no processo. Pense na entrevista de amostra a seguir.

A ENTREVISTA DE EMPREGO DA SRTA. VALENCIA

O objetivo deve ser descobrir se o candidato atende às qualificações do emprego e se *tem uma boa atitude*. Faz sentido passar a parte inicial da entrevista envolvendo o candidato em conversa descompromissada e não ameaçadora.

A maior parte dos candidatos fica nervosa. Eles têm muita coisa em jogo em relação aos resultados. O objetivo é deixar a pessoa relaxada. Ao não entrar diretamente no negócio que importa, você faz com que as pessoas saibam que você está interessado nelas como indivíduos, além do emprego. É importante que você desenvolva um relacionamento confortável. Se essa pessoa vai trabalhar para você, é o início do que podem ser anos de contato diário. Mesmo quando candidatos não conseguem o emprego, eles vão sentir mais simpatia em relação a você e à sua empresa porque você mostrou um interesse sincero por eles.

Nota: uma empresa tem muitos "públicos" — o público geral, os clientes, a indústria da qual faz parte, órgãos do governo com os quais ela interage, seus funcionários e aqueles que buscam emprego na empresa. Em um caso, uma mulher que era grande cliente de uma loja de departamentos elegante achou que seria divertido ter um emprego de meio expediente ali. Ela ficou ressentida com o tratamento recebido quando se candidatou ao emprego e jurou nunca mais tornar a botar os pés na loja. Isso custou à loja milhares de reais por ano apenas em suas compras, sem contar as compras que todos os seus amigos teriam feito se ela não tivesse compartilhado sua experiência negativa com eles.

Quando a conversa descompromissada terminar, você pode levar em consideração usar esta abordagem:

— Srta. Valencia, antes de começarmos a falar especificamente sobre a vaga à qual você se candidatou, eu gostaria de lhe falar um pouco sobre nossa empresa. Porque, enquanto estamos levando você em consideração, você também está nos levando em consideração, então queremos responder qualquer pergunta que você possa ter sobre nossa empresa.

Então vá em frente e conte a ela alguma coisa sobre a empresa. Conte a ela qual é seu propósito, mas não passe tempo demais em estatísticas. Fale mais sobre o relacionamento da empresa com seus funcionários. Conte a ela alguma coisa nessa área que seja única. Você quer que ela tenha uma ideia sobre a empresa da qual ela quer fazer parte. Isso também dá a ela mais oportunidade de relaxar e se sentir confortável.

Nós agora chegamos ao ponto crucial da entrevista. Você quer fazer perguntas que vão lhe dar algumas pistas sobre a atitude dessa pessoa. A maior parte dos gestores orientados para pessoas (e isso é a maioria deles) não aguenta um vácuo, então, se o candidato não responde imediatamente, eles tendem a intervir e tentar ajudar. É um ato de bondade, mas nesse caso interfere com a obtenção de informação crucial da qual você precisa para fazer uma seleção correta.

PERGUNTAS A FAZER E O QUE VOCÊ PODE APRENDER

Algumas amostras de perguntas a fazer são:

- Do que você mais gostava em seu último emprego?
- Do que você menos gostava em seu último emprego?
- Fale-me sobre seu último gestor.
- Como seu último emprego permitia que você crescesse profissionalmente?
- Como você teria reestruturado seu último emprego se pudesse?

Essas são perguntas simples. Você pode desenvolver algumas que pareçam mais apropriadas, mas, até fazer isso, considere usar essas sugeridas aqui.

Vamos examinar cada pergunta e o que respostas "certas" e "erradas" podem lhe indicar sobre a atitude do funcionário. Se a resposta para a primeira pergunta — *Do que você mais gostava em seu último emprego?* — mencionar itens como os desafios do emprego, o fato de a empresa promover seus funcionários, de a empresa encorajar e auxiliar com oportunidades educacionais ou motivar a iniciativa, você tem alguém que reconhece o que é importante em um ambiente de trabalho sólido.

Entretanto, se a resposta da pessoa mencionar coisas como o escritório não abrir às sextas-feiras a cada duas semanas, o que resultava em fins de semana mais longos, e a empresa proporcionar muitas atividades sociais, incluindo um campeonato de futebol e um de tênis. Você pode ter um candidato que está à procura de um lugar para socializar. Essa pessoa pode ser socialmente dinâmica, carismática e pessoalmente gregária, e, mesmo que não haja nada de errado em desfrutar da companhia dos outros, essa não deve ser a principal razão para buscar o emprego.

Agora vamos discutir algumas respostas em potencial para a segunda pergunta sobre as coisas de que ela menos gostava no último emprego. Se a resposta envolver coisas como de vez em quando ter de fazer hora extra ou trabalhar aos sábados, ou esperar-se dela que abrisse mão de um sábado para ir a uma faculdade comunitária para adquirir habilidades importantes no emprego (embora a empresa pagasse o valor do seminário), essas não são as respostas que você quer ouvir.

Entretanto, se a resposta mencionar que a empresa não tinha um sistema de avaliação de desempenho formal, que a concessão de aumentos não parecia ter nenhuma relação com a qualidade, ou que não havia nada de que a pessoa realmente não gostasse, mas apenas sentia que podia haver oportunidades melhores em outro lugar, essas são respostas refletidas e firmes que sugerem que o candidato pode ser orientado por realizações e ter um bom julgamento.

Vamos agora passar para a terceira pergunta sobre o último gestor do candidato. Você vai perceber que a pergunta é mais aberta. Se a candidata detonar seu último supervisor e for muito negativa, dizendo algo como "Não acho que devo usar o tipo de linguagem necessária para descrever o FDP", essa é uma resposta desfavorável.

Se supomos que o relacionamento com a última supervisora foi horrível, mas ela responde "Bom, como acontece com muitos chefes, nós tínhamos nossas diferenças, mas eu gostava dela e a respeitava", essa é uma descrição diplomática do que pode ter sido uma situação ruim. Candidatos a emprego que detonam uma empresa ou gestor anterior, mesmo que merecidamente, dizem mais sobre eles mesmos que sobre o objeto de desprezo. Essa abordagem não vai melhorar as perspectivas do candidato em relação ao emprego, então a pessoa perspicaz vai evitar comentários negativos sobre relações de trabalho anteriores.

A quarta pergunta sobre como o último emprego do candidato lhe permitia crescer profissionalmente pode lhe dar algumas ideias de como os candidatos veem seu trabalho. Alguém que diz que não procurava oportunidade para crescer profissionalmente diz a você que enxerga o trabalho mais como um emprego que como uma carreira. Isso não é ruim, mas é um entendimento de grande valor. Se eles disseram a você que a falta de oportunidades para crescimento profissional era uma frustração significativa, você terá um entendimento diferente sobre como eles veem o trabalho. Eles provavelmente vão ser do tipo que vê o trabalho com uma carreira e deseja progredir. Se lhe disserem que cresceram significativamente, eles darão a você uma oportunidade de discutir seus objetivos profissionais.

A quinta pergunta sobre como eles reestruturariam seu último emprego dá a você uma ideia de como eles veem a si mesmos se encaixando em uma organização maior. Uma resposta refletida e construtiva diz a você que eles veem o quadro maior de como suas contribuições se encaixam na equipe. Uma resposta com o foco de tornar sua vida mais fácil à custa de seus colegas é um sinal de perigo. Isso diz a você que eles podem ser exageradamente focados em si mesmos.

PERGUNTAS DE CANDIDATOS

Você também pode dizer ao candidato:

— Fiz todas essas perguntas a você. Tem alguma coisa que gostaria de me perguntar?

As perguntas feitas pelo candidato também fornecem pistas para a atitude.

E se as perguntas dos candidatos seguirem por essas linhas?

- Quantos dias-pontes vocês dão por ano?
- Vocês abrem o escritório na Quarta-Feira de Cinzas?
- No fim do ano, há férias coletivas?
- Que atividades sociais a empresa patrocina para os funcionários?

Perguntas que seguem por esse caminho indicam alguém que está mais focado em sair do trabalho do que em entrar nele. Essas amostras são óbvias e, mais uma vez, exageradas para alcançar o objetivo. Algumas perguntas feitas pela candidata podem ser mais sutis que isso, mas ainda são um indicativo de uma atitude indesejada.

A amostra de perguntas feitas por candidatos a seguir reflete uma atitude decididamente diferente:

- As pessoas são promovidas com base em desempenho?
- Uma pessoa com desempenho excelente pode receber um aumento salarial maior que outra com um desempenho médio?
- A empresa tem programas regulares de treinamento para funcionários, de modo que eles ampliem suas habilidades profissionais?

Pode ter passado pela sua cabeça que a candidata está fazendo perguntas que acha que você quer ouvir. Se for o caso, isso indica que você não está entrevistando uma idiota. Um funcionário que consegue antecipar que perguntas devia fazer não vai ser um membro melhor da equipe que um candidato que não tem a menor ideia sobre isso?

Uma estratégia importante que o gestor leva para o processo de entrevista é o silêncio. Quando uma pessoa não responde imediatamente, o silêncio pode parecer desconfortável, mas, se você interver, terá menos chances de obter a resposta verdadeira.

O departamento de recursos humanos provavelmente orientou você sobre o tipo de perguntas que podem e não podem ser feitas. Você precisa saber as áreas em que não pode entrar porque são discriminatórias, ilegais ou os dois.

Uma pergunta proibida que vem à mente é:
— Você precisa cuidar de seus filhos?

Esse é um dos tópicos que você não pode abordar, e, se o candidato perguntar sobre o horário de trabalho, não considere isso uma pergunta negativa. Ela pode ter sido disparada por uma preocupação em relação ao cuidado dos filhos.

Outra pergunta de um candidato que não deve ser considerada negativa tem a ver com plano de saúde. Um funcionário perguntando sobre benefícios de saúde está demonstrando responsabilidade. Em suma: é o teor geral da pergunta que indica um problema de atitude. Você deve usar seu bom senso para julgar que assuntos denotam atitude e quais indicam responsabilidade.

À medida que obtém mais experiência com o processo de entrevistas, você vai se tornar mais habilidoso nele. Na maior parte das entrevistas de emprego, a atitude do funcionário é completamente ignorada. Normalmente, gestores seguram as fichas de inscrição nas mãos e dizem:

— Bom, vejo que você trabalhou para a empresa XYZ.

Examine a ficha de inscrição antes de se sentar com o candidato, não pela primeira vez na presença dele. Então faça perguntas que revelem atitudes profissionais.

OS EFEITOS DOS NÍVEIS DE DESEMPREGO

Se sua área tem um alto nível de desemprego, você vai conseguir melhores atuações dos funcionários em perspectiva. As pessoas que precisam desesperadamente de um trabalho fixo e um salário no fim do mês vão aceitar praticamente qualquer tipo de emprego. Elas também vão ser mais habilidosas ao vender para o entrevistador por que deviam ficar com o emprego.

Com o desemprego elevado, você também vai se deparar com candidatos excessivamente qualificados. Sem dúvida você pode se solidarizar com essas pessoas em seu dilema presente. Mas você deve saber, também, que assim que se abrirem oportunidades que possibilitem que eles recebam de acordo com todas as suas qualificações, você vai perder esses funcionários. Primeiro, se as pessoas estão trabalhando abaixo de sua capacidade, elas não são desafiadas no emprego. Segundo, elas logo vão estar à procura de um emprego melhor.

Conhecendo a indisposição de gestores de contratar trabalhadores excessivamente qualificados, alguns candidatos desesperados vão ocultar suas qualificações na inscrição, de modo que seu maior nível de educação e experiência esteja escondido. Se contratar pessoas excessivamente qualificadas, esteja preparado para perdê-las a menos que você consiga promovê-las para uma posição mais alinhada com as suas qualificações.

CONSIGA UMA SEGUNDA OU TERCEIRA OPINIÃO

Nunca hesite em pedir a colegas que você respeita para entrevistarem um candidato que você esteja levando em consideração. Depois de estreitar o campo de candidatos a alguns poucos, mais informação sempre ajuda. Um segundo ou terceiro ponto de vista frequentemente pode oferecer observações ou insights que você deixou passar. Quanto mais importante for o cargo, mais importante será que você tome a decisão certa. Opções adicionais vão aumentar suas chances de acertar.

O FUNCIONÁRIO QUALIFICADO EM ZONA DE CONFORTO

O funcionário qualificado em zona de conforto (FQZC) é uma pessoa extremamente qualificada, mas que não gosta de ser desafiada. Há muitos deles por aí, mas poucos admitem isso.

Um dos muitos problemas de pessoas assim é convencer você de que elas realmente querem trabalhar em uma posição que parece muito abaixo de sua capacidade. Elas ficam aborrecidas por não serem contratadas para os empregos que querem por serem excessivamente qualificadas. Elas logo descobrem que a maneira de lidar com isso é não listar todas as suas qualificações na inscrição para o emprego. A enfermeira que não quer trabalhar com enfermagem pode não indicar seu treinamento nesse campo. Ela pode reduzir suas qualificações para se adequar ao emprego de escritório que quer. Da mesma forma, o professor que não aguenta crianças pequenas em um ambiente de sala de aula pode não listar todas as suas credenciais. Esconder trabalhos anteriores na inscrição para o emprego é mais difícil porque o entrevistador treinado vai identificar qualquer hiato. Então, se o professor realmente quer o emprego de manutenção do prédio e dos jardins da escola, sua inscrição pode mostrá-lo como membro da "equipe de manutenção" da escola em vez de em seu quadro de professores.

Como você está pensando em progredir e gerenciar outras pessoas, pode ter dificuldade de entender candidatos com esse tipo de personalidade. Não os subestime. Eles com certeza não são burros. Eles veem o trabalho de uma perspectiva diferente da sua. Não é uma questão de quem está certo e quem está errado. Cada atitude está certa para a pessoa envolvida.

Pense no dentista FQZC de 45 anos que se arrepende da decisão de passar o resto da vida olhando para a boca das pessoas e obturando dentes. Há muitas pessoas infelizes trabalhando em empregos não adequados, e devemos respeitar os FQZC por terem a coragem de mudar sua situação. As pessoas resistem à mudança, e a combinação de resistir à mudança e saber que a mudança é necessária leva a um conflito emocional interno. Isso é o que os psicólogos chamam de negação: você se vê obrigado a escolher entre duas alternativas desagradáveis porque, ao não fazer nada, você está se devorando vivo.

O qualificado em zona de conforto está tentando encontrar "o que é certo para mim". Os empregos que os FQZC têm podem ser temporários; eles estão em uma encruzilhada, em um período de reavaliação. Frequentemente, eles estão procurando um emprego que não os distraiam de sua busca. Um emprego que exija um mínimo de atenção, liberando-os para pensar, tentar entender as coisas. Frequentemente, eles vão procurar um emprego que seja tão repetitivo por natureza que possa ser feito com precisão sem esforço, permitindo a eles ficar com seus pensamentos em outro lugar. Certos cargos em sua própria empresa obviamente iam deixá-los loucos em duas horas, mas há pessoas que gostam de fazer esses trabalhos; é uma questão do encaixe adequado.

TRABALHO E JOGOS

A palavra *trabalho* tem uma imagem ruim para muitas pessoas. Para elas, o trabalho é uma forma de punição. Se uma pessoa é um atleta profissional e joga um esporte como meio de vida, é trabalho. Mas, se uma pessoa praticar o mesmo esporte por recreação, é jogar. Talvez isso se reduza a uma situação de ter de ou querer. É por isso que muitas pessoas financeiramente independentes ainda trabalham. Para elas, é uma situação de querer.

A DESCRIÇÃO DO CARGO

Ao descrever um cargo, você deve incluir alguma informação básica que todo mundo gostaria de ter, para que não tenham de perguntar. Diga a eles o horário, o salário inicial, a duração do período de experiência e se ao fim desse período de teste pode haver um aumento salarial. Você também pode incluir um breve resumo do pacote de benefícios. Ao tirar essa informação básica do caminho, você evita atulhar as perguntas abertas que fornecem as pistas sobre a atitude de que você precisa para tomar uma decisão de contratação.

Vamos voltar à entrevista amostra com a srta. Valencia. Ao falar com ela sobre o emprego, descreva-o sem usar termos técnicos — use termos que ela vá entender. O jargão e as siglas de seu negócio podem ser lugar-comum para você, mas são uma língua estrangeira para os novos funcionários. A mesma situação existe com descrições de emprego. Se elas forem escritas em jargão técnico, vão significar muito pouco para candidatos a funcionários.

JULGAMENTO E ACOMPANHAMENTO

Embora atitude e habilidades profissionais sejam importantes na avaliação de um candidato, poucas características vão definir melhor um membro colaborativo da equipe que julgamento e acompanhamento. Um membro de equipe com os dois vai se autodirigir melhor e ser mais fácil de lidar. Sem julgamento, ele vai estar para sempre precisando de assistência quando se deparar com decisões. Sem acompanhamento, vai exigir uma quantidade excessiva de seu tempo e provavelmente vai ficar ressentido por ser monitorado tão de perto quanto necessário. Sem os dois, ele vai ser pouco mais que um fantoche que você precisa conduzir em toda curva e monitorar de perto. Nada disso é um bom uso para seu tempo.

Então como você avalia a capacidade de julgamento no processo de entrevista? Apresente à candidata situações da vida real que ela poderá enfrentar no emprego. De preferência, situações em que a melhor saída não seja óbvia. Podem até mesmo ser situações em que há múltiplos caminhos aceitáveis a tomar. Apresente a ela a situação e então pergunte *não* como ela iria proceder, mas como tomaria sua decisão sobre como proceder. Busque entender como ela vê vazios de informação que ela gostaria de preencher. Em essência, tenha uma ideia de suas habilidades de julgamento. Isso não deve ser uma parte rápida do processo de seleção: como provavelmente vai consumir tempo tanto na preparação quanto na execução, você provavelmente só vai levar seus últimos e melhores candidatos através do processo.

O acompanhamento pode ser avaliado de dois jeitos. Um é com informação de antigos supervisores da candidata, se estiver disponível. Não pergunte diretamente ao antigo supervisor se as pessoas faziam o acompanhamento. Pergunte se eram confiáveis quando recebiam uma tarefa. Pergunte se cumpriam prazos. Pergunte com que proximidade elas precisavam ser gerenciadas.

A segunda maneira de avaliar o acompanhamento é perguntar à candidata sobre projetos dos quais fez parte que não obtiveram tanto sucesso quanto ela desejava. Deixe que ela fale sobre todos os fatores envolvidos no resultado aquém do esperado. Pergunte-lhe como poderia melhorar o resultado se tivesse outra oportunidade. Na discussão você vai ter uma ideia do atual nível dela de acompanhamento das tarefas. Se ela falar de prazos perdidos, pergunte-lhe que fatores contribuíram para a perda. Ela pode conseguir identificar fatores externos que estavam realmente fora de seu controle. Ou ela pode dizer coisas como:

— Eu estava com trabalho em excesso e perdi a noção do cronograma.

Quanto mais você estender a discussão, melhor poderá formular uma ideia da capacidade da candidata de ter um desempenho confiável.

Embora muitos fatores sejam importantes em membros da equipe de alto desempenho, sem julgamento e acompanhamento das tarefas eles vão exigir muito mais de seu tempo do que deveriam, vão distraí-lo e não permitirão que você faça o melhor trabalho possível de acordo com sua capacidade.

FECHAMENTO DA CONTRATAÇÃO

Se você está considerando diversas pessoas para o emprego, tenha cuidado para não induzir qualquer dos candidatos a erro. Diga a eles que a decisão não vai ser tomada até que todos os candidatos sejam entrevistados. Eles devem gostar da justiça desse esquema. Diga a eles que vão receber um telefonema assim que a decisão for tomada. Faça com que telefonem naquele mesmo dia para informá-lo da decisão.

A CONVERSA SOBRE ATITUDE

Depois que o candidato é selecionado para o emprego, você deve ter sua "conversa sobre atitude" com a pessoa. A seguir há um exemplo de uma boa conversa sobre atitude. Você vai desenvolver seu próprio estilo depois de algum tempo, mas as ideias básicas permanecem as mesmas:

- "Uma das razões pelas quais eu escolhi você para este cargo é que você demonstra o tipo de atitude que queremos nesta empresa. Sua inscrição e seus testes indicam que você tem a capacidade para fazer o trabalho, mas o que colocou você acima de todos os outros foi você demonstrar o tipo de atitude que estamos procurando. Nós acreditamos que a diferença entre um funcionário médio e um excelente é quase sempre a atitude.
- Nem todo mundo nesta empresa tem uma atitude excelente. O que queremos dizer por *atitude*? A atitude de que estamos falando é você não se preocupar se está fazendo mais do que sua cota. É uma atitude de orgulho em fazer um trabalho de alta qualidade e se sentir realizado no fim do dia. É a satisfação pessoal por um trabalho bem realizado. Acreditamos que você demonstra ter esse tipo de atitude, e, junto com sua capacidade para fazer o trabalho, você será um grande acréscimo à nossa organização."

Vamos analisar as razões para algumas das afirmações desse minidiscurso: quando um funcionário tem mais chance de estar receptivo a ideias sobre o trabalho? Provavelmente, no início em um novo cargo?

As pessoas costumam tentar corresponder à imagem que acham que você tem delas? Costumam. Lembre-se da entrevista e da possibilidade de a candidata ter demonstrado a atitude que ela achava que você queria. Ela agora sabe que essa atitude é extremamente importante para a empresa e para você como seu gestor. Portanto, ela precisa demonstrar essa atitude no emprego. Essa não é uma situação em que todos ganham, ela e a empresa?

Por que alardear o fato de que há pessoas na empresa que não têm uma grande atitude? Se você permanecer em silêncio em relação a algumas pessoas que possam ter uma atitude indesejável, suas palavras se tornam realmente vazias quando essa nova funcionária esbarrar com uma delas. Entretanto, como você mencionou isso, quando ela encontrar um colega com atitude ruim, sua credibilidade aumenta. Ela pode pensar: "Ele me disse que há algumas pessoas com atitude ruim como essa. Estou aqui para ajudar a mudar isso." Sua credibilidade fica fortificada.

O momento exato de sua conversa sobre atitude com o novo funcionário é questão de preferência pessoal. Trazer a pessoa de volta ao escritório depois que ela foi notificada que conseguiu o emprego pode ser um momento ideal para parabenizá-la e ter a conversa sobre atitude. Isso deve ser reforçado no primeiro dia no emprego, também, mas de um jeito tranquilo, pois há muitas coisas na mente do novo funcionário nesse dia. Ele está nervoso; está preocupado com o que vai achar das pessoas que vai conhecer e se elas vão gostar dele. Mas esse primeiro dia é quando o novo funcionário está mais receptivo ao que é esperado.

13
O treinamento dos membros da equipe

Muitos gestores iniciantes acreditam que devem saber **fazer todos os trabalhos** em sua área de responsabilidade. É como achar que, se alguma pessoa-chave se demitir, ele pode ter de ir lá e realizar pessoalmente a tarefa. Para quem acredita nessa filosofia e a leva à sua conclusão lógica, o CEO da organização deveria saber fazer todas as tarefas da empresa. Isso, de fato, é ridículo. É tão ridículo quanto acreditar que o presidente deveria conseguir realizar qualquer tarefa no governo federal. O presidente não deve ser capaz de desempenhar todas as tarefas. Você não precisa ser um grande chef para reconhecer uma galinha estragada.

SUA RESPONSABILIDADE PELO TREINAMENTO

Você tem de saber o que precisa ser feito, não exatamente como é feito. Muita coisa depende do nível de gestor que você é. Se você é responsável por fazer o trabalho e também tem de liderar outros na mesma função, vai saber realizar a operação.

Se você tem 35 pessoas desempenhando várias tarefas, porém, não vai saber como fazer cada uma delas — mas vai ter alguém ali que sabe como ela deve ser feita. O administrador de um grande hospital não sabe fazer cirurgias, mas o administrador conhece o processo pelo qual cirurgiões habilidosos são contratados e mantidos na equipe.

Muitos novos gestores se sentem desconfortáveis com o que não sabem fazer. Não se sinta assim. Você vai ser responsabilizado pelos resultados que alcançar — não por fazer todas as tarefas você mesmo.

Embora esse conceito possa ser inicialmente assustador, você vai se acostumar com ele e se perguntar como já pode ter pensado de forma diferente. Sua reação inicial vai ser: "Eu preciso saber tudo."

Se é uma operação grande e variada, é impossível que você saiba tudo. Não sofra por isso.

O TREINAMENTO DO NOVO FUNCIONÁRIO

Alguns empregos precisam de treinamento mais longo que outros, mas mesmo a pessoa mais experiente chegando a uma situação nova precisa de algum treinamento básico. Funcionários novos precisam ser treinados o mais cedo possível em seus empregos, aprender como as coisas são feitas em sua empresa e entender como eles se encaixam na organização como um todo.

De muitas maneiras, instruções dadas a funcionários em seu primeiro dia são perdidas. O primeiro dia no trabalho é uma oportunidade para novos funcionários conhecerem as pessoas com as quais vão trabalhar e seu ambiente de trabalho. Você deve permitir que eles passem o primeiro dia apenas observando e comecem o verdadeiro treinamento no segundo dia. Muitos trabalhadores vão para casa após seu primeiro dia em um emprego com uma forte dor de cabeça ou dor nas costas — sem dúvida resultado de tensão nervosa.

Há diferentes filosofias sobre como uma pessoa deve ser treinada. A filosofia mais comum afirma que a pessoa que está deixando o emprego deve treinar o novo funcionário. Seguir essa filosofia automaticamente pode ser um erro. Tudo depende de por que o funcionário está indo embora e da atitude da pessoa que está de saída.

O JEITO ERRADO DE TREINAR: UM EXEMPLO

O exemplo a seguir mostra o jeito errado de se treinar um funcionário. Ele demonstra o pior tipo de julgamento. O gestor de um escritório com vários vendedores e uma funcionária administrativa decidiu que esta devia ser demitida por incompetência. E deu a ela um aviso prévio de duas semanas, mas pediu que ela continuasse a trabalhar durante esse período. Ele, então, contratou um substituto e pediu a ela que treinasse o novo funcionário. O resultado foi um pesadelo para todos os envolvidos.

Não é surpresa. Se as pessoas deixando sua empresa forem menos que 100% competentes, você nunca deve permitir que elas façam o treinamento. Por que você vai querer que aqueles demitidos por incompetência treinem seus substitutos? Eles provavelmente não vão dedicar nenhum esforço ao treinamento. E, mesmo que eles façam um esforço, provavelmente vão passar todos os seus maus hábitos para os novos funcionários. Mesmo pessoas que estão saindo voluntariamente não costumam ser as melhores treinadoras. A maior parte das pessoas que pede demissão já está focada em sua próxima posição. O treinamento que vão dar pode ser despreocupado e incompleto. Por outro lado, quando uma posição se abre porque o incumbente no cargo está sendo promovido, essa pessoa é provavelmente a melhor para lidar com o treinamento.

O gestor que queria que a funcionária demitida treinasse seu substituto não entendia o trabalho administrativo. Era impossível para ele treinar pessoalmente o novo funcionário — qualquer tentativa de fazer isso ia apenas expor sua ignorância. Ele, por isso, fez todo o possível para "manter sua cobertura". Isso é um erro sério de gerenciamento.

Não desvirtue essa sugestão para significar que um gestor deve saber pessoalmente como desempenhar todas as funções na organização. No exemplo dado, havia apenas um cargo administrativo, então não havia mais ninguém disponível. O gestor escolheu o caminho fácil de fazer com que a funcionária de saída treinasse quem estava entrando. Mesmo que o gestor não conseguisse explicar os detalhes específicos do emprego para o novo funcionário, ele devia ter sido capaz de explicar o que esperava do funcionário administrativo.

O PAPEL DO TREINADOR

Antes de botar um funcionário novo em um curso de treinamento, você precisa conversar com o treinador em perspectiva. Você nunca deve jogar isso como uma surpresa. Encontre-se com o treinador antecipadamente para discutir o resultado que você deseja. Você pode ter algumas ideias sobre como a pessoa nova pode fazer as coisas com mais eficiência que a pessoa que estava no emprego. Essa é uma oportunidade ideal para implementar as mudanças que você tem em mente. Não há momento melhor para fazer mudanças do que quando a pessoa nova está começando. Mesmo que você não tenha nenhuma mudança em mente, é importante que você e seu treinador concordem com o resultado esperado.

Quando o funcionário novo é contratado e uma data de início é determinada, avise a pessoa que você selecionou como treinador. O treinador pode precisar reorganizar alguns horários para acomodar a tarefa.

Escolha um treinador que seja muito bom em explicar o que está acontecendo — um que possa dividir a função em suas partes componentes e que não a descreva em termos técnicos que, no início, vão ser difíceis para o novo funcionário entender. Os termos técnicos vão ser aprendidos com o tempo, mas essa "língua estrangeira" não deve atrapalhar quem está sendo treinado. Você deve resumir para o treinador o que você quer que aconteça. Se você precisa que o primeiro dia seja relaxado, o treinador deve saber disso.

Em algum momento da segunda parte do primeiro dia, você deve dar uma parada e perguntar a quem está aplicando o treinamento e a quem está sendo treinado como as coisas estão indo. O que você diz não é tão importante quanto sua demonstração de interesse pelo novo funcionário.

No fim da primeira semana, chame o novo funcionário ao escritório para uma conversa. Mais uma vez, o que é dito não é tão importante quanto o interesse demonstrado no bem-estar do novo funcionário. Faça algumas perguntas para verificar se as instruções do treinador estão claras. O novo funcionário está começando a pegar o jeito no emprego?

A SEMENTE DO APERFEIÇOAMENTO

Esse também é o momento de plantar a *semente do aperfeiçoamento*. Você pode lidar com essa discussão com o funcionário dizendo:

— Como a pessoa nova nessa função, você traz visões novas para a posição que o resto de nós pode não ter. Eu encorajo você a fazer perguntas sobre o que fazemos e por que fazemos isso. Depois que terminar seu treinamento, nós encorajamos você a oferecer qualquer sugestão em que puder pensar para melhorar o que estamos fazendo. O que pode parecer óbvio para você como um novo funcionário pode não ser tão óbvio para o resto de nós.

Isso passa a mensagem de que você pensa seriamente no aperfeiçoamento contínuo e valoriza informações de um novo membro da equipe.

A razão para enfatizar "depois que terminar seu treinamento" é evitar que os funcionários façam sugestões antes de entenderem o que está acontecendo. O que pode parecer uma boa ideia no início do treinamento pode ser reavaliado quando a natureza do cargo se tornar mais clara.

Todo mundo que você chefia deve saber que você fala sério sobre aperfeiçoamento contínuo. Isso também torna menos provável que eles reajam negativamente a ideias novas.

Você sempre vai ter muitos problemas com pessoas que se defendem com a frase: "Nós sempre fizemos isso desse jeito."

Esse argumento é geralmente desesperado; ele diz a você que a pessoa que o está usando ou não pode apresentar uma explicação válida de por que algo está sendo feito, ou está apenas se sentindo seriamente ameaçada pela mudança.

O TRABALHO DEFINIDO

Durante o período de treinamento, é uma boa ideia subdividir o trabalho em partes pequenas e ensinar as funções uma de cada vez. Ao mostrar aos novos funcionários a função inteira, você corre o risco de sobrecarregá-los. Claro, você deve explicar primeiro o propósito geral do cargo, incluindo como ele se encaixa na operação mais ampla.

FEEDBACK

É importante desenvolver um método de feedback que permita a você saber como o funcionário em treinamento está se saindo após começar a trabalhar sem assistência. O funcionário deve assumir o trabalho do treinador gradualmente, à medida que cada passo seja dominado. O método de feedback deve se aplicar a todos os funcionários. O sistema deve ser desenvolvido de tal forma que o desempenho insatisfatório sempre chame sua atenção antes que muito dano seja causado. O processo é vital para seu sucesso como gestor, mas não se pode determinar regras estritas para estabelecê-lo porque ele vai variar de acordo com as especificidades de sua operação.

O feedback deve ser interno. Ouvir sobre o erro por um cliente ou por um consumidor insatisfeito significa que já é tarde demais. Você deve corrigir o problema antes que o trabalho saia de sua própria área de responsabilidade.

CONTROLE DE QUALIDADE

Se é possível manter procedimentos de controle de qualidade com os quais seus funcionários possam ter alguma relação, melhor. Não espere perfeição; esse é um objetivo irreal. Determine qual deve ser a margem de erro em sua área e se esforce como uma equipe para alcançar esse objetivo e, no fim, superá-lo. O objetivo deve ser realista se você espera a cooperação de sua equipe.

Novos funcionários precisam saber o que se espera deles quando estiverem operando sozinhos no emprego. Se seu grande objetivo para eles for 95% de eficiência, ajudaria a eles saber os alvos intermediários. Você pode esperar que eles trabalhem com 70% de eficiência no fim de 30 dias, com 80% de eficiência no fim de 60 dias, e com 95% de eficiência no fim de 90 dias. Isso vai depender da dificuldade do trabalho. Quanto mais simples o trabalho, mais fácil deve ser alcançar esse objetivo máximo de qualidade. Você precisa determinar o cronograma e compartilhá-lo com o novo funcionário.

Ao manter os funcionários informados sobre suas expectativas, você pode torná-los uma parte do processo. Estimule-os a informar antecipadamente ao treinador se estiverem preocupados com não alcançar o nível almejado de eficiência para que eles trabalhem juntos a fim de descobrir maneiras de melhorar o desempenho. Deixe que os funcionários em treinamento saibam que você e o treinador vão responder construtivamente e não punitivamente. Durante o processo de treinamento, você quer que o novo funcionário veja corretamente você e o treinador como coaches e apoiadores, não disciplinadores. Deixe claro que seu objetivo é o sucesso dele.

Mesmo quando o novo funcionário assume o trabalho por conta própria, você deve fazer com que o treinador audite seu trabalho até você acreditar que o trabalho é aceitável, e as verificações de qualidades, não tão cruciais. Cada erro deve ser revisto cuidadosamente com o funcionário. O treinador deve ser um diplomata bom em falar sobre o que deu errado sem atacar o novo funcionário. Não torne isso algo pessoal. O treinador não deve dizer: "Você está cometendo um erro outra vez." Em vez disso, devia ser algo como: "Bom, isso ainda não está 100%, mas acho que estamos chegando mais perto, você não acha?"

FIM DO PERÍODO DE TREINAMENTO

Em algum momento, o período de experiência deve terminar. Na maior parte das empresas, isso acontece após um número definido de semanas ou meses. Depois que o novo funcionário em treinamento demonstra a capacidade de trabalhar sem assistência, é hora de outra entrevista formal entre você e ele. Isso marca o encerramento de uma fase na carreira do novo funcionário, e deve-se dar alguma atenção ao acontecimento. Essa é uma oportunidade de expressar sua satisfação em relação ao progresso feito até o momento, observar que o funcionário agora vai passar a trabalhar sem um treinador e indicar como o trabalho será monitorado tanto por qualidade quanto por quantidade. Também é uma oportunidade excelente para dar continuidade à discussão que você iniciou no fim da primeira semana do funcionário sobre as coisas que ele pode ter descoberto para melhorar seu desempenho no emprego. Mesmo que ele ainda não tenha nenhuma sugestão, isso lembra a ele de manter abertas as oportunidades de aperfeiçoamento e deixa claro que seu interesse pelas sugestões dele é verdadeiro.

RECONHEÇA E RECOMPENSE O TREINADOR

A conclusão do processo de treinamento é um bom momento para reconhecer e recompensar o treinador. Se ele fez um bom trabalho, encontre uma oportunidade para compartilhar essa informação com os colegas do treinador. Este assumiu uma responsabilidade adicional, e vai ser bom para você elogiá-lo, transmitindo a mensagem para todos os membros da equipe de que empregar esforço adicional é valorizado. Uma recompensa acessível também é recomendada, como uma tarde de sexta-feira de folga ou um cartão de presente.

14
Gerenciamento de mudanças: como lidar com a resistência

Um dos aspectos mais importantes do trabalho de um gestor é gerenciar mudanças de forma eficaz. Gerenciar mudanças inclui aceitar as mudanças e apoiá-las, entender por que os membros de sua equipe podem estar resistentes a elas e descobrir maneiras de reduzir essa resistência. Quando conseguir fazer todas as três coisas, você dominará uma das competências mais críticas de qualquer gestor.

ACEITE VOCÊ MESMO A MUDANÇA

Você já trabalhou para um gestor que achava difícil aceitar as mudanças iniciadas pela organização? Esse tipo de gestor vai abertamente expressar discordância, chamar os tomadores de decisões de tolos que não sabem o que estão fazendo e tentar convencer você de que a maior parte dessas mudanças também são terríveis para a equipe. Esse é um erro sério por parte de um gestor. Ele faz com que os funcionários percam a fé nas decisões da empresa e, no fim das contas, na empresa.

Como gestor, você tem não apenas de estar preparado para abraçar as mudanças e ser um defensor delas, mas também aceitar e apoiar mudanças das quais você possa discordar. É melhor admitir que você não gosta de uma mudança (pois sua equipe pode já saber disso), mas afirmar que vai apoiá-la de forma ativa e que espera o mesmo de sua equipe.

Por exemplo, digamos que a empresa decidiu adotar um novo Sistema de Gerenciamento Empresarial (EMS em inglês), mas você acha que o antigo sistema está, até o momento, atendendo perfeitamente. Qual seria o perigo de não apoiar a nova decisão? Primeiro, você está olhando para a mudança apenas de seu ponto de vista. Pode haver benefícios que você não vê que são reais para outras pessoas na empresa.

Segundo, você está transmitindo uma mensagem de que sua opinião conta mais do que a da organização. Como novo gestor, é importante que faça com que os membros de sua equipe se alinhem com os objetivos e as decisões da organização. O ideal seria que você fizesse parte do processo de tomada de decisões, e os níveis superiores de gerência perguntassem por suas ideias e ouvissem suas opiniões. Aí, talvez, você conseguisse aceitar as mudanças mais prontamente, mesmo discordando delas. Mas esteja ou não incluído no processo de tomada de decisões, na posição de gestor, você deve comunicar ativamente seu apoio a políticas, procedimentos, regras, regulamentos e decisões da empresa.

RESISTÊNCIA A MUDANÇAS

Como foi mencionado no Capítulo 2, a maior parte das pessoas é naturalmente resistente a mudanças. Em geral há resistência mesmo quando uma mudança que aparenta ser boa é introduzida no local de trabalho. O que deixa as pessoas tão resistentes a mudanças? Basicamente elas temem o desconhecido e como vão reagir diante de incertezas. Mudanças podem botar em risco o emprego de uma pessoa. Muitos acreditam que não são capazes de desempenhar as responsabilidades que as mudanças podem trazer ou não entendem ao certo as razões para, inicialmente, uma mudança estar sendo introduzida.

A resistência a mudanças também é muito subjetiva. Ou seja, as pessoas têm limites diferentes em relação a mudanças. Alguns de nós que tiveram experiências ruins com mudanças, ou cresceram em ambientes nos quais as mudanças eram consideradas ameaçadoras, vão obviamente ser mais resistentes quando ocorre uma mudança do que aqueles que se beneficiaram por mudanças no passado ou foram ensinados a abraçar a mudança.

A resistência a mudanças é subjetiva de outra forma. Mudanças afetam pessoas de maneiras diferentes. Por exemplo, Michelle sempre preparou a documentação para todo pacote que ela envia para poder conseguir rastreá-lo mais tarde, se necessário, ou responder rapidamente a qualquer pergunta de consumidores, clientes, vendedores, e assim por diante. Brad nunca fez isso; ele acha perda de tempo. Quando a empresa institui uma nova política exigindo documentação cuidadosa de todos os pacotes enviados, Michelle não se abala. Brad reage negativamente a esse novo "trabalho braçal" e reclama com todo mundo disso.

COMO REDUZIR A RESISTÊNCIA

Não é sábio pensar que você pode eliminar totalmente a resistência de sua equipe a mudanças no ambiente de trabalho. Como já mencionamos, as pessoas normalmente vão ser resistentes. Você terá mais sucesso se tentar reduzir a quantidade de resistência. A melhor estratégia é envolver seus funcionários nas mudanças.

Acima de todo o resto, ofereça o máximo possível de informação. Como a resistência a mudanças tem base no medo do desconhecido, você precisa minimizar os desconhecidos. *Quanto menos desconhecidos, menor a resistência.* Isso, é claro, não significa que toda informação vai ser bem recebida. Mas é melhor para seu pessoal ter informação precisa de que eles não gostem do que não ter informação ou ter informação inexata. Como todos sabemos, as pessoas vão obter informação onde quer que consigam. Se você não a estiver oferecendo, eles vão encontrar outras fontes — e há uma grande probabilidade de que não seja exato aquilo que eles vão descobrir. Ao ser a fonte de informação exata para sua equipe, você vai ser visto corretamente como seu melhor guia através das mudanças.

Em seguida explique por que as mudanças estão acontecendo e destaque qualquer benefício para eles. Muitas vezes, não há benefícios para eles. O cliente pode se beneficiar, ou algum outro departamento pode florescer, em resultado. Às vezes, você simplesmente tem de ser honesto e dizer algo como:

— Isso não vai ajudar nossa equipe, mas vai ajudar a aumentar o sucesso de toda a organização.

Ou:

— Nem toda mudança beneficia nossa equipe, mas outros já se beneficiaram e ainda vão se beneficiar.

Depois pergunte a seus funcionários como uma mudança pode ser implementada no grupo deles ou no departamento. Quanto mais você envolver os outros em uma mudança, mais prontamente eles vão aceitá-la. Às vezes seu funcionário mais resistente a uma mudança, após se envolver com ela, torna-se seu maior defensor. Sempre tente identificar os indivíduos mais resistentes desde o começo e ponha-os ao seu lado. A mudança ocorre com muito mais facilidade quando você tem seu apoio.

15
A criação de disciplina nos funcionários

Os padrões de desempenho variam de acordo com o negócio em que você está e podem até variar entre departamentos da mesma empresa pela variedade de tarefas envolvidas.

Todo funcionário que você está gerenciando deve saber quais são os padrões esperados de trabalho. Você cria problemas para si mesmo quando disciplina um funcionário com base em padrões imprecisos de trabalho. Fazer isso vai enfraquecer sua posição no processo e levar facilmente a compreensões realmente equivocadas. Você não pode usar uma abordagem nebulosa dos padrões de desempenho.

Vamos supor que você fez um trabalho satisfatório de estabelecer padrões para cada função. Com toda a probabilidade, esses padrões estão escritos na forma de uma descrição do cargo. Essa descrição indica os elementos de responsabilidade que se aplicam ao emprego, que permitem a você medir os indivíduos de acordo com esses padrões. Agora, você deve ter métodos dentro de sua área de responsabilidade que lhe permitam ter consciência constante do desempenho das pessoas em relação aos padrões. Você não pode operar na suposição de que, a menos que esteja ouvindo reclamações dos clientes ou de outros departamentos, o desempenho é aceitável. Quando esses sinais de alerta surgem, danos sérios podem já ter sido causados.

CONHECIMENTO PRÉVIO

Sua atitude em relação ao desempenho dos membros de sua equipe é crucial. O lugar e o momento de transmitir essa atitude é na primeira vez que eles pisam no emprego. Eles precisam saber exatamente o que se espera deles tanto em seu período de treinamento quanto depois que eles o completarem. Durante o período de treinamento, você vai aceitar menos em termos de qualidade e de quantidade. Assegure-se de, durante o treinamento, ter as coisas estruturadas para que os erros do funcionário em treinamento não saiam de seu departamento.

O feedback é crítico para uma disciplina apropriada e eficaz. Você precisa projetar seus sistemas de modo que um desempenho abaixo dos padrões combinados chame rapidamente sua atenção. É vital que você saiba assim que possível quando o desempenho está abaixo do padrão para que você possa lidar com isso imediatamente. Na discussão a seguir sobre procedimentos disciplinares, vamos supor que você determinou padrões claros e que os funcionários conhecem e entendem esses padrões. Além disso, você tem um método adequado de feedback, de modo que sabe quando o desempenho abaixo do padrão é um problema.

NUNCA TORNE ISSO PESSOAL

Uma das regras mais antigas do gerenciamento é que a disciplina do funcionário deve sempre ser tratada em particular. Nunca humilhe um funcionário, mesmo em casos de demissão. O funcionário sempre deve ser levado a entender que o que está sendo discutido é o desempenho, não a pessoa.

Gestores demais, em todos os níveis de experiência, transformam uma discussão sobre baixo desempenho em ataque pessoal. Na maior parte dos casos, isso provavelmente não é feito com maldade; esse tipo de abordagem simplesmente não é bem pensado.

As aberturas a seguir frequentemente levam a discussão a um começo terrível:

- "Você está cometendo erros demais."
- "Não sei qual é o seu problema. Nunca vi alguém fazer tanta besteira no trabalho quanto você."
- "Seu desempenho está tão abaixo do padrão que não temos uma palavra para descrevê-lo."

Essas são afirmações ultrajantes, mas ataques como esses são ditos em um dia de trabalho em algum lugar. Os gestores podem até ter razão, mas acabaram de tornar seus problemas piores do que precisavam ser.

Essa abordagem vai fazer com que os funcionários sintam que estão sendo atacados pessoalmente. Quando atacados, nossa tendência natural é nos defendermos, e as barreiras defensivas dos funcionários vão com quase toda a certeza se erguer. Agora os dois lados da conversa têm de lutar através dessas barreiras para voltar ao problema. Dê aos funcionários o benefício da dúvida. Você pode dizer:

— Sei que nós dois queremos seu sucesso, então vamos conversar como melhorar os resultados que você está obtendo.

Cuide do desempenho abaixo do padrão vendo-o como resultado de algum mal-entendido sobre como o trabalho deveria ser feito. Talvez o funcionário tenha perdido alguma coisa no processo de treinamento, e isso criou uma deficiência no sistema que está fazendo com que o trabalho caia abaixo dos padrões combinados. Ao optar por essa abordagem, você informa ao funcionário desde o início que você está falando sobre o desempenho e não sobre a pessoa.

DAR E RECEBER

Você deve ter uma conversa, não fazer um monólogo. Muitos gestores falam sozinhos, o que em geral resulta em ressentimento por parte do receptor. Você precisa estimular a participação do funcionário na conversa. Sem ela, há uma boa chance de que você não vá resolver o problema. Cuidado, agora, e não exagere! Alguns executivos, em seu esforço para serem escrupulosamente justos, assumem tanta cautela e discernimento que o funcionário sai de seu escritório esperando ganhar um aumento por desempenho excelente. Você precisa fazer com que seu funcionário entenda que o trabalho não está de acordo com os padrões. Como você diz isso, porém, tem importância decisiva.

Quando chamar o funcionário a seu escritório, deixe-o à vontade. Isso pode não parecer grande coisa para você, mas, para um funcionário não familiarizado com seu escritório, você é o chefe, e ser chamado à sua presença pode ser uma perspectiva assustadora. Portanto, faça todo o possível para deixar a outra pessoa confortável.

Estimule o funcionário a participar da discussão no início do jogo. Você pode começar com uma afirmação como esta:

— Derek, você está conosco há três meses, agora, e acho que é hora de termos uma conversa sobre como você está indo. Como sabe, tenho grande interesse em que você tenha êxito neste emprego. Como você acha que as coisas estão indo?

Ao usar essa abordagem, você estimula o funcionário que não está com um desempenho à altura dos padrões a levantar ele mesmo o assunto. Raramente é surpresa para um funcionário saber que padrões especificados não estão sendo alcançados. Se esse é o caso, você tem mesmo problemas sérios — problemas de treinamento e de comunicação.

Enquanto o funcionário descreve como as coisas estão indo, você conduz a conversa para os padrões que não estão sendo atingidos. Por exemplo, você pergunta:

— Você acha que está perto dos padrões que estabelecemos para funcionários experientes?

Se a resposta for sim, você pode perguntar:

— Você acha que seu desempenho está no mesmo nível de um funcionário experiente?

Se a resposta outra vez for sim, então o funcionário pode estar fora de contato com a realidade. A ideia é continuar a fazer perguntas desse tipo até conseguir o tipo de resposta que leve a uma discussão sobre a qualidade do trabalho.

Obviamente, se todos os seus esforços com discernimento não fazem o funcionário levantar o assunto crucial, você não tem escolha além de inseri-lo você mesmo na conversa. Para o funcionário que insiste em afirmar que as coisas estão indo bem, você pode dizer:

— Essa é uma observação interessante que você fez sobre a qualidade do trabalho, porque não é isso o que estou vendo. Por que você acha que minha informação é diferente da sua?

Você, então, está com a questão sobre a mesa para ser discutida.

ELIMINE AS INCOMPREENSÕES

À medida que você avança na conversa, use técnicas que garantam que o funcionário saiba o que é esperado. Obtenha feedback sobre aquilo que vocês dois concordaram mutuamente, para que não haja incompreensão mais tarde sobre o que foi dito.

É sempre uma boa ideia escrever um memorando após a conclusão da conversa e botá-lo no arquivo do funcionário. Isso torna-se particularmente importante se você está gerenciando muitas pessoas e é possível que seis meses depois você não se lembre dos detalhes da conversa.

A PRIMAZIA DA PESSOA

Há problemas relacionados ao desempenho de um funcionário que não podem ser separados da pessoa. Ao falar da qualidade ou da quantidade do trabalho de um funcionário, é óbvio que as técnicas discutidas neste capítulo podem ajudar a estabelecer com firmeza na mente do funcionário que existe uma diferença entre sua crítica do trabalho e sua visão da pessoa. Mas, com certos problemas de atitude, é mais difícil fazer a distinção, e em muitos casos ela não pode ser feita.

Vamos supor que você tem um funcionário extremamente satisfatório que não parece conseguir chegar ao trabalho na hora. Disciplinar funcionários insatisfatórios é mais fácil que disciplinar um funcionário-problema, como esse que você obviamente quer manter. O que acontece nessas situações é óbvio. Se você permitir ao funcionário o privilégio de chegar atrasado todos os dias, você vai criar um problema moral com o resto das pessoas que respeitam os horários de trabalho, não importa o quanto o desempenho dessa pessoa seja superior. (Isso obviamente não se aplica se seu escritório tem horário de trabalho flexível.)

Ao falar com o funcionário satisfatório sobre esse problema, uma das melhores abordagens é explicar as dificuldades gerenciais que você teria se todos os funcionários ignorassem o horário de trabalho. Você não poderia tolerar essa situação. Além disso, o funcionário está criando dificuldades para si mesmo. Você pode, então, entrar na discussão com algum detalhe e começar a trabalhar em uma solução.

Você pode descobrir que o funcionário está lidando com um problema recorrente que é difícil ou mesmo impossível de resolver. Um exemplo comum são os desafios de se cuidar de filhos. Às vezes creches têm políticas restritivas ou as mudam de modo que isso tem impacto na capacidade de um funcionário ser pontual. Se o filho do funcionário está doente, ele pode ter de levá-lo para outro local a fim de receber cuidados. Se a creche para crianças doentes for fora de mão, pode tornar impossível que o funcionário chegue na hora. Você pode precisar resolver esse tipo de problema mudando o horário do funcionário. Fazer com que ele comece meia hora mais tarde pode resolver o problema.

Vamos continuar com o exemplo do funcionário atrasado, porque ele acontece com tanta frequência que você vai acabar tendo de enfrentá-lo.

A maior parte dos funcionários que está fazendo um trabalho satisfatório vai reagir positivamente ao que você diz. Você pode perceber que nos aproximadamente dez dias seguintes eles vão chegar ao trabalho na hora. A essa altura, você pode estar se sentindo bem em relação a seu sucesso em gerenciar pessoas. Você vai descobrir, porém, que, quando a pressão diminui, o funcionário reformado pode começar a chegar atrasado outra vez. Você não pode adotar uma abordagem relaxada em relação a isso e supor que era apenas um conjunto incomum de circunstâncias. Todos os seus subordinados devem saber que você espera que eles cheguem na hora todos os dias.

Na primeira vez que isso acontecer depois de sua conversa inicial, você terá de conversar com o transgressor novamente. Esse não precisa ser um diálogo completo com a mesma duração e detalhes que o primeiro; tudo o que você precisa fazer é reforçar o que disse anteriormente. Pode haver uma boa razão para os atrasos recentes, e pode ser que a segunda conversa seja tudo o que é necessário. Se conseguir chegar ao ponto em que o funcionário está chegando no horário por aproximadamente seis meses, você pode supor que mudou os padrões de trabalho daquela pessoa o bastante para não ter mais um problema sério.

DISCIPLINA PARA UM BOM FUNCIONÁRIO QUE FICOU RUIM

Vamos olhar para um estudo de caso passo a passo em relação ao uso do tempo do funcionário, que é tão desafiador em uma situação disciplinar de um funcionário quanto você pode encontrar. Kelly, uma de suas subordinadas diretas, faz treinamento executivo para sua firma de consultoria. Ela vai até onde estão os clientes e trabalha com gestores sêniores frente a frente, ajudando-os com suas habilidades de gerenciamento e dando conselhos sobre a implementação de projetos. Ela geralmente passa um dia por semana no local onde está o cliente por um ou dois meses. Você sempre recebeu o melhor retorno dos clientes em relação a Kelly. Ela está sempre em alta demanda. Você a considera um dos melhores membros de sua equipe.

Então, as coisas mudam. Você começa a receber feedback desses mesmos clientes, e de novos, de que suas pausas curtas de cinco ou dez minutos estavam se transformando em uma hora ou mais algumas vezes por dia, e essas pausas não eram durante o almoço. Depois de algumas semanas ouvindo esses comentários, você marca uma reunião com

Kelly e conta a ela sobre as reclamações que está recebendo. Você explica que isso faz com que ela e sua empresa não pareçam profissionais quando ela deixa um alto executivo esperando, e que essas empresas clientes estão pagando muito dinheiro pelos seus serviços. Você também explica que os executivos organizaram seus dias em torno da presença dela lá.

Kelly não acredita que está fazendo pausas tão longas e nega veementemente isso. Você tenta abrir as portas para ela e fazer com que ela discuta qualquer coisa que a esteja aborrecendo, relacionada ao trabalho ou à vida pessoal, mas ela continua a dizer que tudo está perfeito e que não pode imaginar estar fazendo pausas tão longas. Você decide por um plano de ação. Kelly vai notificar o cliente quando precisar de cinco ou dez minutos (ela é fumante), olhar para o relógio que horas são e que horas ela vai voltar.

Você acha que o problema está resolvido. Mas não está. Você continua a receber as mesmas reclamações dos clientes, então você tem mais algumas sessões de disciplina com Kelly, que não levam a lugar nenhum. Você até sugere que Kelly visite um conselheiro externo, pago pela empresa, se ela quiser ou precisar conversar com alguém. Ela recusa a oferta. O mesmo comportamento continua. Você dá a ela uma última oportunidade para mudar. Você diz a ela que se receber mais uma reclamação de cliente sobre o mesmo assunto ela vai ser dispensada. Você recebe várias mais, e Kelly é demitida.

A situação que acabamos de descrever é séria e é vista por muitas pessoas como falta de habilidades gerenciais. Isso está errado. Nem todo problema de pessoal pode ser resolvido por boa vontade. No estudo de caso descrito aqui, você fez tudo o que podia para remediar a situação. Deu a Kelly todas as oportunidades para melhorar seu comportamento, para se abrir com você sobre quaisquer problemas que ela pudesse ter; trabalhou em um plano para ser seguido por ela e lhe deu várias oportunidades para mudar de comportamento. Como nada do que você fez funcionou, a única solução que lhe restou foi arranjar alguém para substituí-la, por mais que ela, em algum momento, tivesse sido uma funcionária valiosa.

OUTROS PROBLEMAS

É provável que você tenha outros problemas de natureza semelhante, como pessoas passando tempo demais na internet em atividades não relacionadas com o trabalho, atrasando-se repetidas vezes na volta do almoço ou simplesmente deixando de aparecer. Não é preciso dizer que você não é um feitor, e todo mundo vai ter problemas em uma hora ou outra. O que é crítico é lidar com eficiência com desobedientes crônicos que criam problemas gerenciais para você e para a organização.

Um dos problemas mais desafiadores com os quais um gestor precisa lidar é a higiene pessoal. Por exemplo, suponha que você tem uma jovem em seu departamento que tem um odor corporal desagradável. Outros funcionários estão fazendo comentários maliciosos sobre ela. Pior ainda: eles a estão evitando. Isso é inaceitável porque seu trabalho depende da comunicação frequente com ela durante o dia. Seu odor corporal se tornou uma questão de trabalho, portanto você precisa lidar com ela.

Em vez de fazer isso você mesmo, você pode decidir arranjar alguém nos recursos humanos para falar diretamente com a funcionária. A razão não é evitar uma situação difícil, mas poupar a mulher do embaraço toda vez que ela vir você, junto da infelicidade de ser constantemente lembrada da conversa desconfortável. Ao ter alguém dos recursos humanos conversando com ela longe da área de trabalho, você pode solucionar o problema e também conseguir salvar uma funcionária, fora isso, satisfatória. Se o embaraço for grande demais em uma situação delicada como essa, você pode perder a funcionária.

UMA FERRAMENTA SIMPLES PARA MELHORAR O DESEMPENHO

Há uma ferramenta simples, mas efetiva, que pode ajudar você a dar a um funcionário-problema uma compreensão clara do que ele precisa para melhorar seu desempenho. Quando as coisas não estão indo bem, é especialmente importante que haja clareza absoluta. Para obter o maior impacto, crie essa ferramenta enquanto você está tendo uma reunião cara a cara com o funcionário com o desempenho abaixo do esperado.

A ferramenta exige apenas uma folha de papel em branco. O papel que usamos em impressoras é perfeito. Dobre a folha em três como se você fosse botá-la em um envelope, e em seguida desdobre. Desenhe uma linha horizontal em cada uma das duas dobras. Você agora tem uma folha de papel dividida em três seções aproximadamente iguais.

Explique ao funcionário que você está criando um plano de melhoria para ele. No alto da primeira seção escreva *Pontos fortes*. Intitule a seção intermediária de *Áreas para melhorias* e, na seção inferior,

Objetivos. Então peça ao funcionário para ajudá-lo a preencher as três seções. Obviamente, você precisa ter uma boa ideia do que quer em cada seção, mas a informação do funcionário é fundamental e pode oferecer insights valiosos.

Você está criando o plano com as informações do funcionário. É seu trabalho filtrar as sugestões apropriadas do funcionário. Se ele sugerir algo com o que você não concorda, use a sugestão dele para estimular uma conversa.

Digamos que o funcionário diga que um de seus pontos fortes é sua capacidade de trabalhar bem em um ambiente de equipe, mas você acredita que esse não é o caso. Você pode começar dizendo:

— Agora conte-me por que você diz isso.

A informação dele pode fazer com que você revise sua opinião — ou não. Se não for o caso, diga a ele que, com base em suas observações e feedback de alguns de seus colegas, você gostaria de incluir a capacidade de trabalhar bem em um ambiente de equipe nas áreas para melhorias. Mantenha um tom construtivo e enfatize que o objetivo do exercício é ajudá-lo a ter sucesso. E que, para isso, ele precisa ter uma compreensão exata do que ainda tem de fazer.

Com uma área para melhoria identificada, combinem um objetivo específico relacionado com essa questão para botar na seção de objetivos. Um exemplo pode ser obter uma nota de 3,5 ou mais em cinco avaliações anônimas dos colegas feitas na conclusão de cada iniciativa da equipe. Cada objetivo deve ter uma data associada a ele para sua conquista.

Mantenha os objetivos simples e claros para que não haja espaço para mal-entendidos. Quantifique-os o máximo possível. Exemplos seriam uma taxa mínima de erros ou um número mínimo de dias perdidos.

Você frequentemente vai ver que o funcionário é muito duro consigo mesmo ao avaliar suas áreas para melhorias e relutante em identificar seus pontos fortes. Ele, de forma comum, também vai levantar tópicos que podem não ter ocorrido a você. Bem realizado, esse processo pode ser construtivo e não ameaçador.

Claro, a parte mais importante do exercício são os objetivos. Os objetivos dão ao funcionário um entendimento claro do que ele precisa alcançar dentro da janela de tempo combinada.

Quando há concordância no plano, você e o funcionário assinam e datam no pé da página. Agora dê ao funcionário uma cópia e combine data e hora específicas para vocês se encontrarem outra vez a fim de avaliarem o progresso dele. Não dê mais que um mês até a reunião seguinte. Se a situação for particularmente urgente, tornem a se reunir antes.

Você agora tornou sua vida muito mais fácil. Quando vocês se reunirem outra vez, vai ficar extremamente claro se o funcionário está melhorando. Avaliar os objetivos e seu desempenho vai ser um processo franco. O ideal é que o funcionário tenha alcançado todos eles. Mesmo que isso tenha ocorrido, você ainda precisa passar pelo menos mais uma vez por esse processo para garantir que os membros da equipe permaneçam nos trilhos. Se ele alcançar todos os seus objetivos uma segunda vez, vale a pena passar pelo processo uma terceira vez. A diferença é que, dessa vez, vocês provavelmente vão esperar mais para se reunirem de novo.

Se o funcionário está melhorando, aumente o intervalo entre as reuniões. Se ele não está melhorando ou está piorando, reduza esse tempo.

Se após alguns planos de melhoria atualizados e reuniões de acompanhamento você não estiver vendo progresso suficiente, seu caminho é claro. O funcionário evidenciou que suas habilidades não estão à altura da posição em que ele está. Por isso, essa é uma ferramenta poderosa. Usada de forma correta, ela deixa pouco espaço para mal--entendidos. Ou você tem um membro da equipe que está melhorando ou um que precisa seguir para outra coisa. Isso também aumenta de forma significativa as chances de que o próprio funcionário veja a necessidade de tentar algo diferente se seu desempenho não melhorou o suficiente.

TÉCNICAS DISCIPLINARES

Vamos supor que você tem uma funcionária extremamente satisfatória cujo trabalho piora bruscamente. Não é preciso dizer que você está em comunicação contínua com ela sobre a piora. Você quer manter a funcionária, mas acha que suas palavras não estão sendo levadas a sério. Em uma situação como essa, você pode recomendar não dar aumento de salário para a funcionária naquele ano, com uma explicação completa das razões para estar fazendo isso. Informe à funcionária antecipadamente que, se seu trabalho não melhorar, não vai haver aumento de salário. Depois de fazer essa ameaça ou de afirmar essa possibilidade de ação, você deve ir até o fim para não perder credibilidade. E é exatamente quando você vai precisar usar o processo de planos de melhorias e entrevistas pessoais descrito acima.

Outra técnica disciplinar que você pode usar é submeter a funcionária a uma avaliação de desempenho. Deixe claro que a piora no trabalho da pessoa precisa ser corrigida, e que você quer dar a ela todas as oportunidades para corrigir isso. Você deve deixar perfeitamente claro que o nível abaixo do padrão do trabalho entregue é inadmissível. Submeter uma funcionária a um período de avaliação de desempenho deixa claro que o emprego dela está em risco e que o desempenho dela precisa melhorar.

Novos funcionários em uma empresa quase sempre começam em período de experiência e avaliação, alinhados a políticas-padrão da empresa ou avaliados individualmente. Muitas empresas usam um período de experiência de noventa dias. Quando fazem um trabalho satisfatório, deixam o período de experiência e se tornam funcionários efetivados. Também é costume receberem aumento modesto de salário em reconhecimento ao término satisfatório do curso da avaliação. Se o trabalho, a essa altura, não for satisfatório, o funcionário deve ter sua demissão antecipada. Mais uma vez, isso nunca pode vir como surpresa. Se for uma surpresa, você não fez um bom trabalho de comunicação com o funcionário.

16
"Ah, meu Deus! Não consigo demitir ninguém!"

Se há um momento que vive para sempre na memória de um gestor é a primeira vez que um subordinado direto tem de ser demitido. Não é uma tarefa agradável. Demitir alguém pode ser traumático para os dois lados do drama. Se você fez seu trabalho de maneira correta, o evento não vai ser surpresa para a pessoa que está prestes a ser cortada. Mas você pode subir o sarrafo. Seu objetivo, ao demitir um funcionário por baixo desempenho, é fazer com que ele na verdade agradeça a você por removê-lo da posição. Sério. Isso pode não ser conseguido todas as vezes, mas é o objetivo que você deve almejar.

Dito de forma simples, se você se comunicou abertamente com o funcionário e tornou-o parte do processo de tentativa de melhoria de desempenho, é muito provável que ele perceba que suas habilidades não estão à altura do cargo. Antes de entrarmos nos detalhes desse processo, vamos cobrir alguns elementos básicos.

O primeiro é que demissões repentinas são quase sempre erradas, exceto no caso em que um funcionário foi desonesto ou violento. A maior parte das empresas tem regras estritas sobre que ofensas resultam em demissão imediata.

O segundo é que você nunca deve demitir ninguém quando estiver com raiva. Nunca tome uma ação tão radical por impulso. Quando uma subordinada direta tira você do sério e você sente vontade de "mostrar a ela quem é o chefe", não ceda a suas emoções. Se você fizer isso, vai se arrepender.

Enquanto lê este capítulo, você pode ter pensado que algumas pessoas não merecem o tempo e a consideração necessários para se demitir alguém. Se esses pensamentos estão emergindo, mude seu foco. Demitir alguém é na verdade a responsabilidade mais importante e desafiadora que você tem como gestor. Concentre-se em investir o tempo necessário para fazer isso bem, porque você precisa melhorar suas habilidades.

Como a maior parte das empresas tem regras para o processo de demissão, você precisa perguntar a seu gestor ou departamento de recursos humanos quando não sabe ao certo quais são essas regras. É melhor pecar pelo excesso de deliberação do que pelo excesso de pressa. Na verdade, alguns gestores adotam a filosofia de nunca demitir um subordinado direto antes de todo mundo no escritório se perguntar por que eles ainda não deram esse passo. Um gestor que adota essa abordagem não está liderando bem.

TENTE MELHORAR O DESEMPENHO

As situações que exigem demissão mais prováveis de você encontrar em sua carreira como gestor têm a ver com baixo desempenho, incapacidade ou falta de disposição da funcionária em se encaixar nos padrões da empresa. Às vezes ela simplesmente não serve para a posição que ocupa. Apesar de seus melhores esforços, ela pode ter sido uma má contratação ou promoção. Ela até pode alcançar um nível de desempenho satisfatório no treinamento, mas nunca vai chegar ao nível de desempenho exigido pelo cargo.

Demitir não é o primeiro pensamento que deve vir a sua mente. A rotatividade é cara. Se você tiver mesmo que dispensar a funcionária de baixo desempenho, vai ter de arcar com custos relacionados à demissão, como indenização por demissão, custo de transição de benefícios de saúde e, possivelmente, assistência para recolocação. Além disso, você precisará investir tempo para substituí-la. Fazer tudo o que puder, dentro do razoável, para elevar o desempenho dela aos padrões aceitáveis precisa ser sua primeira prioridade.

Você primeiro precisa estar convencido de que o treinamento foi bem feito e claramente compreendido. Havia algum tipo de barreira de personalidade entre o treinador e a funcionária em treinamento que impediu o fluxo de informação adequada?

Volte aos testes de aptidão da funcionária, à ficha de inscrição para a vaga e outros dados iniciais da contratação para o caso de você ter deixado algo escapar. Reúna-se com ela para discutir seus níveis atuais de desempenho, o nível de desempenho exigido e como ela pode chegar lá. Avalie se a funcionária deseja melhorar ou se acha seu desempenho atual aceitável.

Esse é o estágio no processo durante o qual você quer seguir na direção de um entre dois resultados. O primeiro e mais desejável é trabalhar com ela para colocar seu desempenho no nível exigido. O segundo resultado é fazer com que ela agradeça a você quando for demitida.

A chave para esses dois resultados é a comunicação. É hora de ser muito direto. Deixe extremamente claro para a funcionária que o emprego dela está em risco. Essa não é uma hora para ser sutil. É igualmente importante deixar claro que você quer ver o sucesso dela e vai fazer todo o possível para ajudá-la se ela estiver comprometida com o isso.

Este é um momento para colocar por escrito objetivos e ações combinadas. Nada sofisticado é necessário — uma única página é suficiente. Depois que você e a funcionária concordarem com os passos que ela precisa dar para melhorar seu desempenho, coloque isso por escrito junto com a data em que a ação vai ser completada.

Você precisa ser claro, sem ambiguidades: "Sua média diária de erros é de cinco. Precisamos reduzir isso para três erros por dia até o fim do mês."

Suas especificações precisas têm dois propósitos. Se a funcionária alcançar o objetivo, você pode estar no caminho para resolver o problema *e* manter a funcionária. Se isso não acontecer, você está pronto para iniciar o processo de demissão.

As ações combinadas podem incluir coisas como alguns dias adicionais de treinamento, a atribuição de um mentor, ou um dia inteiro para ela observar alguém em posição semelhante que seja especialmente eficiente. Objetivos combinados por escrito precisam ser específicos. Inclua níveis quantificáveis de desempenho e a data em que devem ser alcançados.

Antes do fim dessa conversa, faça mais três coisas:

1. Faça com que a funcionária assine uma cópia da folha de papel para levar com ela.
2. Combinem a hora e a data exatas em que vocês vão se reunir outra vez para discutir o progresso dela.

3. Diga a ela que você está aberto a recebê-la antes do prazo se isso for ajudá-la.

Sua reunião seguinte com a funcionária tem de ser feita em pouco tempo. Mais de um mês é demais. Nessa reunião, a lista de ações e objetivos precisa ser atualizada e assinada pela funcionária. Mais uma vez, devem-se estabelecer a data e o horário da próxima reunião.

Se ela não estiver melhorando, o tempo até a reunião seguinte deve ser encurtado. Se mostrar sinais de progresso, pode ser apropriado dar um pouco mais de tempo até vocês se reunirem outra vez. Esse processo vai continuar até que a funcionária alcance um desempenho dentro dos padrões ou seja dispensada.

Conforme esse processo continua, uma de duas coisas vai acontecer. Ou o desempenho da funcionária de baixa performance vai melhorar até um nível razoável ou não vai. Se o desempenho não melhorou, vai ficar claro para você e provavelmente para a funcionária que ela não serve para o cargo dela atual. O tempo que você passou nesse processo vale a pena porque agora você sabe com bastante clareza que precisa removê-la de sua posição. Isso também tem o efeito de deixar claro para a funcionária que ela não serve para seu papel atual.

Modelar a demissão em potencial da funcionária ajudando-a a encontrar uma posição para a qual é mais apropriada é como você pode conseguir um "obrigado" dela se no fim de tudo tiver mesmo de dispensá-la. Além disso, seus esforços deixaram claro para os outros membros de sua equipe que você está comprometido com que todas as pessoas de sua equipe tenham sucesso, se possível.

Você deve aos outros membros da equipe mantê-los informados. E isso inclui dizer a eles quando seu desempenho está bom. Muitos gestores supõem que, quando não recebem relatórios de desempenho ruim, os funcionários entendem que estão se saindo bem. Esse, normalmente, não é o caso. Esses funcionários tendem a acreditar que você não liga a mínima.

VOCÊ CONCLUIU QUE O FUNCIONÁRIO NÃO SE ENCAIXA NO CARGO

Só depois de estar completamente convencido de que tem um funcionário com desempenho abaixo do satisfatório com pouca ou nenhuma esperança de levar esse desempenho a atingir os padrões adequados, você deve considerar a dispensa como uma solução possível.

Há alternativas à demissão do funcionário-problema. Aqui há algumas perguntas-chave para fazer a si mesmo antes de dar o passo final da demissão:

- É possível que o funcionário consiga desempenhar alguma outra função em sua área que esteja atualmente disponível?
- Se uma vaga estiver se abrindo em outra área, o funcionário poder dar uma contribuição ali?
- Esta é uma situação em que a pessoa foi contratada para a função errada? A empresa ganha alguma coisa demitindo alguém que pode ser útil em algum outro lugar?
- Sua empresa é grande o bastante para que o funcionário seja transferido para outra área sem ficar marcado?

Ex-funcionários são parte do público de uma empresa. Você consegue lidar com a situação de modo a não esvaziar o armazém de boa vontade cívica de sua empresa?

Mesmo que o funcionário não vá gostar de ser demitido, você consegue lidar com o procedimento de modo que o funcionário reconheça que recebeu todas as oportunidades e consequentemente concorde que você não teve escolha na questão, e talvez até agradeça você por ajudá-lo a perceber que seu cargo não era apropriado para seus talentos?

Escute este alerta contra escolher o caminho dos covardes e culpar o misterioso *eles*. "Até onde sei, cinco erros por dia não é algo tão ruim, mas *eles* dizem que temos de reduzir para três, ou vão me *obrigar* a demitir você." Isso indica que você é meramente uma marionete. Outra pessoa está puxando os cordões, e você não tem uma mente própria.

PREPARE O CAMPO PARA O DIVÓRCIO

A documentação dos resultados do funcionário de baixo desempenho tem importância fundamental. Claro, você deve ter esses registros de todos os seus funcionários. Se sua empresa tem um sistema formal de avaliação de desempenho, então você pode ter uma cobertura adequada.

Registros são importantes porque ser processado por demitir um funcionário está se tornando mais comum. Você deve perguntar a si mesmo: "Se eu precisar, posso justificar plenamente sua dispensa?" Se pode responder positivamente, isso é tudo com o que você precisa se preocupar.

FLEXIBILIDADE E CONSISTÊNCIA

Alguns de seus funcionários vão precisar ser demitidos pelo absenteísmo em excesso. Mas as empresas têm uma variedade tão grande de programas de licença médica, que é impossível discutir que nível de absenteísmo é satisfatório. Algumas delas têm programas fixos que autorizam, por exemplo, uma falta por doença por mês ou doze por ano, cumulativamente. Outras têm um método que permite decisão gerencial com base na situação individual. Reconhecidamente, esse tipo de programa é mais difícil de administrar que um programa com regras fixas e definitivas. Ao avaliar os méritos de cada caso, você deve ser capaz de defender sua decisão.

Uma desvantagem de não ter um programa formal é o risco sério de que as decisões não sejam tomadas de forma coerente pela empresa. Por exemplo, gestores generosos podem ficar inclinados a justificar qualquer falta e pagar o faltoso; outros gestores podem ser mais rígidos e descontar os dias faltados. Não ter um programa formal significa que a comunicação entre departamentos e gestores tem de ser extremamente boa, assegurando que aproximadamente os mesmos padrões se apliquem por toda a empresa.

FUSÕES E AQUISIÇÕES

Fusões e aquisições são comuns. Quase sempre, dizem a todo mundo que a nova corporação não está planejando nenhuma mudança de pessoal, mas em seis meses essas mudanças começam. Ocorre uma reorganização, e algumas pessoas são demitidas. Depois de uma aquisição corporativa, as pessoas correm para proteger seus próprios cargos. Algumas sobrevivem; outras, não. Os que não sobrevivem não são necessariamente inadequados. Eles podem estar ocupando posições que estão duplicadas na organização-mãe. Algumas pessoas são demitidas porque estão em uma posição alta demais na organização ou porque seu salário é alto demais.

Se você se envolver em uma dessas aquisições, só pode torcer para que a empresa-mãe seja humana. Se for necessário demitir algumas pessoas, isso deve ser feito de um jeito que reconheça a responsabilidade com esses seres humanos. Manter seus salários por um período razoável de tempo, oferecer espaço em escritório e ajuda de secretárias enquanto eles procuram um novo emprego e oferecer consultoria pessoal sobre carreiras são alguns dos métodos usados para suavizar o golpe.

Dificilmente você como gestor vai ter qualquer coisa nova para contar aos funcionários sobre a aquisição, embora você possa ser encarregado do trabalho de dizer a algumas pessoas da área que elas estão sendo demitidas. Pode até ser possível que você tenha de escolher as pessoas que vão ser demitidas. Podem lhe dizer para reduzir a equipe em 10% ou reduzir a folha salarial em 20%. Essas são decisões difíceis porque frequentemente pouco têm a ver com desempenho. Tudo o que você pode fazer é executar a tarefa da forma mais humana possível.

Quando você está diante de uma tarefa difícil, tome todas as suas decisões com o foco nos funcionários que vão ser preservados. Como você trata os membros da equipe que estão de saída vai ser observado de perto pelos membros da equipe que estão ficando. Ao ser tão zeloso e humano quanto permitam as políticas de sua organização, você envia a mensagem de que valoriza as contribuições dos funcionários que estão de saída. Isso sugere fortemente que você também valoriza as contribuições dos funcionários que vão continuar na equipe e reduz o impacto negativo de longo prazo das demissões.

Nesse caso, todo mundo sabe que a redução de equipe é resultado da fusão, então você pode muito bem amarrar isso a ela; isso, pelo menos, permite que as pessoas mantenham o respeito. Se elas não podem salvar seus empregos, salvar sua reputação é algum consolo. Use toda a influência que tiver com a organização para produzir alguma ajuda para essas pessoas.

O tempo de serviço é frequentemente um modo ruim para escolher funcionários para serem demitidos, mas assim operam muitas empresas no interesse da "justiça" (e para evitar serem processadas). Se as últimas pessoas contratadas são as primeiras demitidas, pelo menos nenhuma delas pode reclamar que tal sistema seja pessoal.

REDUÇÃO

Redução é uma palavra que provoca medo em grupos de funcionários. Nós não vamos entrar em toda a controvérsia envolvendo redução, exceto dizer que ela nem sempre alcança os resultados desejados. Vamos discutir dois elementos básicos: sua sobrevivência como funcionário e o papel que você pode ter de interpretar como um novo gestor.

Sua chefe vai estar preocupada com a própria sobrevivência e olhando para sua área de responsabilidade. O tremor da redução é sentido por toda a organização. Muitos gestores e executivos que achavam estar imunes ao vírus da redução acabam ficando completamente chocados.

O melhor conselho é: "Não deixe que eles vejam você sofrer." Tenha confiança em sua capacidade. Perguntar sobre sua sobrevivência é apenas mais um problema empilhado sobre sua gestora. Em vez de ir até o escritório da chefe e tentar descobrir quais são suas perspectivas de sobrevivência, adote uma abordagem diferente. Por que não dizer: "Sei que este vai ser um período difícil para você. Quero que saiba que estou aqui para ajudar de todas as maneiras possíveis"?

Ninguém pode garantir sua sobrevivência em uma operação de redução, mas você pode aumentar suas chances se for parte da solução em vez de ficar se lamentando a respeito de seu próprio trabalho e impondo um fardo adicional sobre os ombros de sua gestora.

Como gestor, você pode acabar dando más notícias para pessoas que estão perdendo seus empregos. Os comentários na seção anterior de fusões e aquisições também se aplicam: é importante que você encontre um jeito humano para lidar com esses contatos pessoais com plena consciência de que suas ações vão ser observadas de perto pelos funcionários remanescentes.

Mesmo que você sobreviva à redução, é difícil se sentir muito bem por sua boa sorte quando muitos de seus amigos não se saíram tão bem. Você pode até se sentir um pouco culpado por sua sobrevivência, e essa é uma reação perfeitamente natural para um gestor humano.

O TEATRO DA DEMISSÃO

Até agora discutimos eventos que levam a uma demissão. Agora vamos nos concentrar na demissão cujo momento você controla.

Grande parte dos gestores escolhe encenar esse drama no fim da tarde de sexta-feira. Quando termina, todos os colegas de trabalho da pessoa sendo demitida já deixaram o escritório. Assim, se for necessário que o funcionário demitido esvazie imediatamente seu posto de trabalho, ele não vai ter de passar pela humilhação de "fazer a limpeza" diante de uma plateia. Além disso, o funcionário pode usar o fim de semana para buscar outro emprego, se inscrever para auxílio desemprego ou fazer qualquer outra coisa que precise ser feita.

Todo dinheiro devido no momento da demissão deve ser pago ao empregado dentro do prazo estabelecido por lei. Ser demitido já é um golpe emocional suficiente; se perguntar quando o dinheiro vai chegar só vai aumentar a desgraça. A indenização por demissão sem justa causa, saldo de salário, férias e 13º proporcionais devem ser incluídos na compensação.

Ponha-se na posição da outra pessoa. Por mais que você se esforce, ela pode ainda não sentir que a dispensa foi totalmente justificada. A menos que receba todo o dinheiro que lhe é devido, ela pode pensar: "Bom, acho que vou ter de contratar um advogado para receber o que me devem!" Remova essa ideia da cabeça do funcionário demitido cuidando antecipadamente de todas essas questões.

Uma cortesia devida ao funcionário é manter a intenção de demiti-lo o mais confidencial possível. Claro, o departamento de recursos humanos e o responsável pelos pagamentos vão ter de saber. Mas, além de discutir isso com o pessoal necessário da gerência, você deve tratar o assunto com confidencialidade.

A cena final no teatro da decisão vai ser a mais desconfortável para você, o gestor. Isso porque nessa entrevista final altamente carregada, podem ser apenas vocês dois, cara a cara. Se você estiver preocupado com o mau comportamento do funcionário demitido, você deve ter sabedoria para incluir um colega a mais na reunião. Alguém dos recursos humanos ou outro gestor são bons candidatos. Dessa maneira, há uma terceira pessoa presente se o conteúdo da entrevista mais tarde se tornar um ponto de disputa. Tenha ou não um colega com você, é inteligente resumir a entrevista por escrito assim que ela terminar para ajudá-lo a se lembrar dos detalhes da reunião se necessário.

Um bom jeito de começar a entrevista de dispensa ou demissão é repassar rapidamente o que aconteceu. Não se estenda e faça disso uma declaração de todos os erros da outra pessoa. Ela deve transcorrer mais ou menos assim:

- "Como você sabe de nossas conversas anteriores, temos padrões na posição em que você estava que devem ser respeitados. Como mencionei a você algumas vezes durante as últimas semanas, seu trabalho não está à altura desses padrões. Infelizmente, nossos esforços para levá-lo a esse nível de desempenho não tiveram sucesso. Não acredito que seja por nenhuma falta de esforço de sua parte. Entretanto, não funcionou. Com base em todas as nossas conversas, não acho que isso seja nenhuma surpresa para você. Vamos ter de dispensar seus serviços a partir de hoje. Eu realmente lamento isso. Eu queria que funcionasse tanto quanto você. Mas não funcionou, por isso temos de enfrentar a realidade. Espero que você logo encontre um novo emprego que esteja mais de acordo com suas habilidades."

Você pode variar suas observações para se encaixarem em cada situação individual, mas as palavras acima dizem o que precisa ser dito. Elas não vão tentar tornar agradável a má notícia e também não são muito bruscas. Você tem de pensar em uma afirmação com a qual esteja confortável e se encaixe na situação.

Felizmente, os dias de botar a notificação de demissão no envelope de pagamento de uma pessoa já passaram. A prática era pouquíssimo humana. É possível entender a necessidade disso em uma fábrica na qual milhares de pessoas estão sendo temporariamente dispensadas ou na qual toda a empresa esteja fechando e todos estejam sendo demitidos. Situações como essa não têm relação com o desempenho do indivíduo. Quando alguém está sendo demitido por baixo desempenho ou por não atender aos padrões da empresa, a única maneira de lidar com isso é uma conversa cara a cara. Como gestor, você pode preferir evitar o contato direto, mas isso é parte de suas responsabilidades e deve ser encarado de frente. Na maior parte das empresas essa entrevista final é o último passo no processo disciplinar e, sob as leis trabalhistas, é considerada a coisa apropriada a fazer.

ÚLTIMOS PENSAMENTOS SOBRE DEMISSÃO

Quando você reflete sobre isso, percebe que manter um funcionário insatisfatório no emprego é injusto não apenas com a empresa, mas também com o funcionário. Ninguém fica confortável em um emprego em que não tem bom desempenho. Também é injusto com os funcionários com desempenho no nível ou maior do que padrões estabelecidos.

Há muitos casos em que a demissão se revela o maior favor que uma empresa pode fazer para um funcionário que não serve para seu cargo. Na hora, pode não parecer assim para o funcionário, mas, posteriormente, ele vai saber que foi a coisa certa e que na verdade se mostrou boa no longo prazo.

Alguns gestores se sentem derrotados quando precisam demitir alguém. Essa estatística pode ajudar você. Pesquisas sobre demissão de funcionários mostraram que sete de cada dez pessoas que são demitidas se saem melhor no emprego seguinte, tanto em desempenho quanto em salário. Seu emprego anterior era mal ajustado; ser demitido permitiu que elas encontrassem para si mesmas um lugar em que se encaixassem melhor.

Vamos terminar com o ponto mais importante deste capítulo. Você deve ter certeza absoluta em sua cabeça de que a demissão é merecida. Você deve procurar ser tão objetivo quanto possível. Se estiver em dúvida, use um gestor mais experiente ou um profissional de recursos humanos como caixa de ressonância. Então, quando você souber que tem de demitir o funcionário, faça com que isso não seja uma surpresa e lide com a situação de maneira respeitosa, humana e cuidadosa.

17
Tenha consciência jurídica

Como gestor pela primeira vez, é importante que você conheça leis, práticas e regulamentações trabalhistas determinadas pelos governos federal, estadual e municipal para evitar qualquer problema jurídico. Você, entretanto, não precisa ser um especialista, porque esse é o trabalho dos recursos humanos. Quando estiver em dúvida sobre o que você pode ou não pode fazer, ou se não tiver certeza, por exemplo, do que constitui assédio sexual no ambiente de trabalho, você precisa descobrir.

Seria benéfico para você ter uma visão resumida das principais armadilhas jurídicas que novos gestores precisam evitar e quais são suas responsabilidades jurídicas como gestor. Você precisa se concentrar nas questões jurídicas em torno de assédio sexual, deficiência, abuso de substâncias, privacidade, licenças médicas e familiares e violência no local de trabalho. Mais uma vez, você não precisa ser o especialista jurídico, aqui. Muitas empresas são processadas e têm de pagar somas enormes de dinheiro porque seus gestores não conheciam as leis ou não faziam nada para aplicá-las.

ASSÉDIO SEXUAL

O assédio sexual ocorre sempre que um comportamento indesejado com base em gênero impacta o trabalho de um indivíduo. Segundo o Código Pena Brasileiro, assédio sexual é "constranger alguém com o intuito de obter vantagem ou favorecimento sexual, prevalecendo-se o agente da sua condição de superior hierárquico ou ascendência inerentes ao exercício de emprego, cargo ou função." Qualquer organização pode virar um ambiente hostil, a menos que possa mostrar que agiu para prevenir e corrigir comportamentos de assédio sexual.

Basicamente, isso significa que, se você permitir, não reconhecer ou não fizer nada sobre assédio sexual em seu departamento, a empresa pode ser responsabilizada judicialmente. Além do desejo de criar um ambiente positivo e seguro, botar os recursos e a reputação de sua organização em risco desse jeito provavelmente não vai ter um impacto positivo em sua carreira.

SINAIS DE PERIGO

Para ajudar a prevenir e identificar assédio sexual em seu ambiente de trabalho, você deve tomar consciência dos seguintes sinais de perigo:

- Contar piadas sexuais.
- Fazer sons de beijos.
- Discutir temas sexuais.
- Se referir a uma colega de trabalho com termos carinhosos como "querida", "gostosa" ou "linda".
- Fazer comentários depreciativos sobre um gênero em particular.
- Exibir imagens impróprias, seja em telas de computador ou telefones celulares, penduradas no escritório ou no local de trabalho, usadas em roupas ou em canecas e copos.
- Qualquer forma de toque que a outra pessoa considere inadequada (até apertar a mão de alguém de forma inadequada).
- Atribuir responsabilidades menos importantes para membros de um gênero em especial.
- Não dar oportunidades de promoção iguais para todos os membros da equipe.
- Dar a indivíduos tratamento preferencial por causa de seu gênero.

Como você vê nessa lista de sinais de perigo, o assédio sexual pode ser um comportamento óbvio ou pode ocorrer de maneiras muito mais sutis.

A maior parte das organizações tem aulas de treinamento sobre o que significa assédio sexual e como impedi-lo no ambiente de trabalho. Muitas outras organizações fazem com que seus funcionários façam um curso rápido na internet e exigem eles declarem ter lido a informação e que vão se comportar de acordo com ela. Elas também podem fazer um teste. Fazer com que a equipe faça o teste e seja aprovada mostra ao governo que a empresa fez todos os esforços para educar seus funcionários. Como gestor, você precisa fazer todo o possível para garantir que sua equipe entenda que o assédio sexual não é tolerado de maneira nenhuma. Além disso, deve relatar qualquer incidente de assédio sexual imediatamente. Se não fizer isso, você e sua organização estão em risco.

PESSOAS COM DEFICIÊNCIA

No Brasil, o Estatuto da Pessoa com Deficiência busca assegurar e promover, em condições de igualdade, o exercício dos direitos e das liberdades fundamentais por pessoa com deficiência, visando à sua inclusão social e cidadania.. O termo *deficiência* significa ter um problema físico ou mental que limite de forma substancial uma ou mais atividades da vida de um indivíduo, que tenha registro dessa deficiência ou seja visto como se a tivesse.

Você tem permissão de dizer a uma candidata a emprego que o emprego que ela deseja tem certas exigências físicas ou mentais, mas deve fazer isso com todos os candidatos à mesma vaga. Você pode, então, perguntar à candidata se ela está disposta e é capaz de desempenhar essas funções. A maior parte das empresas hoje faz todos os esforços para acomodar as necessidades de pessoas com deficiência. Elas consideram isso parte vital de seu papel como membros responsáveis da comunidade e veem funcionários com deficiência como uma fonte importante de talento.[1]

É imperativo que seu departamento evite qualquer discriminação ou assédio às pessoas com deficiência. O exemplo seguinte trata de discriminação com base em deficiência. Na filial local de uma grande organização bancária, dois funcionários, ambos escriturários, eram candidatos a uma promoção a gestor de filial. Eles tinham habilidades bancárias, estabilidade, avaliações de desempenho e outras coisas equivalentes. Um dos candidatos, Henry, era muito bom no atendimento ao consumidor. Os clientes sempre observavam como Henry era colaborativo e profissional. Então você pode estar pensando que Henry conseguiu o emprego porque tinha uma vantagem sobre a

---

1 No Brasil, a Lei n.º 8.213/91 obriga as empresas a preencher de 2% a 5% (porcentagem que varia de acordo com o número de funcionários) de seus cargos com beneficiários reabilitados ou pessoas portadoras de deficiência. (N.E.)

outra candidata, Marcia. Errado. Ele não conseguiu o emprego porque era deficiente.

A gestora de filial tomando a decisão de contratação usou o seguinte raciocínio: ela disse que parte importante do cargo era a socialização que ocorria depois do trabalho e nos fins de semana com o gestor da filial e outros membros da equipe. Com muita frequência, essas atividades eram de natureza física — rafting, passeios de bicicleta, vôlei e por aí vai. Como Henry não podia participar dessas atividades, a gestora da filial resolveu promover Marcia. Você não vai se surpreender ao descobrir que Henry entrou com um processo e ganhou.

ABUSO DE SUBSTÂNCIAS

Muitas empresas têm manuais que listam comportamentos que, se cometidos por um funcionário no ambiente de trabalho, são causa de demissão imediata. Usar drogas ou álcool estão no alto dessa lista. Entretanto, se ele for dependente químico de álcool ou outra droga, a dependência é considerada uma doença e, portanto, está protegido contra discriminação. Como gestor, você deve ter consciência do seguinte:

Primeiro, você não pode acusar uma pessoa de estar intoxicada ou drogada. Você pode perguntar a uma funcionária se ela esteve bebendo ou usando drogas. Se a funcionária negar, você é obrigado juridicamente a descrever os sintomas que o levaram a fazer a pergunta. Os sintomas podem ser dormir no trabalho, fala enrolada, esbarrar nos móveis ou no equipamento, apresentar problemas de produtividade ou qualidade e assim por diante. Sua melhor aposta é se concentrar apenas no comportamento da funcionária. Se ela não tem uma boa razão para se comportar daquele jeito, você tem permissão de mandá-la para casa por sua segurança e pela segurança dos outros. Se você fizer isso, não permita que a pessoa vá para casa dirigindo. Você e a empresa são responsáveis se alguma coisa acontecer com a funcionária ou se ela causar um acidente no caminho para casa.

Segundo, não compartilhe informação sobre funcionários sob suspeita de problemas com drogas ou com álcool. Isso pode ser motivo para um processo por difamação. Os únicos indivíduos com os quais você precisa compartilhar essa informação são seu gestor, os recursos humanos ou um conselheiro qualificado.

Terceiro, se a dependência estiver em um grau tal que incapacite o funcionário para o trabalho, ele deverá ser submetido à perícia do Instituto Nacional do Seguro Social (INSS). Caso seja constatada sua incapacidade, ele terá o contrato de trabalho suspenso e receberá auxílio-doença pelo INSS nesse período.

Como gestor, é importante estar familiarizado tanto com as políticas de sua organização quanto com as leis do país. Procure obter essa informação com sua área de recursos humanos logo após começar em seu papel de gestor.

PRIVACIDADE

A maior parte das empresas tem o direito legal de inspecionar a área de trabalho de um funcionário, escutar mensagens de voz ou ver e-mails ou arquivos de computador, se elas acharem ter justa causa para isso. Mesmo assim, nossa sociedade considera que toda pessoa tem direito a um nível razoável de privacidade. Portanto, você precisa descobrir que informação sobre um funcionário você pode e que informação você não pode compartilhar com outras pessoas. Por exemplo, você não pode revelar resultados de testes de drogas, informação sobre remuneração ou informação de crédito como empréstimos ao consumidor.

LICENÇAS REMUNERADAS

No Brasil, a licença remunerada é um direito trabalhista e está previsto na Consolidação das Leis do Trabalho (CLT). Segundo a lei, um empregador deve garantir licença remunerada a um funcionário:

- Para o nascimento e cuidado de um filho recém-nascido.
- Quando adota uma criança ou atua para ela como lar provisório.
- Quando sofre a perda de algum familiar, e o tempo varia de acordo com a grau de parentesco.
- Quando o funcionário não consegue trabalhar em razão de uma condição séria de saúde.
- Quando o funcionário é convocado para o serviço militar obrigatório.

Segundo a lei, o cargo do funcionário ou uma posição semelhante estão garantidos quando ele retornar. Os funcionários também têm o direito de receber todos os seus benefícios de saúde quando estão em licença remunerada.

Isso é informação geral. É importante que você obtenha a informação mais recente sobre a lei de licenças médicas e familiares com sua equipe de recursos humanos.

VIOLÊNCIA NO AMBIENTE DE TRABALHO

Infelizmente, a violência no ambiente de trabalho é muito comum e devia ser uma preocupação de todas as organizações e gestores. Entre os exemplos de violência no ambiente de trabalho estão ameaças, abusos verbais, bullying, empurrões, comportamento passivo-agressivo como acessar e danificar o sistema de computadores e uso de arma perigosa ou letal.

Toda organização e todo gestor precisam demonstrar que estão fazendo todo o possível para manter um ambiente livre de violência. Os sinais de alerta a seguir podem indicar que seu departamento ou organização está afetado pela violência:

- Funcionários não tem nenhuma ou pouca oportunidade para que suas visões sejam ouvidas.
- Não é oferecido treinamento para desenvolver novas habilidades.
- Supervisão ruim — estudos mostraram que essa é a causa número um do aumento dos níveis de violência no trabalho. A violência é frequentemente dirigida ao mau gestor.
- Falta de respeito pelos funcionários.
- Funcionários têm histórico de violência no trabalho.
- Funcionários estão sofrendo de sérios problemas pessoais.
- Há registro de abuso de substâncias.
- Funcionários passam por mudanças significativas em sua aparência, comunicação interpessoal e outros comportamentos.
- O ambiente de trabalho estimula a competição feroz entre funcionários ou grupos de funcionários, fazendo com que alguns indivíduos se sintam fracassados.
- O sistema de segurança não controla adequadamente o acesso de "pessoas de fora".

Se você tem de lidar pessoalmente com um indivíduo violento dentro de seu departamento, tente ficar calmo, use linguagem não ameaçadora, tente manter a pessoa falando e alerte a segurança da empresa. Não tente lidar sozinho com uma situação ameaçadora.

O PAPEL DO GESTOR

Você tem um papel fundamental em estabelecer e manter um local de trabalho seguro e respeitoso. Essa é uma de suas responsabilidades gerenciais mais importantes. Também é uma responsabilidade jurídica. O exemplo que você dá influencia de forma significativa o que os membros de sua equipe veem como comportamento aceitável e inaceitável. Lembre-se, quando você não tiver certeza do que fazer em qualquer das áreas discutidas neste capítulo, entre em contato com alguém que tenha.

Parte III
Trabalhar com pessoas, construir relacionamentos e gerenciar riscos

O gerenciamento de sucesso envolve estabelecer relacionamentos construtivos e reconhecer oportunidades gerenciais.

18
Sem segredos

Muitos gestores, tanto iniciantes quanto experientes, têm certo prazer pessoal em saber uma coisa que os outros não sabem. Eles supõem que, se não derem certa informação aos outros, os outros não vão saber sobre ela. Isso é uma conclusão equivocada. Se você não informar a seu pessoal o que está acontecendo, eles ou vão buscar a informação com outra fonte ou vão simplesmente fazer suposições. Isso pode trabalhar contra você de duas maneiras. A informação que os membros de sua equipe conseguem com outras fontes pode estar incorreta, ou eles podem supor algo que não seja exato. Pior que isso, eles podem agir a partir da informação ou da suposição incorreta.

Há alguns gestores ruins por aí que não gostam de compartilhar informação com seus subordinados diretos. Eles acreditam que, se mantiverem a informação para si, vão ter mais controle e ser mais poderosos. Eles estão errados. Os gestores mais poderosos são aqueles que compartilham informação com seus subordinados diretos, dando, portanto, aos membros de sua equipe a habilidade de serem mais independentes.

Você aumenta sua credibilidade fornecendo informação exata de forma oportuna. Fazer isso vai levar as pessoas a verem você como uma fonte confiável de informação. Você também contribui para a eficiência de sua organização. Ao fornecer informação exata você torna mais provável que seu pessoal tome boas decisões por conta própria. A habilidade de tomar boas decisões sem auxílio é a essência da delegação de poder. Fornecer boa informação é parte do processo desse processo — como a clareza de objetivos da qual falamos ao longo deste livro.

Você provavelmente ouviu isto antes, e é um fato importante do qual os gestores devem estar sempre conscientes: as pessoas não agem de acordo com os fatos; elas agem de acordo com sua percepção dos fatos. É um dos deveres-chave do gestor cuidar para que os fatos e as percepções sejam basicamente os mesmos.

Pouquíssimo do que acontece em uma organização precisa ser mantido em segredo. Quase sempre as coisas permanecem secretas apenas por questão de momento: "Precisamos nos calar sobre isso por algumas semanas até que os detalhes sejam definidos."

O prazer que alguns gestores sentem por guardar segredos desnecessários de sua equipe é um problema em potencial. Se as suposições das pessoas sobre o que foi discutido em uma reunião de gestores estiverem incorretas, e elas agirem de acordo com essas suposições falsas, muito provavelmente elas irão na direção errada e possivelmente trabalharão de forma divergente de você e sua equipe. É mais difícil corrigir o conhecimento que as pessoas têm do que *não* é do que, desde o início, dizer a elas o que *é*.

Para deixar claro, nem toda informação deve ser compartilhada com sua equipe. Há razões válidas para guardar alguma informação temporariamente ou em alguns casos permanentemente. Sua avaliação em determinar se e quando revelar a informação é uma parte vital de seu papel como gestor.

UMA SITUAÇÃO TÍPICA

Em muitas organizações, há uma reunião habitual de gestores com horário marcado — por exemplo, é realizada às oito e meia da manhã todas as segundas-feiras. Isso se torna conhecido como A Reunião de Gestores de Segunda-Feira de Manhã. Ela é realizada todas as segundas-feiras, menos quando um feriado cai na segunda-feira, e a reunião é transferida para terça-feira de manhã. (Todos já vimos avisos dizendo: "A reunião de segunda-feira de manhã vai ser realizada na terça-feira.")

Se essa é normalmente uma reunião de uma hora, e você e um colega de gerência saem andando juntos depois de duas horas ou mais, alguns membros da equipe vão pensar ou fazer comentários como: "Bom, eu queria saber o que eles decidiram hoje!" Ou: "Eles estão lá há horas, alguma coisa grande está acontecendo." Talvez o que realmente tenha acontecido foi que o executivo local da organização filantrópica United Way[2] solicitou uma reunião para explicar algumas mudanças organizacionais. Como sua empresa tem grande responsabilidade social, a United Way está apenas construindo apoio empresarial. Isso não afeta diretamente a empresa, mas é questão de relações públicas com a comunidade. A reunião sobre a United Way é bastante inócua, mas, se você não comunicar nada, algumas pessoas provavelmente vão supor que alguma coisa grande está acontecendo.

Todo mundo quer saber o que está acontecendo. Você, espera-se, contratou membros da equipe que são capazes de assumir a iniciativa e tomar suas próprias decisões. Não lhes dar a informação de que precisam vai prejudicar tanto você quanto seus objetivos.

Em pesquisas com funcionários, uma das coisas mais importantes, em termos de que informação desejam receber, é "a necessidade de saber sobre mudanças que me afetam". As pessoas precisam saber até sobre coisas que não as afetarão; se elas não souberem nada, vão supor alguma coisa. Muitas vezes essa suposição está errada, e quase sempre nem se aproxima da verdade.

Como gestor ou executivo, é melhor falar mais do que o necessário do que menos.

Vamos supor que você tem 15 pessoas em seu departamento e tem três supervisores de seção, cada um responsável por cinco pessoas. Os três supervisores de seção também têm suas tarefas a fazer. (Esse esquema é típico para o primeiro passo em gerenciamento.) Quando você voltar da reunião semanal de gestores, chame os três supervisores a seu escritório e faça um breve resumo para eles do que aconteceu na reunião. Cada um deles, então, pode informar os cinco membros de sua equipe. Você não pode permitir que esses supervisores guardem a informação para si. Eles também precisam comunicar.

Se você seguir essa abordagem com consistência, vai construir uma equipe fortalecida que vai dizer para amigos em outros departamentos: "Nosso gestor sempre nos diz o que está acontecendo." Se você não fizer isso, vai ter muita informação falsa no ar para ser corrigida — e isso só no caso de você tomar conhecimento dela.

---

2 Fundada há mais de 130 anos nos Estados Unidos, a United Way é a maior organização de filantropia do mundo. Chegou ao Brasil em 2001. (N.E.)

O departamento de recursos humanos

O departamento de recursos humanos (mais conhecido como RH) pode ser um de seus maiores aliados quando você está começando uma carreira de gerência. Ele pode ajudar você em muitas das áreas com as quais novos gestores não estão familiarizados, como contratar, treinar e desenvolver, programas de assistência aos funcionários, benefícios, administração de salários, procedimentos disciplinares, promoções, avaliações de desempenho, trato com chefes difíceis, demissão e todos os aspectos jurídicos envolvidos no gerenciamento. É uma boa ideia para você se familiarizar com o que seu departamento de RH ou sua pessoa do RH pode fazer por você. Para seu sucesso e o sucesso de sua equipe, você precisa estabelecer um bom relacionamento de trabalho com o RH.

O ENVOLVIMENTO DE UM GESTOR NA CONTRATAÇÃO

O quanto você vai interagir com o RH no momento da contratação depende de quanta liberdade você tem no processo de seleção. Em muitas empresas, o RH faz o exame inicial de candidatos a emprego, mas a decisão final é deixada para o gestor apropriado. O processo de seleção como um todo é reforçado se a escolha final é feita em nível departamental ou operacional. Se um gestor não pôde dizer nada sobre a pessoa que foi contratada e está insatisfeito com a escolha, a nova funcionária é vítima de uma situação que não foi criada por ela. Felizmente, a maior parte das empresas permite que o departamento operacional tome a decisão final entre de três a cinco candidatos qualificados.

Às vezes, seus próprios chefes excluem gestores iniciantes do processo de contratação. Ainda que essa exclusão seja bem-intencionada, é um erro grave. Como vamos ver, a contratação é uma das responsabilidades mais importantes de um gestor. Quanto antes um novo gestor puder começar a desenvolver sua capacidade de contratação, melhor. O gestor experiente deve, no mínimo, incluir o novo gestor no processo. E, com alguma parcimônia, deve permitir que o gestor escolha as pessoas sobre as quais ele vai ficar responsável.

Os gestores têm um comprometimento muito maior com o sucesso das escolhas que eles fizeram do que com aquelas que foram feitas para eles e depois colocaram na conta deles. O gestor não deve poder pensar: "Eu nunca teria contratado esse cara." Há uma tentação de pensar nesses termos quando o gestor é excluído do processo.

Embora as pessoas que trabalham em RH se considerem especialistas em selecionar empregados, não importa quem eles achem ser o mais qualificado se o escolhido é alguém que você não quer. Como você reage às recomendações do pessoal do RH é importante. Você deve levar as recomendações deles a sério. Isso pressupõe que, por meio de conversas com você, eles entenderam totalmente as exigências do cargo. Eles não podem ser especialistas em todas as funções da empresa, mesmo com acesso a todas as descrições de emprego. Você é o especialista nos empregos em sua área de responsabilidade e deve saber o que é necessário.

PROMOÇÕES E OUTRAS QUESTÕES DOS FUNCIONÁRIOS

Você também vai se envolver com o departamento de RH nas promoções. Haverá uma inclinação natural para promover pessoas de dentro de sua organização, por bons motivos. Você está mais familiarizado com elas e seu desempenho, e elas estão mais familiarizadas com sua operação.

Quando você precisar olhar para outras áreas da empresa à procura de membros dos quais você precisa para sua equipe, as pessoas no RH vão estar em posição de ajudá-lo. Por exemplo, elas podem mostrar a você os dados originais reunidos quando a pessoa foi contratada e mais informação adquirida depois disso. Na maior parte dos casos, vão consultar o departamento que emprega a pessoa que você quer promover e obter informação que você poderia não conseguir por conta própria. Além disso, em algumas empresas, o departamento de RH administra programas de benefícios para os funcionários, então você pode procurar o RH em nome de subordinados diretos que estejam com dificuldades em algum aspecto do programa.

Se você não gerenciou pessoas antes, o RH pode ser um grande recurso. Você em geral pode ir lá à procura de aconselhamento em problemas de supervisão que não tinha encontrado antes. O departamento de RH também é o repositório habitual de livros e artigos sobre o gerenciamento de pessoas.

Em muitas empresas, o departamento de RH supervisiona o programa de treinamento. Vai ser bom para você se familiarizar rapidamente com as opções de treinamento tanto para você quanto para seu pessoal. Treinamento de qualidade pode ser uma grande vantagem, mas só se você tiver conhecimento das opções.

Como o RH atende a toda a empresa, você frequentemente pode falar com alguém de lá sobre "problemas com pessoas" que você pode estar relutante em discutir com seu próprio supervisor. Então você pode procurar o RH em busca de ajuda, não apenas para selecionar pessoas, mas também para as treinar e gerenciar.

Como recurso para o desenvolvimento de sua própria carreira, o departamento de RH pode sugerir cursos e programas que você pode fazer para aperfeiçoar suas habilidades gerenciais e técnicas. O RH também pode ser consultado sobre oportunidades de promoção e ajudar a desenvolver planos de ação com você para você saber como alcançar essas promoções. Tenha em mente que, assim como o RH ajuda você a identificar candidatos para promoções, ele faz o mesmo para outros gestores que podem estar interessados em você.

Muitas organizações usam o departamento de RH como um lugar aonde funcionários podem ir com qualquer problema que não queiram discutir com seus próprios chefes. Esse pode ser um serviço valioso tanto para os funcionários quanto para a empresa. Com sorte, seu departamento de RH foi adequadamente treinado e instruído em sua função.

Se às vezes você sente que seu departamento de RH não o está servindo bem, você vai ter de ser cauteloso, diplomático e meticuloso. Se tiver questões com eles, vá devagar e procure ter os fatos corretos. Eles não vão gostar da sugestão de que não estão fazendo um trabalho excelente. Você vai precisar ter um caso bem amarrado se quiser desafiá-los. De todas as formas, sempre os aborde com um tom colaborativo, não de confronto.

Se essa abordagem não funcionar, você vai ter de fazer uma avaliação pensada do valor de confrontá-lo diretamente ou escalar a questão. Tome cuidado e tenha certeza de que a tensão que você vai criar vale a pena para você no longo prazo. O RH pode tornar sua vida difícil se ele resolver fazer isso.

Em suma, o RH vai ser capaz de auxiliá-lo com o geral de seu trabalho de gerenciamento e com seus objetivos pessoais também. Ser bem visto por um departamento de RH competente é um grande trunfo, então não seja um estranho para essa parte de sua organização.

20
O estado atual da lealdade

Se tem uma coisa que perdeu a **reputação** nos últimos anos é a lealdade. Enquanto ainda existe, ela tende a ser conferida com mais parcimônia e só quando é vista como tendo sido conquistada. Mudar de patrões é comum. E a natureza mais temporária da força de trabalho dos nossos dias contribui para uma menor lealdade.

Há uma opinião predominante de que a lealdade deve ser contida até que se prove claramente que ela é merecida: a gestora só deve receber lealdade depois de conquistá-la. O funcionário não deve recebê-la até demonstrar que ela é merecida. Finalmente, a empresa não recebe lealdade até que todo mundo — gestores e funcionários — sinta que ela é justificada. Então, em muitas organizações, a falta de lealdade significa menos trabalho em equipe porque ninguém confia nem é leal a mais ninguém.

A LEALDADE ESTÁ FORA DE MODA

Infelizmente, a lealdade nos negócios é rara. Quase todo mundo sente que, se uma empresa adquire outra, e é feito o anúncio de que "não planejamos mudanças de pessoal na empresa adquirida", essa é uma afirmação sem validade. A afirmação em si é vista como o primeiro passo em uma reorganização maior e a perda de empregos subsequente. Essa percepção tem base em muitos exemplos de demissões por atacado poucos meses após afirmações do contrário.

Houve muitos atos gananciosos, impiedosos e sem perspectiva. Também houve reorganizações e fusões que eram uma questão de sobrevivência para as empresas envolvidas. As pessoas veem amigos em outras companhias perderem seus empregos em reorganizações.

Então, há conselhos diretores cínicos, alguns manipuladores gananciosos e alguns proprietários preocupados tentando salvar uma empresa. Ao mesmo tempo, há gestores e funcionários que não confiam em ninguém. O que fazer?

Demonstrar lealdade é frequentemente visto como sinal de ingenuidade. Em muitos casos, isso pode ser válido, mas, se a lealdade está com a reputação em baixa, também é certo de que pode haver momentos em que ela não é demonstrada, mas devia ser oferecida.

Nós nos tornamos cínicos e nunca demonstramos lealdade? Ou nós entregamos nossa lealdade até que se comprove que ela não é merecida? Há muita coisa que recomenda a segunda opção. Ser cínico não apenas fere a organização, mas também fere você pessoalmente. Se tem uma atitude cínica e desconfiada, você se torna um cínico. Um comediante cínico pode ser um *performer* brilhante. Um gestor cínico é um modelo ruim e não vai ser inspirador para sua equipe.

Então é de seu maior interesse ser razoavelmente leal, não apenas à organização, mas também a seu gestor e aos membros de sua equipe. Isso significa não criticar sua empresa na comunidade. Você pode ser a única pessoa associada com sua organização que muitos de seus amigos e conhecidos conhecem — seus comentários e observações vão ser a soma total do que essas pessoas sabem sobre sua empresa. Se você for negativo e crítico, essa impressão vai ser passada adiante não apenas para as pessoas que você conhece, mas provavelmente para outros também. Esse resultado não é bom para você.

Um nível razoável de lealdade também significa não repreender de maneira veemente as pessoas que você lidera. Mesmo que haja momentos em que você se sinta plenamente justificado, evite a tentação. Observações depreciativas dizem mais sobre você do que sobre o objeto de seu desprezo. Dê à organização e a seu pessoal o benefício da dúvida. Se você chegou à conclusão de que sua organização não merece sua lealdade de jeito nenhum, é hora de você procurar outra coisa.

Motivação existe?

A definição de motivação de alguns gestores é: "Faça o que eu quero que você faça com um mínimo de aborrecimento." Isso é autoridade, pura e simples. Definitivamente, não é motivação. É usar o poder de seu cargo para que as pessoas façam as coisas, não porque elas querem, mas porque não têm escolha.

Motivação é fazer com que as pessoas queiram fazer o que precisa ser feito espontaneamente, e não pela força. Os melhores gestores passam tempo descobrindo o que motiva seus funcionários, misturam essas motivações com as necessidades da organização, e criam um ambiente no qual seus funcionários possam ter sucesso. Há muitas maneiras de descobrir o que motiva seus funcionários. Você pode observar seu comportamento, conhecê-los após alguns meses ou fazer com que eles preencham uma pesquisa ou questionário. Há outro método: pergunte a eles!

AUTOMOTIVAÇÃO

A única motivação que realmente funciona é a automotivação. Ainda que seu pessoal possa querer sinceramente ver o sucesso da organização, eles são motivados primeiramente por seus próprios interesses. Os gestores de maior sucesso alinham com maestria os interesses próprios dos membros da equipe com os objetivos da organização.

Quando você faz um trabalho porque ele se alinha com seu próprio interesse, sua motivação se pereniza. Você não precisa ser forçado a fazê-lo. Uma das principais responsabilidades de um gestor é mudar os sentimentos dos membros da equipe de "tenho de fazer" para "quero fazer".

Além disso, um bom gestor consegue que o trabalho seja feito descobrindo como as pessoas diferentes reagem. Se elas são automotivadas, então podem ser automotivadas para fazer o trabalho ou apenas lidar com a situação. Elas reagem de maneiras diferentes, e você precisa entendê-las bem o suficiente para saber como elas reagem e a quê.

Algumas pessoas são automotivadas pela possibilidade de uma promoção. Assim que veem a relação entre seu desempenho atual e uma promoção, elas vão se esforçar para que seu desempenho corresponda ao máximo de sua capacidade. Outras buscam a aprovação de seu gestor. Como é pelo desempenho satisfatório que recebem aprovação, elas seguem esse caminho. Outros, ainda, gostam de competir de um jeito amigável com seus pares. Esse tipo de pessoa quer ter o melhor desempenho na área, por isso vai trabalhar duro para alcançar esse objetivo.

Muitas pessoas estão trabalhando apenas pelo dinheiro, e a maneira de ganhar mais dinheiro é ter um bom desempenho para maximizar o próximo aumento de salário. Muitas outras têm grande orgulho pessoal de fazer bem o que quer que façam. E, dependendo da situação do mercado de trabalho, muitas pessoas vão trabalhar duro para evitarem ficar desempregadas.

Alguns membros da equipe trazem seus sentimentos pela família para sua atitude em relação ao trabalho, mas isso frequentemente está amarrado a uma das outras razões mencionadas — a busca do dinheiro. Eles querem ser capazes de prover melhor sua família, o que exige mais dinheiro.

Você pode aumentar a probabilidade de os membros de sua equipe se beneficiarem de sua automotivação assegurando-se de lhes fornecer a clareza de objetivo discutida no Capítulo 9. Quando eles têm uma compreensão clara do que precisa ser realizado e a permissão, dentro dos limites que você estabelece, para agir como acham apropriado, eles têm mais chances de se engajarem.

O APELO DO TRABALHO EM CONJUNTO

A maioria de nós é motivada, percebamos isso ou não, pela oportunidade de ser parte de algo maior que nós mesmos. É provável que algumas de suas lembranças mais alegres envolvam trabalhar com outras pessoas para realizar alguma coisa que nenhuma delas poderia realizar sozinha, pelo menos não na mesma quantidade de tempo. Experiências semelhantes para você podem ser um levantamento de fundos comunitários para uma família em necessidade, uma equipe que criou um aplicativo ou trabalhou em um novo software, uma equipe de projeto que desenvolveu um produto novo, serviço militar no qual o trabalho conjunto era fundamental ou uma equipe esportiva que se saiu especialmente bem quando os talentos de cada membro do time foram utilizados com eficácia.

Quando você cria um ambiente no qual seu pessoal vê que seus esforços estão contribuindo para um resultado positivo, ele vai ficar mais motivado e encontrar um significado maior naquilo que faz.

O PAPEL DO GESTOR

Aprender a maximizar o desempenho da equipe é parte vital e permanente de sua vida diária no trabalho. Você vai ter diversos níveis de rotatividade, o que traz novas pessoas. Você precisa conhecê-las e entendê-las. Sua obrigação nessa questão merece um destaque especial. Os funcionários querem ser compreendidos. Eles querem sentir que suas tarefas levam a resultados significativos. Querem se sentir importantes como pessoas, não como peças da produção para fazer o trabalho. Sua verdadeira preocupação com eles vai brilhar em tudo o que você fizer. Entender e apreciá-los não significa que você tem de ser uma figura paterna ou materna. Nem que precisa comprometer seus princípios enquanto se trata da qualidade do trabalho.

Preocupação e compreensão da sua equipe são sinais de força gerencial, não de fraqueza. O gestor dito durão e autocrático pode alcançar resultados satisfatórios por algum tempo, mas, no longo prazo, essa estratégia vai trabalhar contra ele. O desempenho que ele obtém é motivado em grande parte pelo medo, e as pessoas vão ficar inclinadas a dar apenas o mínimo para não terem problemas.

Muitos gestores acreditam que, se você é justo, preocupado e compreensivo, não consegue ser duro quando a situação precisa ou exige isso. Nada está mais longe da verdade. Isso torna a demonstração de autoridade bem mais eficaz por ser exibida raramente.

Há uma área em especial com a qual você deve lidar com habilidade e diplomacia. Lembre-se de que algumas pessoas de sua equipe podem ser motivadas por prover suas famílias. Desse grupo, alguns funcionários vão reagir favoravelmente a seu interesse por suas famílias, mas outros vão considerar perguntas pessoais uma invasão de privacidade. Então como um gestor lida com essas posições contraditórias? Se uma funcionária por conta própria oferece informação sobre sua família, você pode perguntar sobre a família. Em conversas, você vai saber sobre cônjuge, filhos, hobbies e outros interesses. Com esse tipo de funcionária, você pode fazer uma pergunta como: "Como Jeff e seu time se saíram no jogo da liga infantil ontem à noite?" Esse é um exemplo excelente de conhecer seus funcionários — com a permissão deles — e se encaixa no conceito de que nem todo mundo é motivado pelas mesmas coisas.

Em contrapartida, se você tem uma funcionária que nunca fala nada sobre sua vida pessoal, deixe isso de lado e não viole sua preferência óbvia pela privacidade. Ao conhecer seus funcionários, há uma tendência a trabalhar com as pessoas novas e ignorar os funcionários experientes que fazem um ótimo trabalho. Claro, é importante botar as pessoas novas no ritmo, mas você nunca deve desconsiderar os funcionários excelentes. Aqueles que alcançam ótimos resultados precisam saber como seu desempenho de qualidade é percebido e apreciado.

ENCAIXE

Se você está familiarizado com a carpintaria, sabe o que é uma junta de encaixe. É uma das maneiras mais fortes de unir dois pedaços de madeira, por exemplo para a quina de uma gaveta. O nome em inglês (*dovetail*) vem da forma dos "dentes" entrelaçados na junta que ficam mais largos conforme são mais compridos, similar à forma de uma cauda de pombo. Nessa junta, dois pedaços de madeira são unidos para criar uma forte conexão.

Há uma técnica poderosa de gerenciamento que adota essa mesma abordagem, juntando elementos diferentes para criar uma conexão mais forte. Os dois elementos são as aspirações dos membros individuais da equipe e as necessidades de sua organização. Quando você consegue alinhar os objetivos pessoais e profissionais de um membro de sua equipe com as necessidades de sua organização, você tem um funcionário comprometido e engajado.

A técnica envolve dois passos simples. Primeiro, conheça os membros de sua equipe. Deixe que eles contem a você sobre seus objetivos profissionais e pessoais e interesses. Isso não é algo que pode ser apressado. Você vai ter de estabelecer uma confiança saudável e merecida com membros da equipe antes de perguntar a eles sobre esses tipos de interesse. Muitas vezes você vai conseguir identificá-los apenas sendo um bom ouvinte. Conforme você desenvolve um bom relacionamento, os funcionários vão normalmente falar com você sobre suas atividades fora do trabalho. Fique atento ao que eles dizem.

Uma boa pergunta para começar esse tipo de discussão é: "Quais são seus objetivos profissionais? O que você quer estar fazendo daqui a três anos?" A maior parte dos funcionários vai ficar satisfeita com seu interesse. Seja totalmente aberto sobre por que você está perguntando, para ajudá-los a ficarem à vontade. Diga a eles que você está sempre à procura de maneiras de combinar os interesses e aspirações dos membros da equipe com as necessidades da organização.

O segundo passo é estar atento a oportunidades para alinhar essas aspirações pessoais com o que sua organização precisa realizar. Esse conceito está ilustrado na Figura 21-1.

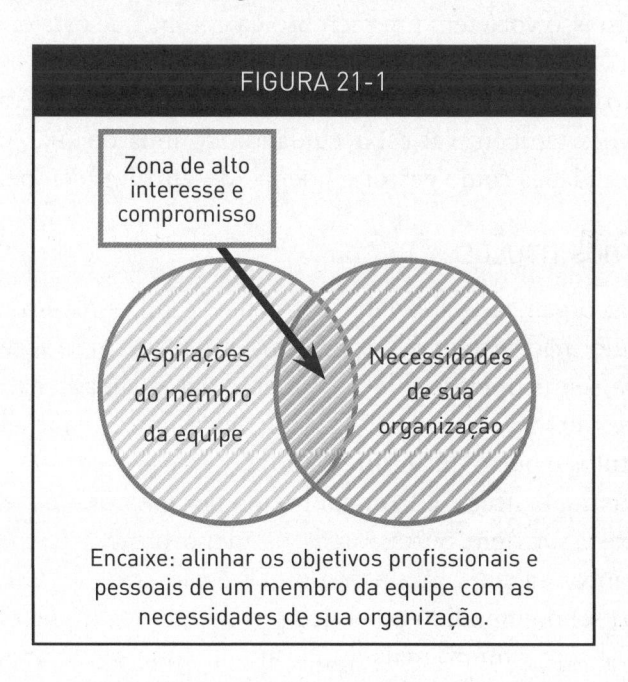

FIGURA 21-1

Zona de alto interesse e compromisso

Aspirações do membro da equipe

Necessidades de sua organização

Encaixe: alinhar os objetivos profissionais e pessoais de um membro da equipe com as necessidades de sua organização.

Por exemplo, digamos que você descobre que um de seus funcionários está aprendendo a falar e a escrever em espanhol. Algumas semanas depois, você está sentado em uma reunião de equipe liderada por sua chefe quando ela menciona que a empresa está perto de criar uma aliança estratégica formal com uma empresa na América Central. Perfeito. Pode haver um jeito de envolver o membro de sua equipe com essa iniciativa com benefício para todos. O membro da equipe vai conseguir utilizar e melhorar seu espanhol. A empresa vai ter uma capacidade maior de se comunicar com o parceiro estratégico. E você vai ser parte de uma nova iniciativa empolgante.

Ou digamos que você esteja envolvido em uma operação de marketing e um dos membros de sua equipe que faz coleta e análise de dados de mercado lhe diga que um dia ela queria fazer a transição para tecnologia da informação. Quando há uma necessidade de interação no nível da equipe com a tecnologia da informação, essa funcionária é a escolha óbvia. Ela fica empolgada com a exposição a uma área de interesse, e você consegue uma funcionária que vai mostrar um engajamento extra. Você vai acabar por perdê-la para um trabalho na área de TI? Provavelmente. Mas você ia perdê-la mesmo mais cedo ou mais tarde, e enquanto isso você tem um membro da equipe que está envolvido e entusiasmado.

Quanto mais você puder usar o encaixe, mais dedicada vai ser sua equipe. Você também vai estar cuidando de uma de suas principais responsabilidades como gestor e líder — desenvolver seu pessoal.

O PAPEL DOS TÍTULOS

Em muitas organizações, o valor dos títulos é subestimado.

Os títulos não custam nada para uma empresa, então você deve ser liberal em seu uso desde que você mantenha igualdade na organização. Por exemplo, você não pode ter um departamento que é liberal no uso de títulos e outro que é conservador.

A indústria bancária é bem conhecida por essa prática, e, embora alguns executivos em outras áreas os menosprezem por isso, acho que os bancos sabem exatamente o que estão fazendo. O cliente de um banco sendo atendido pelo vice-presidente de empréstimos pessoais vai se sentir muito mais importante do que sendo atendido por um atendente de empréstimos. O cônjuge de um vice-presidente de empréstimos ao consumidor é com certeza um impulsionador maior do banco que o cônjuge de um atendente de empréstimos. A posição do banco na comunidade se eleva com seu uso liberal de títulos. O vice-presidente nesse caso pode ter os mesmos deveres de um atendente de empréstimos, mas qual deles têm uma autoimagem mais positiva e uma automotivação mais forte? A resposta é óbvia.

À medida que sobe a escada corporativa, você pode ter uma oportunidade de influenciar a política de sua empresa em relação ao uso de títulos. Deve haver uma forma organizada em seu uso. Você não traz um funcionário novo com um supertítulo para uma posição administrativa de rotina. Um título marcante deve servir como reconhecimento de um desempenho superior.

O moral de uma empresa pode aumentar dramaticamente com um uso mais esclarecido dos títulos. Os títulos podem ajudar muito a dar a um funcionário uma sensação de autoestima e de ser apreciado. Na próxima vez que sua empresa tiver um congelamento de salários, pense na ideia de dar um novo título a uma funcionária-chave. Você pode se surpreender com a reação positiva. Se você quer dar um aumento, mas não pode em razão do congelamento, reconheça isso. Deixe claro que você entende que um novo título não é um substituto para um aumento, mas por enquanto é tudo o que você pode fazer. Ela já sabe que não vai conseguir um aumento, mas o novo título mostra que você aprecia seu trabalho.

O SÍMBOLO DE STATUS

Outro tema que cai nessa área de motivação é o símbolo de status. Obviamente, símbolos de status funcionam ou eles não teriam uma aplicação tão vasta no mundo dos negócios.

A chave do banheiro dos executivos quase já se transformou em piada, mas ainda é um estímulo eficaz. O tamanho do espaço de trabalho ou de um escritório, a qualidade dos móveis, preferência no estacionamento, inscrições em clubes pagas pela empresa, automóveis alugados pela empresa para o uso de executivos, avião corporativo — a proliferação dos símbolos de status é limitada apenas pela imaginação humana.

Tudo pode ser considerado uma tentativa de inspirar pessoas a elevar suas aspirações. Essas coisas não são importantes em si mesmas, mas indicam que o funcionário é reconhecido por ter chegado a certo nível na organização. Elas são muito mais importantes para aqueles que não as têm do que para aqueles que as têm. Há uma questão antiga e presente: "Por que as pessoas que dizem que dinheiro não é importante são aquelas que têm muito dinheiro?" O mesmo acontece com símbolos de status.

Uma empresa não deve se preocupar demais com símbolos de status, mas, se ela os torna acessíveis a seus funcionários, não deve, então, criticar esses mesmos funcionários por ambicioná-los após esses métodos de "manter a contagem". Na verdade, para a maioria das pessoas, o importante não é a aquisição do símbolo de status; é o que eles significam para os outros. Muitos símbolos de status não resultariam em nada se mais ninguém soubesse que você os havia conquistado. Está bem você querer obter alguns símbolos de status, mas é importante mantê-los sob uma perspectiva adequada. Não deixe que eles se tornem tão importantes para você que seria uma tragédia se você não os obtivesse tão rápido quanto acha que deveria.

Você não pode substituir um programa salarial satisfatório ou uma boa abordagem gerencial por símbolos de status. Infelizmente, alguns gestores e até algumas empresas pensam o contrário. Eles tratam as pessoas mal ou pagam salários abaixo da concorrência e acham que podem compensar isso com símbolos de status. Essa atitude é um insulto à inteligência de seus empregados.

Símbolos de status são a cobertura do bolo; não são o bolo. Quando usados com inteligência e alguma compreensão do comportamento humano, símbolos de status podem ser uma ferramenta valiosa.

NECESSIDADE DE REALIZAÇÃO

Alguns funcionários têm necessidade de realização. Normalmente, são funcionários cujas necessidades de segurança, salário, condições de trabalho, status, recompensas, e assim por diante, foram atendidas. Funcionários que têm essa necessidade normalmente querem estar envolvidos na tomada de decisões, querem desenvolver suas habilidades e talentos, acham novos projetos e tarefas desafiadoras e querem progredir na organização. Se você puder satisfazer essas necessidades, você não só vai ter um funcionário automotivado trabalhando com você, mas também um funcionário altamente produtivo.

A SUBJETIVIDADE DA MOTIVAÇÃO

Muitos novos gestores são extremamente motivados, e isso é ótimo. Mas eles cometem o erro de acreditar que seus funcionários vão se motivar com o que os motiva. Esse provavelmente não é o caso. Tenha em mente que coisas muito diferentes podem motivar seus subordinados diretos. Isso não é um problema — apenas trate de não impor suas crenças ou sistema de valores aos outros. Lembre-se também de que o que motiva uma pessoa hoje pode não motivar essa mesma pessoa após alguns meses. Por exemplo, você hoje pode estar motivado por realizações. No mês seguinte, você sai e compra uma casa nova com uma prestação maior. Agora, ter segurança no trabalho — um emprego fixo com bom salário — vai motivar você. Tente não fazer suposições sobre o que motiva os membros de sua equipe. Você precisa descobrir e agir a partir disso.

22
Entenda a inclinação ao risco

Uma pesquisa sobre a inclinação individual ou **organizacional** ao risco aumenta nossa compreensão do tema. Ela fornece um meio para as pessoas quantificarem sua inclinação ao risco e determinarem seu quociente de risco (ou QR). E é apresentada em meu livro *The Power of Risk — How Intelligent Choices Will Make You More Successful, a Step-by-Step Guide* ["O poder do risco — como escolhas inteligentes vão torna-lo mais bem-sucedido. Um guia passo a passo", em tradução livre]. Você vai aprender a determinar seu QR neste capítulo, mas primeiro vamos discutir a inclinação ao risco.

ESTILOS DE ASSUMIR RISCOS

Ao aceitar sua nova posição gerencial, você decidiu correr alguns riscos. Principalmente, você saiu de uma posição em que provavelmente tinha um bom desempenho para assumir um novo desafio sem garantia de sucesso. Isso sugere que você tem alguma disposição para correr um risco relacionado à carreira, pelo menos quando está familiarizado com as pessoas e a organização que o estão oferecendo e quando tem a oportunidade para avaliá-lo totalmente. A quantidade de tempo que você levou para aceitar a promoção para seu novo cargo provavelmente lhe oferece alguns entendimentos sobre seu estilo de assumir riscos. Se você aceitou a posição imediatamente, você é provavelmente um pouco mais ousado, ou sabia que a oferta ia chegar e teve bastante tempo para avaliar os prós e os contras antecipadamente. Se você levou muito tempo pensando, provavelmente tem um estilo mais cauteloso de assumir riscos.

A DETERMINAÇÃO DE QRS

The Power of Risk apresenta uma ferramenta de avaliação de risco que foi completada por centenas de pessoas como parte da pesquisa feita para o livro. É um processo simples. Para determinar seu QR, avalie-se em uma escala de um a dez, com um sendo muito avesso ao risco e dez sendo muito inclinado ao risco nas áreas de risco a seguir. Suas notas não precisam ser números inteiros — 4,6 ou 5,7 estão bem, assim como quatro e seis.

- **Riscos físicos.** Atividades que envolvem algum risco de ferimento. Andar de motocicleta, rafting em rios, escalada de montanhas ou salto de paraquedas são alguns exemplos.

- **Riscos na carreira.** Riscos como mudanças de emprego, assumir novas responsabilidades ou buscar promoções.

- **Riscos financeiros.** Sua tolerância a risco em investimento, tomada de empréstimos ou emprestar dinheiro.

- **Riscos sociais.** Riscos como se apresentar a alguém que você não conhece ou se colocar em uma situação social não familiar mesmo com o risco de possível embaraço.

- **Riscos intelectuais.** Coisas como sua disposição para estudar um assunto difícil, buscar informação que desafia suas convicções ou ler um livro intelectualmente desafiador.

- **Riscos criativos.** Riscos como pintar, desenhar, encarar um desafio literário ou buscar um design não convencional.

- **Riscos de relacionamento.** Riscos como uma disposição para buscar um novo relacionamento, passar tempo com alguém apesar de um resultado incerto ou assumir um compromisso de relacionamento.

- **Riscos emocionais.** Disposição para estar emocionalmente vulnerável.

- **Riscos espirituais**. Disposição para depositar sua confiança em conceitos que podem ser impossíveis de provar ou que você não entende completamente.

Agora some suas notas para os nove tipos de risco e divida por nove para obter a média. Esse número é seu QR.

COMO VOCÊ SE COMPARA COM OS OUTROS

Você agora tem seu QR, mas não sabe realmente o que ele significa. A pesquisa mostrou que o QR médio para mais de trezentas pessoas que completaram o perfil de risco é 6,5. Para os homens, é um pouco mais alto, 6,7. A média para mulheres é 6,3. Comparar seu QR com esses resultados dá a você uma ideia de como sua inclinação ao risco se compara à dos outros. Esse conhecimento vai ajudá-lo a ser mais eficaz na interação com os outros. Se seu QR está bem acima da média de 6,5 você precisa saber que vê o mundo de forma diferente da que a maior parte das pessoas vê. Você se sente mais confortável com risco e incerteza. Embora essas possam ser características valiosas, elas também podem ser assustadoras para pessoas avessas a riscos. É importante que você tenha consciência disso.

Em contrapartida, se seu QR está muito abaixo da média de 6,5, você também tem uma perspectiva diferente da maioria. Você provavelmente é mais cauteloso e pensa mais do que muitos para tomar atitudes. Você precisa de mais conhecimento antes de tomar uma decisão e às vezes pode ver aqueles com tendência para a ação como irresponsáveis.

OS QRs DOS MEMBROS DE SUA EQUIPE

Você pode precisar dar aos membros de sua equipe a oportunidade de determinar seus QRs. Faça disso um exercício interessante de autoconhecimento, em seguida permita que eles compartilhem seus QRs com os colegas, se estiverem confortáveis para fazer isso. Isso pode ser construtivo de diversas maneiras. Primeiro, levanta o assunto da inclinação ao risco como um elemento importante dos traços pessoais de todo mundo. Isso também vai permitir que eles entendam melhor como podem ver uma situação de forma diferente da de seus colegas.

PONHA SEU CONHECIMENTO DA INCLINAÇÃO AO RISCO PARA FUNCIONAR

O conhecimento da inclinação ao risco de vários membros de sua equipe pode ajudar você a ser um gestor melhor de diversas maneiras. Ao atribuir tarefas, acrescente a inclinação ao risco dos candidatos aos fatores que você leva em conta. Se a tarefa exige muita análise e apuração de dados, você pode achar que uma pessoa menos inclinada ao risco seja uma escolha melhor. Se a tarefa tem um prazo apertado que vai exigir um ritmo acelerado, você pode achar que um membro da equipe mais inclinado ao risco será um encaixe melhor. Acima de tudo, tenha sempre em mente a inclinação ao risco de cada membro da equipe ao fazer a atribuição de tarefas e a estruturação de equipes de projetos e departamentos.

SOCIALIZAÇÃO DE GRUPO

Do campo da sociologia vem um conceito importante que pode ajudá-lo como gestor. O conceito da socialização de grupo nos diz que características variadas — incluindo a inclinação ao risco — são aumentadas quando um nível alto ou baixo é dominante dentro de um grupo, equipe, departamento ou empresa. Isso significa que, se você criar uma equipe para um projeto que consista exclusivamente de pessoas com uma inclinação ao risco acima da média, a inclinação ao risco agregada da equipe será ainda mais alta que a dos indivíduos. Isso acontece porque eles têm um efeito estimulante uns sobre os outros.

Você pode criar esse efeito porque as responsabilidades da equipe vão exigir que eles sejam muito ousados e agressivos. Reunir uma equipe formada apenas por pessoas mais inclinadas ao risco terá esse efeito amplificador.

De forma semelhante, você pode precisar criar uma equipe que seja menos inclinada ao risco que todos os seus membros se todos eles tiverem uma inclinação ao risco abaixo da média.

A socialização em grupo também diz a você que, ao montar uma equipe ou departamento com algumas pessoas com inclinação ao risco acima da média e algumas abaixo da média, elas vão tender a ter um efeito moderador umas sobre as outras. Isso significa que o efeito de amplificação que está presente quando a inclinação ao risco do grupo é uniformemente alta ou baixa é evitado.

Isso pode ser exatamente o que você precisa. Pode ser benéfico para você criar intencionalmente alguma tensão saudável ao juntar pessoas com inclinações ao risco acima da média com outras com inclinações ao risco abaixo da média. O controle que elas vão estabelecer naturalmente umas sobre as outras pode ser o melhor para a tarefa. O que talvez ocorra porque você precisa que o grupo seja meticuloso e metódico, mas também não fique preso a uma análise excessiva que resulte em um ritmo inaceitavelmente lento ou em hesitação para tomar decisões ou fazer recomendações.

QRs SÃO SITUACIONAIS

Tenha em mente que QRs mudam. Eles são afetados por sucessos, reveses e outros eventos na vida pessoal e profissional de uma pessoa. Como exemplo, você pode ter observado alguém ficando mais confortável com o risco em um momento de sua vida depois que seus filhos se tornam adultos e não dependem mais dele. Não é raro ver pessoas redirecionarem suas carreiras nesse momento. Então, se você tem um membro na equipe com um QR de 4,5 hoje, não presuma que ele vai necessariamente ser o mesmo depois de um ano. Ele pode crescer, diminuir ou ficar o mesmo.

O CONHECIMENTO DA INCLINAÇÃO AO RISCO

Você provavelmente já fez um levantamento mental dos atributos e das características dos membros de sua equipe, talvez sem ter realmente pensado nisso. Se lhe pedissem, você provavelmente poderia atribuir a cada membro da equipe um QR aproximado que pode não estar distante do QR que eles determinariam se passassem pelo processo apresentado anteriormente neste capítulo. Esse maior conhecimento vai ser muito útil para você como gestor.

Ao utilizar esse conhecimento, tenha em mente que não há nível ideal nem mesmo preferido de inclinação ao risco. As pessoas menos inclinadas ao risco podem fazer contribuições valiosas se avaliam cautelosamente as oportunidades de maneiras que pessoas mais inclinadas ao risco podem não fazer. Elas são frequentemente mais cautelosas e metódicas. Sendo mais relutantes em assumir riscos, elas também podem ter mais probabilidade de exigir um nível mais alto de pesquisa e dados. Embora uma pessoa que tem uma tendência em direção à ação possa achar isso frustrante, a pessoa menos inclinada ao risco está fazendo uma contribuição valiosa por meio de suas exigências.

Entretanto, pessoas mais inclinadas ao risco frequentemente têm uma tendência para a ação que pode ser vital para dar partida a uma iniciativa. O objetivo não é mudar a inclinação ao risco de um membro da equipe, mas ter conhecimento disso para ter uma compreensão mais completa de como motivá-lo e usar seus talentos.

Digamos que você na verdade não pensou sobre os níveis individuais de inclinação ao risco dos membros de sua equipe, o que pode levar à suposição equivocada de que eles são basicamente os mesmos. Agora pense em oferecer a oportunidade para dois membros da equipe para uma tarefa em outra cidade a fim de estabelecer uma nova operação. Suponha que um membro da equipe tem boa inclinação ao risco e o outro, não. Essa oportunidade pode ser mais empolgante para o membro da equipe mais confortável com o risco. Ele pode pensar imediatamente na empolgação de conhecer cada ambiente novo, conhecer pessoas novas, visitar restaurantes novos, descobrir novas ofertas culturais e até mesmo encontrar novas oportunidades recreativas.

A pessoa menos inclinada ao risco pode pensar em todos os aborrecimentos de viver longe de casa, de não conhecer a área, de ter que encontrar novos fornecedores de serviços, de não saber que vizinhanças evitar e por aí vai.

É desnecessário dizer que o nível de entusiasmo que você recebe de cada membro da equipe vai variar significativamente. Isso pode parecer surpreendente se você não levou em conta seus QRs individuais. Você pode conseguir convencer os dois membros da equipe a aceitar a tarefa temporária, mas precisa ter uma abordagem com base em seus QRs.

O CONHECIMENTO DO RISCO NA PERSUASÃO E NA COMUNICAÇÃO

Tenha a inclinação de uma pessoa ao risco em mente ao avaliar a melhor maneira de se comunicar com ela e motivá-la. Conhecer a inclinação ao risco de um indivíduo também é importante quando você está trabalhando com membros de sua organização que não são de sua equipe. Pense no nível de inclinação ao risco dos vários executivos seniores em sua organização. Atribua a cada um deles uma nota de um a dez, sendo um muito avesso a riscos e dez muito inclinado a riscos.

O que isso lhe diz sobre como você venderia uma ideia para eles? Você pode precisar explicar aos executivos com menor inclinação ao risco todos os passos que podem ser dados para reduzir os riscos envolvidos. Para os executivos que são mais inclinados ao risco, você pode precisar se concentrar nas oportunidades apresentadas pela ideia. Passar muito tempo falando com executivos mais inclinados ao risco sobre os passos de redução de riscos que você apresentou a seus colegas menos inclinados ao risco pode não interessar a eles.

Por todos esses motivos, é valioso que você tenha um conhecimento de seu QR, do QR dos outros e de como eles se comparam.

OBTENDO INSIGHTS

Agora, você não saberá o QR específico de nenhum indivíduo a menos que ele tenha passado pelo processo de determiná-lo e, em seguida, compartilhado os resultados com você. Embora você provavelmente tenha uma ideia geral, fazer uma suposição definitiva pode ser perigoso. Algumas perguntas investigativas podem ajudá-lo a esclarecer sua avaliação, como: "Qual será a informação mais importante para você quando eu lhe apresentar uma nova oportunidade? Não tenho nada específico em mente. Só quero estar preparado caso alguma coisa apareça." Não há nada enganoso em sua pergunta. Você só está querendo entender melhor seu colega para poder trabalhar de forma mais eficaz com ele.

Divirta-se com seu maior conhecimento da inclinação individual ao risco. É um conhecimento importante que pode ajudá-lo a ser mais bem-sucedido.

Estímulo à iniciativa e à inovação

O ritmo dos negócios continua se acelerando. A tecnologia tornou possível o ritmo mais acelerado enquanto a intensa competição doméstica e global o tornou necessário. Incrivelmente, não faz muito tempo que e-mails, telefones celulares, mensagens de texto, videoconferências, e mesmo entregas em 24 horas, existem. Esses são apenas alguns exemplos de ferramentas que aceleraram a velocidade na qual os negócios são conduzidos. Só nas últimas décadas as empresas tiveram que aprender a competir com eficácia com concorrentes estrangeiros.

Estruturas e métodos de gestão mais antigos, com mais camadas e graduais, funcionavam bem quando todas as organizações os utilizavam. Mas, à medida que a tecnologia e as ferramentas de comunicação deram suporte para tomada mais rápida de decisões, os métodos antigos precisaram ser atualizados. À medida que você prosseguir em sua carreira de gestor, verá que o ritmo em que as decisões são tomadas e as ações são realizadas continua a se acelerar. É importante que seu estilo de liderança acompanhe o ritmo conforme as coisas se movimentam mais rapidamente.

Uma estrutura e uma cultura que exijam a tomada centralizada de decisões não são mais sustentáveis. Para responder aos desafios do ritmo sempre mais rápido dos negócios, boas decisões precisam ser tomadas em níveis mais baixos. Sua organização precisa ser ágil. Dizendo de modo simples, você e sua equipe não vão obter sucesso se você criar uma estrutura em que tome todas as decisões.

RESPONDENDO A DECISÕES OU AÇÕES EQUIVOCADAS

Quando você estabelece uma clareza nítida do objetivo organizacional, isso melhora a qualidade das decisões que seu pessoal toma. Mesmo com isso feito, seu pessoal sempre vai tomar a mesma decisão que você tomaria? Não. Seu pessoal às vezes vai tomar decisões inferiores? Vai. Eles às vezes também vão tomar decisões superiores? Vão.

Então eis a questão: supondo que você esteja em um avião sem Wi-Fi, de férias em um barco para mergulhar, ou não possa ser interrompido em uma reunião com um cliente. Os detalhes não são importantes. A questão é que você não está disponível. Melhor ainda, você está disponível, mas um membro de sua equipe está fazendo exatamente o que você o estimulou a fazer e está tendo iniciativa. Ele toma uma decisão que parece ser boa no momento com base na informação disponível. Logo depois, as circunstâncias mudam e ela se revela uma decisão ruim. Não só é uma decisão ruim, vai ser uma decisão de alto custo que vai se refletir mal sobre você. A pergunta é: como você reage?

Você vai chamar a pessoa em sua sala e dizer que ela realmente fez bobagem? Você vai sugerir que ela estava errada só por tentar tomar a decisão? Você vai dizer a ela para se assegurar de procurá-lo da próxima vez para que você tome a decisão?

Se fizer qualquer uma dessas três coisas, como você acha que a pessoa vai reagir na próxima vez em que se deparar com uma oportunidade de tomar a iniciativa? Quase certamente, ela não vai desempenhar nenhuma ação nem tomar uma decisão por conta própria. Essa é mesmo sua intenção? Você quer desestimulá-la de assumir a iniciativa por um bom tempo no futuro?

Se sua resposta ao que se revela ser uma decisão equivocada é castigar, repreender severamente ou criticar, você está se sabotando. Todo estímulo que você dá à sua equipe para tomar a iniciativa, ser desenrolada, pensar como dono e ser empreendedora será desperdiçado. Não só o estímulo vai ser desperdiçado no membro da equipe que tomou a decisão equivocada, mas todos os outros membros da equipe que tomarem conhecimento da situação também vão relutar mais no momento de ter iniciativa.

Quando isso acontecer, como necessariamente vai acontecer, você precisa se conter e manter o longo prazo em mente. Para continuar a estimular a tomada de iniciativa e a tomada de decisões descentralizada que vão tornar sua equipe mais ágil e eficaz, você precisa dar estes passos:

1. Examine as circunstâncias da situação com o(s) membro(s) da equipe envolvido(s).
2. Não seja crítico.
3. Explique que seu objetivo é garantir que todo mundo aprenda com a experiência e que o erro não se repita.
4. Dirija a conversa na direção do que pode ser feito de forma diferente da próxima vez para alcançar um resultado diferente.
5. Deixe claro que, embora os membros da equipe não possam se dar ao luxo de cometer o mesmo erro outra vez, você aprecia sua disposição em tomar a iniciativa e quer encorajá-los a continuar fazendo isso.

Quando segue esses passos, você passa a mensagem clara de que está falando sério sobre empoderar seu pessoal. Você vai se beneficiar de sua capacidade de conter qualquer raiva que possa ter emergido quando você soube pela primeira vez do resultado indesejado.

Pode ser sábio explicar a situação para sua supervisora a fim de que ela entenda o quadro maior por trás do resultado problemático. Destaque que o membro da equipe fez o que lhe pediram para fazer e o valor de treinamento que você obteve da situação. Embora esse resultado menos que ideal seja indesejado, ele foi criado por uma situação incomum e é parte da ajuda para o crescimento de um membro da equipe.

PROMOVER INOVAÇÃO

Além da habilidade de ser ágil e capaz de se movimentar rapidamente, a concorrência intensa exige que as organizações sejam inovadoras, desenvolvendo novos produtos, serviços ou métodos que permitam um maior sucesso da empresa, por exemplo. A inovação pode ser dramática, como na introdução de novos produtos como alto-falantes inteligentes ou carros que não precisam de motoristas. Essas, sem dúvida, são inovações, mas são a exceção. A maior parte das inovações é muito mais gradual e incremental. Toda vez que descobre um jeito melhor de fazer alguma coisa, você está sendo inovador.

Em sua essência, a inovação é importante porque muito poucas organizações podem continuar a existir, menos ainda ter sucesso, se não se aperfeiçoarem continuamente. Veja como a variedade de métodos, serviços e produtos em oferta mudou nos últimos cinco anos. Todas essas mudanças foram uma forma de inovação, necessária para preservar ou aumentar a capacidade de sua empresa de competir com sucesso.

A inovação envolve risco. Por definição, risco significa resultados incertos. Dito de outra forma, se os resultados fossem certos, não haveria risco. Então como você estimula os membros de sua equipe a serem inovadores sabendo que nem todas as suas ideias terão sucesso? A resposta é recompensar o esforço tanto quanto o resultado. Se você recompensar apenas resultados bem-sucedidos, vai obter muito pouco, se obtiver algum, esforço inovador de sua equipe. Quando o resultado é decepcionante, você precisa seguir passos semelhantes àqueles usados para lidar com decisões ou ações equivocadas:

1. Examine as circunstâncias do esforço inovador com o(s) membro(s) da equipe envolvido(s).
2. Não seja crítico.
3. Explique que seu objetivo é se assegurar de que todo mundo aprenda com a experiência e que o resultado seja melhor da próxima vez.
4. Conduza a conversa na direção do que pode ser feito de forma diferente da próxima vez para obter um resultado melhor.
5. Deixe claro que, embora dessa vez o esforço não tenha trazido o sucesso desejado, você aprecia a disposição deles em serem inovadores e criativos e quer estimulá-los a continuar fazendo isso.

Por que o foco nos resultados negativos? Porque reagir ao resultado positivo é fácil. Todos os envolvidos serão elogiados e recompensados. É como você responde ao resultado negativo ou de menos sucesso que vai determinar o clima para inovação em sua organização.

RECOMPENSE A INICIATIVA DA MESMA FORMA QUE O RESULTADO

O desafio com qualquer forma de incentivo é que você vai conseguir o que incentivar. Pergunte a qualquer gerente de vendas o que acontece quando você paga comissão extra sobre certo produto. A equipe de vendas vai vender mais dele. É o mesmo com a inovação. O problema é que o processo de inovar é inerentemente imperfeito. Se você recompensar apenas o sucesso, vai conseguir muito menos iniciativa por medo de resultados ruins.

A solução é ter um sistema de recompensas e de prêmios que reconheça a iniciativa independentemente do resultado. Isso pode parecer estranho e até um pouco inquietante. Toda a ideia dos negócios é recompensar os vencedores. Isso é verdade, mas criar uma cultura que produza inovação exige uma abordagem diferente e, talvez, contrária à opinião predominante. Você precisa reconhecer e recompensar um esforço bem embasado e executado que, por algum motivo, não obteve o resultado desejado da mesma forma que você recompensa as inovações que obtiveram.

Se essa ideia está fazendo com que você se sinta desconfortável, pense nisso. Quantas vezes você já viu uma pessoa ou uma equipe ter sucesso em grande parte por pura sorte enquanto uma pessoa ou equipe que na verdade fez um trabalho melhor não alcançou o sucesso em razão principalmente de circunstâncias fora de seu controle como mudanças nas condições do mercado ou de um ambiente competitivo? Com quase toda a certeza exemplos vêm à mente. Você consegue ver como recompensar apenas a pessoa ou equipe que obteve sucesso dessa vez vai desestimular a inovação na próxima? Isso vai acontecer.

Na prática, isso significa que você tem de tratar uma ideia bem concebida e executada que não alcançou o sucesso pleno da mesma forma que um esforço bem-sucedido em termos de avaliações de desempenho, bônus, recompensas e prêmios. Se você tem um programa de prêmios para inovação, é necessário ter dois tipos de prêmio. Aqueles envolvidos nos esforços bem-sucedidos podem receber algo que você chama de "prêmio dos inovadores". Aqueles que são parte de um esforço bem concebido e executado que não obteve todo o sucesso podem receber algo como o "prêmio pelo empenho".

Isso não significa que você trata esforços mal concebidos e executados da mesma forma que sucessos. Se o esforço não obtém sucesso por decisões ou desempenho ruins, isso deve ser tratado dessa forma. Se os esforços de inovação e de iniciativa não obtiveram sucesso por fatores em grande parte fora do controle da equipe, isso merece um reconhecimento igual ao sucesso. Exemplos de tais circunstâncias seriam o cancelamento de verba no meio de um projeto ou mudanças externas repentinas e inesperadas.

Essa abordagem vai aborrecer os membros das equipes bem-sucedidas por serem tratados da mesma forma que os das equipes de menos sucesso? Talvez. Se isso ocorrer, simplesmente lhes lembre que eles podem estar em uma das equipes de menor sucesso da próxima vez, mesmo que não cometam erros.

Estimular a iniciativa e a inovação exige que você envie uma mensagem clara de que valoriza igualmente as duas embora elas nem sempre produzam o resultado desejado. Fazendo isso de forma correta, você vai desfrutar de muito mais progresso que reveses, e sua equipe vai se divertir mais e se envolver mais em seu trabalho.

24
Melhore os resultados

Grande parte de sua responsabilidade como gestor é encontrar maneiras de fazer as coisas melhor — mais rápido, mais barato e com mais eficiência. E você precisa ter sucesso na maior parte das vezes. Isso significa que você tem de estar sempre atento a oportunidades de melhoria. Também significa que você precisa ser capaz de executar bem.

Para usar uma metáfora de tiro, você não terá sucesso se atirar antes de apontar nem se você apontar para sempre e nunca puxar o gatilho. Você precisa mirar bem, e em seguida atirar. Agora pense quantas vezes mais você acertaria o alvo se pudesse melhorar a pontaria mesmo depois de puxar o gatilho — durante todo o tempo em que a bala está viajando da arma até o alvo. Esse é o propósito de assumir riscos de forma inteligente.

ASSUMIR RISCOS DE FORMA INTELIGENTE

Assumir riscos sofre de uma reputação irregular porque pode levar a resultados ruins. Há uma grande diferença entre assumir riscos de forma bem-feita e assumir riscos de forma malfeita. Como o objetivo é ter sucesso com a maior frequência possível, você precisa correr riscos *de forma inteligente*. Essa é a ideia por trás de assumir riscos com inteligência, que também é extraída do livro *The Power of Risk* ["O poder do risco", em tradução livre].

Como um risco é qualquer ação com um resultado incerto, isso significa que a maior parte do que você faz em seu trabalho envolve risco. O segredo é conduzir esse risco com habilidade — o esforço, a iniciativa, a ideia, o processo — até um resultado bem-sucedido.

Assumir riscos de forma inteligente gira em torno de aumentar as chances de um resultado positivo e reduzir as chances de um resultado negativo. Isso envolve seis passos:

1. Identificar o risco.
2. Avaliar os resultados prováveis.
3. Melhorar as chances de sucesso.
4. Atualizar a avaliação de resultados prováveis.
5. Conduzir uma verificação de desastre.
6. Decidir e agir.

IDENTIFICAR O RISCO

Por mais simples que possa parecer, esse é um passo fundamental. Após refletir, e antes que você possa determinar que ação precisa realizar, é necessário identificar exatamente o risco que está correndo. Você precisa se comprometer com isso escrevendo-o e mantendo-o o mais sucinto possível.

Um bom exemplo de identificação de risco é: "Investir R$250 mil em um esforço para aumentar em 40% as vendas internacionais em 18 meses, o que inclui contratar ou transferir dois funcionários." Um exemplo ruim é: "Aumentar as vendas internacionais." A diferença é que o bom exemplo é muito mais claro em relação ao que está sendo arriscado, a ação que está sendo levada em consideração e o objetivo do esforço.

Outro bom exemplo é: "Investir R$185 mil em um sistema de controle de estoque automatizado que vai reduzir os desperdícios e as perdas no estoque em 8%." Um mau exemplo da mesma ideia é: "Comprar um sistema de controle de estoque que reduza as perdas de estoque."

Você entende o que estou falando. É preciso ser tão específico quanto possível com base na informação disponível para você.

AVALIAÇÃO DOS RESULTADOS

Agora determine o leque de resultados e as chances de cada um deles. Não torne esse passo complexo demais a menos que esteja considerando uma iniciativa muito dispendiosa ou abrangente. Identificar o melhor resultado na melhor situação, um resultado intermediário e o pior resultado provavelmente será suficiente na maior parte das situações.

Utilizar a identificação de risco anteriormente relacionada para aumentar as vendas internacionais, pode gerar resultados como estes:

- **Melhor resultado.** As vendas internacionais aumentam em 40%.
- **Resultado intermediário.** As vendas internacionais aumentam em 20%.
- **Pior resultado.** As vendas internacionais não aumentam.

Agora, com base na avaliação pensada do estado do mercado, da vitalidade econômica, da competição, da quantidade de pessoas que você acha poder encontrar para a iniciativa e quaisquer outros fatores que você escolha utilizar, atribua uma probabilidade para cada resultado com uma percentagem. Isso pode ser feito da seguinte maneira:

- **Melhor resultado.** As vendas internacionais aumentam em 40%.
  As chances desse resultado são de 30%.
- **Resultado intermediário.** As vendas internacionais aumentam em 20%.
  As chances desse resultado são de 50%.
- **Pior resultado.** As vendas internacionais não aumentam.
  As chances desse resultado são de 20%.

Como você pode ver, o total dos resultados possíveis é 100%. O seu também precisa totalizar 100%.

Vamos dar uma olhada no que você ganhou até agora com esse processo. Você declarou clara e exatamente qual risco, esforço, ideia ou iniciativa está levando em consideração. Só isso já é valioso porque vai ajudar você a se manter concentrado exatamente no que está avaliando e não se distrair com o que não está avaliando. Você também identificou os resultados prováveis do esforço e as chances estimadas de cada um deles. Ao fazer isso, você está praticando uma grande dose de disciplina mental. Mesmo sem o restante dos passos, você já está obtendo valor do processo porque está pensando sobre o que está levando em consideração e sobre o que espera ganhar com isso.

AUMENTAR AS CHANCES DE SUCESSO

Esse é o passo mais importante e valioso do processo de assumir riscos com inteligência. O modo mais significativo por meio do qual aumentar as chances é identificar medidas de aumento de sucesso. Centros de aumento de sucesso no desenvolvimento de "possibilidades de medidas de aumento de sucesso" — em inglês, POSEMs (*possibility of success enhancement measures*).

Uma POSEM é qualquer esforço que pode aumentar as chances de um resultado desejado ou reduzir as chances de um resultado indesejado para a iniciativa que você está levando em consideração. Entre esses esforços estão:

- Contratar pessoas que tiveram sucesso ao empreender esforços semelhantes. Nesse caso, isso pode significar encontrar pessoas com experiência em vendas internacionais. Seria ainda melhor se elas tivessem experiência com o produto ou serviço que vão vender. Melhor ainda se elas têm experiência nos mesmos mercados estrangeiros que vão abordar. A questão é colher o benefício da experiência das pessoas que você escolher.
- Investir em pesquisa de mercado para ter uma avaliação mais abalizada do potencial e da concorrência em cada um dos países que a equipe vai abordar.
- Associar-se com distribuidores ou fornecedores locais nos mercados que você vai abordar para obter o benefício de seu conhecimento e de suas conexões locais.

Identificar e implementar POSEMs não é uma ideia original. É papel de todos os gestores identificar maneiras de reduzir riscos que são parte de quase todos os dias de trabalho. POSEMs são sua oportunidade de ser criativo, de pensar com amplitude. Quando determinar POSEMs, dê a si mesmo permissão de pensar fora da caixa. Você não vai usar todas as ideias que surgirem, mas vai perder algumas boas ideias se não se permitir pensar com amplitude. Faça a si mesmo perguntas "E se...?". "E se tivéssemos o melhor pessoal?" "E se tivéssemos insights únicos?" "E se pudéssemos criar uma vantagem marcante sobre nossa concorrência?" Então pergunte a si mesmo como você pode fazer essas coisas.

Muitas POSEMs envolvem fazer alguma pesquisa. Pense em todas as suposições que você está fazendo ao avaliar os resultados. Agora pense em todas as suposições que seria sábio se você validasse. Estar mais bem informado vai ajudá-lo a tomar uma decisão melhor. Só não caia na armadilha de esperar até ter uma resposta para todas as perguntas possíveis antes de tomar uma decisão. A essa altura a oportunidade provavelmente já terá passado por você.

ATUALIZAR A AVALIAÇÃO DE RESULTADOS POSSÍVEIS

Se você identificou algumas POSEMs poderosas e tem um plano para implementá-las, elas vão ter um impacto positivo nos prováveis resultados. Por essa razão, as chances de cada resultado provável devem ser atualizadas. Com propósitos ilustrativos, vamos supor que você levou a cabo as três POSEMs listadas anteriormente e elas afetam os resultados prováveis da seguinte maneira:

- **Melhor resultado.** As vendas internacionais aumentam em 40%.
  As chances desse resultado aumentam de 30% para 50%.
- **Resultado intermediário.** As vendas internacionais aumentam em 20%.
  As chances desse resultado diminuem de 50% para 40%.
- **Pior resultado.** As vendas internacionais não aumentam.
  As chances desse resultado diminuem de 20% para 10%.

Como você pode ver, o total das chances ainda é de 100%.

As POSEMs tiveram um impacto profundo. Elas ampliaram significativamente as chances de aumentar as vendas internacionais dentro do alvo da meta. Esse é o poder do processo inteligente de assumir riscos.

CONDUZIR UMA VERIFICAÇÃO DE DESASTRE

Antes de tomar uma decisão se deve ou não seguir em frente com o risco, o esforço, a ideia ou a iniciativa que está levando em consideração, você precisa fazer uma verificação de desastre. Uma verificação de desastre significa perguntar a si mesmo se você consegue viver com o pior dos resultados. Qual é a pior coisa que pode acontecer, e é possível sobreviver a ela?

Com o exemplo que estamos usando como ilustração, parece que o pior dos casos é investir R$250 mil e não conseguir nenhum aumento nas vendas internacionais. A questão é se é possível sobreviver a esse resultado. Se ele destruiria a organização ou sua carreira, a resposta provavelmente é não. Se você pode viver com isso, mesmo que fique desapontado, então a ideia passou pela verificação de desastre. Você agora está pronto para seguir para o passo final a fim de assumir riscos com inteligência.

DECIDIR E AGIR

Você agora identificou exatamente o risco, o esforço, a ideia ou a iniciativa que está levando em conta e as maneiras de aumentar as chances de um bom resultado. Você também quantificou as chances de vários resultados e submeteu a ideia a uma verificação de desastre. Agora é hora de você ou de aqueles envolvidos no processo de tomada de decisão tomarem a decisão. Antes de fazer isso, leve em conta mais um elemento importante — você nunca para de identificar e implementar mais POSEMs. Nós começamos esta discussão sobre assumir riscos de forma inteligente comparando o processo de tomada de decisões à habilidade de conduzir uma bala na direção do alvo mesmo depois que ela deixou a arma. É exatamente isso que continuar a identificar e implementar POSEMs faz por você. Se você for criativo e diligente, deve conseguir continuar a aumentar as chances de um resultado desejável.

Agora é hora de decidir. Você pode escolher ir em frente ou pode escolher não fazer isso. Decidir não ir em frente pode ser a melhor decisão. Independentemente do que decidir, você pode tomar sua decisão com confiança sabendo que tomou uma decisão muito bem fundamentada e refletida. É isso o que gestores são pagos para fazer.

A distância entre gerações

Gestores iniciantes podem ser de todas as idades. Há novos gestores que estão na casa dos vinte, outros na casa dos trinta e quarenta, e alguns na casa dos cinquenta ou sessenta. Há três situações em relação à diferença de idades entre gestores e as pessoas subordinadas a eles:

1. O gestor maduro supervisiona pessoas mais novas.
2. O gestor jovem supervisiona pessoas mais velhas.
3. O gestor jovem ou maduro lidera um grupo de idades variadas, alguns mais jovens, outros mais velhos e alguns da mesma geração.

Às vezes ocorrem conflitos quando um gestor jovem supervisiona funcionários mais velhos. Em alguns casos, as pessoas maduras podem ficar ressentidas por trabalharem para um gestor jovem. Grande parte desse problema pode ser a atitude do funcionário mais velho e a possível impetuosidade do gestor mais jovem. Portanto, primeiro vamos lidar com os problemas encontrados por uma jovem gestora supervisionando uma força de trabalho predominantemente mais velha que ela.

Se você é a gestora mais nova, precisa que sua abordagem seja mais gradual do que talvez seja sua inclinação. Precisa que a equipe veja você como mais madura que sua idade. Se suas ações criam essa impressão, cedo ou tarde isso se torna fato na mente de todo mundo.

Não se apresse para fazer mudanças; avance um pouco mais devagar. Não saia demonstrando força tomando decisões a torto e a direito, e rápido demais. Muitos funcionários mais velhos vão interpretar decisões rápidas como sendo impulsivas. Saiba que você pode estar sujeito a um padrão duplo. As mesmas ações que podem ser vistas como impulsivas quando tomadas por você poderiam ser vistas como apropriadas se tomadas por um gestor mais velho. É só o preço por seu sucesso precoce. Ação rápida por um gestor mais velho pode lhe valer o rótulo de "impetuoso". O que você precisa fazer é dar às pessoas tempo para se acostumarem com a sua presença. Então não erga barreiras que você mais tarde vai ter de desmantelar.

ERROS A EVITAR

Frequentemente, novos gestores fazem mudanças imediatamente, não seguem a lei da mudança incremental e usam toda sua autoridade recém-descoberta. Essa abordagem aborrece todo mundo, mas pode ser especialmente aborrecedora para funcionários com mais tempo de empresa.

Você não precisa saber a resposta para todas as perguntas levadas a você. Falsear uma resposta quando você não sabe é um erro, e funcionários experientes provavelmente vão perceber isso instantaneamente. Se você não sabe responder a uma pergunta, diga: "Boa pergunta. Não sei a resposta, mas vou descobrir e depois dou retorno para você." Essa franqueza evita a imagem de ser um garoto metido a sabichão. Nas mentes de alguns funcionários mais velhos — e de alguns não tão velhos —, você não viveu tempo o bastante para ter todas as respostas.

Demonstre logo e frequentemente que, como todos os bons gestores, você está preocupado com o bem-estar de todas as pessoas subordinadas a você. Como gestor, você precisa ser um vendedor. Seu emprego é vender para seus funcionários o conceito de que eles têm sorte por terem você.

ESTRATÉGIAS PARA O JOVEM GESTOR

Deixe seus funcionários mais velhos mais confortáveis com sua supervisão atrasando algumas decisões que são de senso comum e bastante óbvias que você tem de tomar como gestor. *Você* sabe que pode tomá-las quase imediatamente, mas, quando estiver em um novo emprego, de vez em quando adie suas decisões quando possível para mostrar que você está refletindo sobre elas.

Por exemplo, se um funcionário mais velho leva um problema para você que ele considera sério, mas sobre o qual você sente que pode tomar uma decisão imediata pense em dizer: "Deixe-me pensar um pouco sobre isso e dou retorno a você amanhã de manhã." Assim você indica que é uma pessoa cuidadosa e quer obter todos os fatos, dessa forma desfazendo a imagem do jovem que acha saber de tudo.

Ou, na mesma situação, você pode considerar perguntar: "Você tem alguma recomendação?", ou "O que você acha que devia ser feito?". Se a pessoa que levou o problema lhe parece ter bom senso, experimente. Mas, se a pessoa é alguém cujo julgamento você ainda não teve uma chance de avaliar ou que explica a você como construir um relógio quando você pergunta as horas, talvez seja melhor deixar passar essa ideia.

INSIGHTS GERACIONAIS

Cada geração tem características únicas. Na maior parte dos locais de trabalho, você vai ter colegas de pelo menos três gerações. Elas são os Baby Boomers (nascidos entre 1946 e 1964), a Geração X (nascidos de 1965 a 1976) e os Millenials, que também são conhecidos como Geração Y (nascidos de 1977 a 1995). É importante que você saiba os diferentes traços e motivadores comuns de cada geração. Embora sempre haja exceções em generalizações amplas, há alguns pontos em comum que frequentemente emergem nessas gerações que podem se revelar úteis para você. A Figura 25-1 apresenta muitos deles.

- Motivar **Baby Boomers** exige que você valorize seu conhecimento e ofereça a eles incentivos tradicionais como compensações e promoções. Eles vão assumir uma boa dose de iniciativa consistente sendo ambiciosos e orientados para objetivos. Quando obtêm sucesso, eles apreciam reconhecimento discreto, autoridade adequada e vista como necessária para se alcançar mais, e incentivos como estacionamento reservado e um belo escritório além de sua remuneração.
- Os membros da **Geração X** também são ambiciosos, mas preferem mais autonomia. Eles põem grande valor na flexibilidade, na possibilidade de trabalhar de forma independente e não serem submetidos à microgestão. O aperfeiçoamento profissional é importante para eles, o que faz com que valorizem treinamento e reembolso de cursos. Eles são incentivados por sua remuneração, um horário de trabalho flexível e independência na forma de trabalho remoto.

- Os **Millenials** são otimistas, com grande conhecimento tecnológico, e esperam flexibilidade. Eles são motivados pela valorização de suas contribuições e opiniões. Seu idealismo emerge em sua necessidade de um sentido de progresso regular, de serem parte de algo que consideram importante e de gostar de seu trabalho. Sendo membros de uma geração que sempre teve a comunicação constante facilitada pela tecnologia, eles valorizam estar bem informados, receber feedback com frequência e interagir com líderes seniores. Como a Geração X, eles consideram a flexibilidade importante.

Você vai perceber que tanto os Millenials quanto a Geração X querem muita liberdade de ação em relação a como e quando trabalham. Sua abordagem pode ser: "Diga-me o que eu preciso fazer e me deixe em paz para fazê-lo." Geri-los de perto pode fazer com que reajam de forma negativa. Você também vai descobrir que funcionários dessas gerações frequentemente valorizam mais seu tempo pessoal que membros mais velhos da equipe. Quando recebem a oportunidade de assumir mais responsabilidade e de ganhar mais à custa de seu tempo pessoal, eles podem não se interessar.

	FIGURA 25-1. MODELO PARA GESTÃO DE TALENTOS				
	ANOS DE NASCIMENTO	TRAÇOS	MOTIVADORES	VALORIZAM	INCENTIVOS E RECOMPENSAS
MILLENIALS (Geração Y)	1977-1995	• otimistas • multitarefas • esperam flexibilidade	• ser valorizados • sensação de progresso • opinião valorizada • uma missão em que acreditem	• gostar de seu trabalho • estar bem-informados • interação c/ líderes seniores • treinamento em habilidades • oportunidades para crescer e progredir • feedback	• compensações e benefícios • tempo pessoal • flexibilidade
GERAÇÃO X	1965-1976	• empenho • ambição • preferem autonomia	• bônus/ações da empresas • flexibilidade	• flexibilidade • trabalhar de forma independente • aperfeiçoamento pessoal • reconhecimento regular e público	• remuneração • flexibilidade • trabalho remoto • reembolso de cursos

BABY BOOMERS	1946-1964	• ambiciosos • orientados por objetivos • identidades construídas no trabalho	• remuneração • promoções • reconhecimento • fundo de aposentadoria	• conhecimento reconhecido e valorizado • títulos	• remuneração • feedback eventual • autoridade • incentivos

O GESTOR COMO MENTOR

Funcionários de alto desempenho, quase por definição, desejam crescer profissionalmente. Isso pode significar expandir seu conjunto de habilidades, progredir ou os dois. Colocar-se como mentor pode ajudá-lo a manter esses funcionários de alto desempenho engajados. Quanto mais eles virem você como facilitador de seus objetivos profissionais, mais engajados eles serão.

Ser um mentor significa simplesmente que você leva em conta o crescimento profissional de seus funcionários ao liderá-los e faz todo o possível para facilitar esse crescimento, em consonância com as necessidades da organização. Se você é visto em sua organização como uma pessoa que ajuda os outros a crescer e progredir, você nunca vai ter problema para recrutar internamente. Pessoas ambiciosas vão procurá-lo.

Embora não sejam apenas os funcionários mais jovens que valorizam um relacionamento de mentor, eles são mais inclinados a valorizar essa dinâmica. Alguns funcionários mais jovens foram educados para se irritar com autoridade e não reagem bem quando lhes dizem o que fazer. Estruturar seu relacionamento com eles para ter uma dinâmica de mentoria pode permitir que você obtenha os mesmos resultados usando um método diferente. Ao permitir que eles vejam como seus insights e suas orientações vão ajudar em seu crescimento, além de permitir que a organização atinja seus objetivos, você vai conseguir geri-los de um jeito que funciona para os dois.

Você pode pensar: "Por que eu preciso lidar com um funcionário mais jovem de forma diferente? Eles precisam é se preparar e aceitar o mundo como ele é." Você pode ser capaz de adotar essa abordagem por algum tempo, mas vai estar nadando contra a corrente. A primeira razão para essa atitude trabalhar contra você é que parte de ser um gestor eficaz é saber que um estilo de liderança não funciona com todo mundo. Uma líder eficaz sabe que precisa ter consciência e responder aos traços únicos de cada seguidor. Um exemplo é como um técnico eficiente de uma equipe esportiva usa métodos diferentes para treinar atletas diferentes. A segunda razão para isso trabalhar contra você é que, a cada dia, mais trabalhadores jovens entram na força de trabalho. Se você não souber como adaptar seu estilo para liderá-los, você vai se tornar obsoleto.

Cuidado em seu papel de mentor para não o confundir com o de um melhor amigo. Embora seja sem dúvida bom ter um relacionamento positivo com as pessoas que você lidera, você não é o melhor amigo delas.

INSIGHTS ADICIONAIS

Há vantagens em examinar relatórios de avaliação de desempenho anteriores de seus subordinados diretos quando você assume um cargo de gestão, mas lembre-se de manter a mente aberta. As avaliações podem estar geralmente corretas, mas todos conhecemos gestores com pontos cegos em relação a certos membros da equipe. Todos já ouvimos falar de um gestor que herda um funcionário que supostamente nunca teve uma ideia original, mas, quando usa uma abordagem diferente, o gestor é capaz de receber algumas boas ideias dessa pessoa. Então não desista das pessoas muito cedo; você pode descobrir que tem a habilidade para falar com elas.

26
Gerenciamento de funcionários em trabalho remoto

Parte de sua equipe pode estar localizada em outro lugar. Alguns podem fazer trabalho de casa de vez em quando ou com regularidade. Se esse for o caso, você terá que administrar a situação.

Há razões válidas para funcionários estarem localizados remotamente. Custos trabalhistas mais baixos podem criar um incentivo significante para uma empresa. Também pode haver a necessidade de a pessoa estar mais perto de clientes ou de fornecedores. Fusos horários podem ser um fator. Algumas operações de tecnologia da informação têm intencionalmente equipes espalhadas pelo mundo para facilitar melhor o suporte 24 horas.

Os méritos do trabalho remoto podem ser debatidos calorosamente. Algumas empresas bem conhecidas decidiram eliminar o trabalho remoto ou de casa como opção. Se sua organização permite isso, você vai precisar gerir com eficácia membros da equipe em trabalho remoto.

FUNCIONARIOS QUE TRABALHAM DE OUTRAS CIDADES

É importante que você trate, o quanto puder, da mesma forma os membros de sua equipe que trabalham na empresa e os que trabalham em outras cidades. Você precisa estar acessível de modo semelhante e se comunicar com eles pelo menos na mesma intensidade. Você vai precisar usar todas as ferramentas de comunicação disponíveis, como e-mails, mensagens de texto, telefone ou vídeo, com uma tendência para o vídeo. Chamadas de vídeo ou videoconferências fornecem uma comunicação mais rica do que os outros meios.

Você vai precisar fazer reuniões personalizadas semanais da mesma forma que faz com seus subordinados dentro da empresa. Crie oportunidades regulares para se encontrar com seus funcionários em trabalho remoto pessoalmente. Há valor tanto em visitar o local de trabalho deles quanto em recebê-los onde trabalha a equipe dentro da empresa. Dependendo da distância em que estão localizados, você pode precisar se comunicar com eles em suas localidades pelo menos anualmente, e também chamá-los até você pelo menos uma vez por ano. Esse contato em pessoa é vital de diversas maneiras. Claro que não há melhor jeito de conhecer alguém. Além disso, ao levá-los até você eles poderão conhecer melhor seus colegas de equipe.

EXPECTATIVAS

Você vai precisar ter expectativas claras e por escrito para que os membros remotos de sua equipe saibam o que é esperado deles. Assuntos abordados podem incluir:

- Objetivos de desempenho.
- Exigências de relatórios.
- Disponibilidade — a deles e a sua.
- Tempos de resposta — o deles e o seu.
- Horas de trabalho por semana.

Os métodos para delegar com eficácia que você verá no Capítulo 36 se aplicam a funcionários em trabalho remoto. No âmago da gestão eficaz de funcionários fora do local de trabalho está a necessidade de ter uma clareza absoluta de resultados e de cronogramas — significando o que eles têm de entregar e quando precisam entregar.

FUNCIONÁRIOS QUE TRABALHAM EM HOME OFFICE

Membros da equipe que trabalham de casa em tempo integral devem ser tratados da mesma forma que funcionários em outros locais. Funcionários que fazem trabalho remoto às vezes são uma questão mais simples.

Funcionários que trabalham alguns dias de casa ainda estarão presentes no escritório com regularidade. Isso vai dar a você oportunidades para a comunicação interpessoal que lhe ajudam a ser eficaz. Se tem funcionários em home office, você precisa ter expectativas por escrito semelhantes àquelas que tem para membros da equipe em locais distantes. Todas as mesmas questões se aplicam, incluindo a acessibilidade, os tempos de resposta e os horários de trabalho. Com funcionários eventualmente em home office, sua reunião semanal e pessoal com cada um de seus subordinados diretos pode ser feita pessoalmente, o que é bem preferível. Acima de tudo, você vai precisar novamente ter um entendimento claro dos resultados e dos cronogramas pelos quais eles serão cobrados.

Mídias sociais no ambiente de trabalho

Mídias sociais como o Facebook, o LinkedIn, o Twitter e o Instagram fazem parte de nossa vida diária. Os membros de sua equipe provavelmente são ativos em algumas ou em todas elas. Como gestor, você precisa lidar com as implicações da possível presença delas no local de trabalho de forma proativa.

Há pelo menos quatro aspectos do uso de mídias sociais relacionados ao trabalho. Eles são:

1. *Uso oficial.* Declarações oficiais em nome da empresa para o público usando plataformas de mídias sociais.
2. *Uso profissional no trabalho.* Uso de mídias sociais como parte da busca da missão da organização. Exemplos são pesquisa, recrutamento ou promoção dos produtos ou serviços da empresa.
3. *Uso pessoal no trabalho.* Acessar contas pessoais de mídias sociais durante as horas de trabalho ou em dispositivos de propriedade do empregador.
4. *Uso pessoal no tempo pessoal e em dispositivos pessoais.* Uso de natureza pessoal que não ocorre durante o horário de trabalho nem em dispositivos de propriedade do empregador.

O uso oficial é especificamente para aqueles responsáveis pelas relações públicas, relações com investidores, informação pública e papéis semelhantes. A menos que sua equipe seja responsável por alguma dessas áreas, isso não afeta você.

O uso profissional no trabalho é uma ferramenta apropriada. Se seu pessoal usa mídias sociais como uma ferramenta relacionada ao trabalho, você precisa ter orientações claras e por escrito sobre o que é, e o que não é, permitido em suas publicações.

É preciso tratar intencionalmente o uso pessoal no trabalho. Muitas empresas têm proibições totais do uso pessoal de mídias sociais durante o horário de trabalho ou em dispositivos de propriedade do empregador. Essas políticas quase sempre proíbem o uso de endereços de e-mail da empresa em contas pessoais de mídias sociais. Razões muitas vezes citadas para essas políticas são a perda de produtividade e a responsabilização da empresa. Se essa é a política de sua organização, ela precisa ser comunicada com clareza.

Como qualquer outra questão no local de trabalho, você vai precisar lidar com a desobediência. Monitorar possíveis violações da política por seus funcionários seguindo suas contas é algo precário. Você sem dúvida vai precisar de orientação dos departamentos de recursos humanos e jurídico antes de fazer isso.

Sua política ou a política da empresa pode ser mais leniente em relação ao uso pessoal. Ela pode permitir o uso de mídias pessoais durante intervalos em dispositivos pessoais. Ela até pode permitir um uso razoável. A questão mais importante é que a política precisa ser clara e totalmente comunicada.

O uso pessoal de mídias sociais por funcionários no tempo pessoal e em dispositivos pessoais em geral não deve ser algo que envolva um empregador. A exceção é quando um funcionário publica informação confidencial ou de propriedade da empresa, ou faz declarações críticas à empresa ou aos colegas. Essas situações são um grande campo minado de responsabilizações e questões jurídicas em potencial, e é preciso lidar com elas com muita cautela sob a orientação de seus departamentos de recursos humanos ou jurídico.

Parte IV
Descrições de cargo, avaliações de desempenho e administração de salários

Sua habilidade em lidar eficazmente com o lado administrativo da gestão de pessoas vai influenciar de forma significativa seu sucesso.

Descrições de cargo

Descrição de cargos, avaliações de desempenho e **administração de salários** são ferramentas de gestão importantes e funções valiosas que toda empresa desempenha, de modo formal ou informal. Mas, se as pessoas que as estão administrando não são adequadamente orientadas sobre os propósitos e sobre o uso dessas ferramentas, elas podem apresentar sérios problemas de gestão.

Precisamos falar dessas funções de um ponto de vista conceitual. A discussão de detalhes precisos (como os formulários utilizados) não é viável pela grande variedade de abordagens que existe entre as atividades, e mesmo entre empresas em atividades individuais.

Mesmo empresas sem um programa formal usam essas técnicas — embora às vezes de forma muito ruim. A informalidade tem mais chance de ocorrer em empresas menores que são controladas por membros da família ou por uma ou duas pessoas no topo. Esses indivíduos podem achar que estão sendo justos e que todos os seus funcionários estão satisfeitos com o tratamento que estão recebendo. Esse pode até ser o caso, mas as chances de isso ocorrer são remotas. Mesmo sem um programa formal, alguém no comando decide que cargos são mais importantes (avaliação de cargos), faz um julgamento sobre o quanto as pessoas estão se saindo bem (avaliações de desempenho) e decide quanto cada funcionário vai receber (administração de salários). Então, mesmo que o lema seja "Somos todos uma grande família, e como pai tomo todas as decisões com base no que é justo", a empresa tem um programa — com a inclusão de todas as propensões idiossincráticas do "pai".

O BÁSICO DA DESCRIÇÃO DE CARGOS

A maior parte das empresas usa descrições de cargos, embora elas variem de muito informais até extremamente estruturadas. Uma descrição de cargo descreve *o que* é feito com diversidade de detalhes e geralmente inclui relacionamentos hierárquicos.

Algumas empresas escrevem suas próprias descrições de cargo; outras usam um sistema criado por um serviço de consultoria de gestão por meio do qual algumas pessoas da empresa são treinadas para escrever as descrições, e outras aprendem a avaliar os cargos para classificá-los dentro da organização.

Uma descrição de cargo geralmente diz o que é feito, a formação exigida, quanta experiência é necessária para desempenhar o trabalho de forma competente, de quem é a responsabilidade final específica pela função e o nível de responsabilidade dos gestores. A descrição também pode apresentar objetivos de curto e de longo prazos e detalhar o relacionamento das pessoas envolvidas, incluindo a que posição cada cargo está subordinado. Ela frequentemente vai mencionar os contatos pessoais exigidos pelo cargo, como interações com agências públicas ou governamentais.

A ABORDAGEM EM TRÊS NÍVEIS

Ao escrever descrições de cargo, você vai achar útil usar a "abordagem em três níveis", que são:

1. Habilidades técnicas e conhecimentos.
2. Comportamentos.
3. Habilidades interpessoais.

No nível um, você especifica o que a pessoa vai precisar fazer — as habilidades técnicas e o conhecimento exigido.

Então você acrescenta um nível com base em comportamentos à descrição. Esse nível descreve a forma como a pessoa vai precisar agir ou se comportar no desempenho dos deveres da função. Por exemplo, os comportamentos necessários no nível dois podem incluir terminar o que começa, ser inovador e criativo, ou mostrar compromisso com a qualidade.

O terceiro nível é o das habilidades interpessoais. Nele, as exigências para um cargo em especial podem incluir ser um bom ouvinte, ser um jogador de equipe ou aceitar críticas de outras pessoas.

Muitas descrições de cargo se concentram apenas nos aspectos técnicos do trabalho, o que corresponde ao nível um. Entretanto, os níveis comportamental e interpessoal são igualmente importantes. Na verdade, a maior parte dos gestores experientes diz que as competências comportamentais e interpessoais são os maiores previsores do sucesso de um indivíduo no emprego. Ao escrever descrições de cargo, procure incluir os três níveis.

REGISTRO DOS PONTOS DO CARGO

Em algum momento você vai escrever uma descrição de cargo, ou para você mesmo ou para alguma das pessoas subordinadas a você. Algumas empresas permitem que a descrição seja escrita pelo funcionário e modificada onde necessário pelo gestor. É melhor se a descrição for um esforço em conjunto do funcionário e do gestor, de modo que haja concordância em relação ao que o cargo inclui. Isso vai ajudar a reduzir discordâncias no futuro.

Um comitê especificamente treinado para esse objetivo frequentemente dá as notas ao trabalho. Frequentemente, o departamento de RH faz isso. (Não vamos discutir como, porque isso varia de uma empresa para outra.) Os pontos a que se chega após o processo de dar notas em geral vão determinar uma faixa salarial para cada função, e a variação pode ir de um profissional novo e inexperiente a um profissional mais velho e tarimbado no emprego. Se o salário intermediário de um cargo é considerado 100%, então o ponto inferior da faixa pode ser 75% ou 80%, e o máximo para um desempenho de destaque seria 120% a 125% desse ponto intermediário.

Como todo mundo sabe que a pontuação determina a faixa salarial, a pontuação se torna crucial na mente de muitas pessoas. Como resultado, há uma tendência de as pessoas exagerarem nas descrições de cargo para aumentar a faixa salarial. Preencher uma descrição de cargo com tal redação geralmente é prejudicial. Se uma descrição é exagerada, ela força o comitê a se arrastar arduamente através da hipérbole para chegar aos fatos. Os comitês de avaliação de cargos sabem exatamente o que quem escreve está fazendo, então o exagero tem o efeito contrário. Em contrapartida, descrições de cargo sucintas, precisas e direto ao ponto ajudam o comitê a fazer seu trabalho. Então, se você escrever uma descrição de cargo, evite a tentação de sobrecarregá-la. É extremamente improvável que você engane ou impressione o comitê de pontuação.

Avaliações de desempenho

As avaliações de desempenho podem ser tão informais quanto dizer "Você está fazendo um bom trabalho" a alguém, ou tão elaboradas quanto um relatório completo por escrito e uma reunião formal com o funcionário.

Claro que todos nós gostamos de saber como estamos indo. Um sistema formal de avaliação de desempenho — por exemplo, uma ou duas avaliações planejadas com uma funcionária por ano com o propósito específico de discutir como ela está se saindo — é preferível ao método informal, que com demasiada frequência é equivalente a não fazer nada.

Alguns gestores estão convencidos de que se comunicam de maneira eficaz com seus funcionários e que estes sabem exatamente qual é sua situação. Uma entrevista com os funcionários, porém, frequentemente vai indicar que eles sentem falta de mais comunicação.

Muitos gestores ainda abordam seu papel de supervisão com o lema: "Se eu não ouvir nada, sei que estou me saindo bem." Isso não basta. Gestores de alto escalão frequentemente evitam discutir todos os desempenhos exceto aqueles que demandem ação emergencial. Eles sentem que avaliações de desempenho são necessárias para a equipe, mas membros da equipe executiva estão acima dessas coisas. O raciocínio é que esses executivos estão claramente no controle da situação e de si mesmos e não precisam que lhes digam como estão se saindo. A verdade é exatamente o oposto. Membros da equipe executiva frequentemente têm uma necessidade ainda maior de que lhes digam como seus superiores veem seu desempenho.

As avaliações de desempenho são uma poderosa ferramenta de gestão que é frequentemente subutilizada ou negligenciada. Vamos ser honestos — muitos gestores na verdade não gostam de fazer avaliações de desempenho. Isso frequentemente resulta em que elas sejam malfeitas e levem a uma experiência negativa para o funcionário. Bem-feitas, avaliações de desempenho vão ajudá-lo a ter mais sucesso como líder. Malfeitas ou nem feitas, são uma oportunidade perdida e podem expor você e sua organização a responsabilizações desnecessárias. É de seu interesse se comprometer em fazê-las bem e no prazo. Fazer isso não só vai tornar você um gestor muito mais eficiente. Também vai destacá-lo entre seus colegas.

Se um funcionário disser a você "Eu acho que não é isso" durante uma avaliação de desempenho, ou depois de ler seu formulário de avaliação ou de receber sua pontuação, você não fez bem o seu trabalho. Nunca deve haver nenhuma surpresa no momento da avaliação de desempenho. Se fez bem seu trabalho de comunicação ao longo do ano e disse continuamente a seus funcionários como eles estavam indo, você nunca vai receber uma surpresa como resposta.

Não há regras específicas para a frequência da revisão do desempenho. Muitos gestores têm reuniões informais de desempenho ao longo do ano só para garantir que não haja surpresas. Isso se chama *coaching de desempenho*. O *coaching* de desempenho é uma discussão marcada com regularidade entre o funcionário e o gestor para examinar o nível de desempenho entregue. O *coaching* de desempenho é informal, pode ser documentado se o funcionário quiser e não usa formulários. Esse tipo de *coaching* permite que você modifique objetivos ou estabeleça novos objetivos e acrescente ou elimine tarefas ou missões.

Algumas empresas exigem que seus gestores façam sessões trimestrais para evitar qualquer surpresa que os gerentes possam obter de seus funcionários. Um sinônimo para avaliação de desempenho é revisão de desempenho. Se você pensar bem, isso significa que a sessão anual é apenas uma revisão do que já foi comunicado ao longo do ano.

RESPONSABILIDADES DE UM GESTOR

Como gestor, você tem a responsabilidade de seguir algumas orientações básicas ao escrever e conduzir avaliações de desempenho. Seguem aqui os sete princípios da avaliação de desempenho:

1. Estabeleça metas e objetivos para que os funcionários saibam o que se espera deles.

2. Ofereça treinamento e *coaching* para ajudar os funcionários a ter sucesso.
3. Ofereça feedback constante sobre desempenho.
4. Prepare a papelada para a avaliação.
5. Conduza a avaliação de forma oportuna.
6. Entenda e informe a importância da entrevista.
7. Seja minucioso e baseie a avaliação no desempenho do funcionário, não em sua própria atitude.

O FORMULÁRIO DE AVALIAÇÃO

Um sistema formal deve ser criado de maneira que leve em consideração tantos elementos do trabalho quanto possível. O gestor deve ser forçado a fazer alguma avaliação sobre cada um dos fatores importantes. Isso significa, antes de mais nada, que o gestor deve conhecer a função e o desempenho do funcionário. É por isso que a avaliação deve ser feita no nível mais próximo da função examinada. Um gestor situado três níveis acima da posição em questão não vai fazer julgamentos tão bem quanto o gestor em contato diário com o funcionário que está sendo avaliado. Ele pode ser avaliado por gestores de níveis mais altos, mas a avaliação será mais precisa quando feita por alguém com contato diário com o cargo.

Eis aqui alguns itens que aparecem em um formulário de avaliação de desempenho típico. Pode haver qualquer coisa entre três e dez graus de eficácia de desempenho em cada categoria, os extremos sendo "excelente" de um lado e "insatisfatório" do outro:

- Volumes ou níveis de produção.
- Meticulosidade.
- Precisão (pode ser identificado como índice de erros).
- Iniciativa.
- Atitude.
- Capacidade de aprender.
- Cooperação/habilidade de trabalhar bem com outras pessoas.
- Assiduidade e pontualidade.

Você provavelmente pode pensar em outros fatores que se aplicam a seu negócio e devem ser incluídos. Alguns sistemas usam um coeficiente numérico para cada um dos fatores, chegando a uma nota final que será atribuída ao funcionário. Todo o formulário se torna parte do arquivo pessoal do funcionário. O esquema de pontuação pode ser algo assim:

- 80 a 100 pontos: *excelente*.
- 60 a 80 pontos: *bom*.
- 50 a 60 pontos: *satisfatório*.
- 40 a 50 pontos: *precisa melhorar*.
- Menos de 40 pontos: *insatisfatório*.

As faixas podem ser mais estreitas ou mais amplas se seu sistema assim exigir. Você vai perceber que, nesse exemplo, de 50 a 60 pontos gera uma descrição de desempenho como "satisfatória". Em algumas empresas, isso seria chamado de "desempenho médio". *Satisfatório* é a melhor palavra. A maior parte das pessoas não gosta de ser chamada de média — elas consideram isso degradante. As palavras *satisfatório* e *precisa melhorar* são mais úteis que *média* e *abaixo da média*. Há milhões de pessoas medianas no mundo, mas é provavelmente difícil encontrar um funcionário satisfatório que se ache apenas médio.

Vamos fazer outra observação sobre avaliações de desempenho. Alguns gestores têm uma nota em mente e trabalham de forma inversa para obtê-la. Você está "burlando o sistema" se agir assim. Isso é geralmente feito porque o gestor não quer dizer a um funcionário que ele precisa melhorar. Mas, quando você atrasa uma decisão difícil, está se preparando para problemas muito maiores no futuro.

A ENTREVISTA

A entrevista de avaliação de desempenho com o funcionário é crucial. Você deve programar fazê-la em um momento em que esteja sem pressa. Dê a si mesmo tanto tempo quanto necessário para tratar de todos os aspectos do trabalho. Responda todas as perguntas. Escute tudo o que o funcionário tem a dizer. Sua disposição para ouvir seu subordinado pode ser tão importante quanto a própria discussão. Os funcionários estão tão acostumados a lidar com gestores que se comportam como se tudo fosse uma emergência e, quando têm tempo para falar com seu superior sobre seus próprios sonhos e aspirações, eles podem se sentir desconfortáveis. A conversa com seu subordinado direto é tão importante que você deve evitar ser interrompido. Isso deve incluir até ligações da presidente da empresa. A presidente deve ser informada de que você está no meio de uma entrevista de avaliação de desempenho; ela pode decidir se ainda precisa falar com você nesse momento. Isso pode incluir desligar ou silenciar seu telefone celular. Você pode precisar fazer isso no início da entrevista e pedir ao funcionário para fazer o mesmo. Um comentário como "Quero garantir que nós dois possamos nos concentrar nesta conversa" mostra que você dá muito valor à avaliação e ao funcionário.

Claro, qualquer um em sua organização pode ser interrompido por emergências, e, se esse for o caso, informe a seu funcionário o que está acontecendo e por que você precisa interromper a reunião de avaliação. É bem desconcertante estar falando para outra pessoa sobre suas ambições e sentimentos só para que essa outra pessoa quebre o feitiço recebendo ligações telefônicas ou vendo e-mails e mensagens de texto recebidos.

Durante a entrevista de avaliação de desempenho, você deve conduzir o tom da discussão, mas não a dominar. Embora você tenha uma mensagem para transmitir, a sessão vai ser mais construtiva e menos ameaçadora se for mais uma discussão. Não hesite em dizer coisas como: "Tenho a sensação de que você seria mais eficaz se tomasse mais iniciativa. O que você pensa sobre isso?" Você vai se surpreender com a frequência com que um funcionário avalia seu desempenho mais duramente que você. Muitos estudos mostraram que gestores avaliam melhor seus subordinados diretos do que estes avaliam a si mesmos. Ao engajar os funcionários na avaliação, você provavelmente vai ter mais participação no processo e vai reduzir qualquer expressão defensiva.

Com o tempo, um funcionário vai dizer a você que ele é forte em uma área que você sabe ser uma fraqueza. Isso é inevitável. Quando isso acontece, você tem uma oportunidade de usar suas habilidades de *coaching* para ajudá-lo a ver quais são suas deficiências. Não fique na defensiva nem levante a voz. Comentários como "Bom, deixe-me lhe dizer como eu chego a essa conclusão" serão muito mais úteis que "Você não está entendendo nada e vou lhe dizer o porquê".

Tenha em mente que o objetivo da avaliação de desempenho é duplo. Primeiro, seu propósito é dar ao funcionário uma avaliação precisa de como ele está se saindo. Segundo, e mais importante, é inspirá-lo a melhorar seu desempenho. Isso precisa ser o mais importante em sua mente enquanto você se prepara e passa pelo processo de avaliação.

Você precisa passar por cada fator de avaliação de desempenho com seu funcionário. Precisa deixar claro o que considera serem os pontos fortes de seu funcionário no emprego e que áreas precisam de algum aperfeiçoamento. Você raramente terá discordância em torno das áreas que designa como pontos fortes, mas provavelmente vai encontrar discordâncias quando começar a discutir os pontos fracos. É aí que você precisa permitir que seus funcionários expressem seus próprios sentimentos.

Algumas pessoas não vão ouvir nada positivo se vier depois de algo que consideram negativo, como uma área que precisa de melhoria. Como resultado, nunca comece uma reunião de avaliação de desempenho com nada que possa ser interpretado pelo membro da equipe como negativo. Comece com algumas coisas positivas.

Você tem documentação que indique onde o funcionário é fraco e onde é necessária melhoria? Seu caso é muito mais forte se reforçado por provas concretas. Registros de produção ou de qualidade são muito mais convincentes do que a intuição de um gestor. Quando você se depara com a discordância do membro da equipe, essa diferença de opinião é importante e deve ser discutida. O funcionário pode ter alguma informação valiosa que pode fazer você rever sua avaliação. Esteja aberto a isso. É possível que você esteja errado. Fatos documentados, se disponíveis, vão ajudar a esclarecer avaliações em disputa.

Há outra maneira de engajar sua equipe em avaliações de desempenho. Antes de se sentar para compartilhar suas observações, dê a todos os membros de sua equipe um formulário de avaliação em branco e peça a eles que avaliem o próprio desempenho. Quando você se sentar para se reunir com cada membro da equipe, compare as avaliações deles com as suas. Você mais uma vez vai descobrir que, frequentemente, as notas deles são mais baixas que as suas. Esse é outro método que vai permitir que você e os membros de sua equipe discutam suas duas visões de cada fator avaliado e mantenham o processo mais como uma conversa. Você descobrirá que sua equipe vai aprender muito sobre avaliação de desempenho com esse método, e você vai aprender muito mais sobre as pessoas que você administra.

Tenha cuidado para não apontar as áreas nas quais o funcionário precisa demonstrar melhora e não dizer tudo o que precisa. Se vai dizer a seus funcionários onde o desempenho profissional deles não está à altura das expectativas, você também precisa dizer *como* eles podem melhorar. Isso precisa ser pensado minuciosamente antes da realização da entrevista. Tenha em mente que seu objetivo é inspirar e facilitar a melhoria do desempenho.

A PAUTA

Isso define tempo de preparação essencial para uma entrevista de avaliação de desempenho bem-sucedida. Você tem de se sentar e decidir que pontos precisa abordar na conversa. Você pode até preparar um breve rascunho do que precisa discutir. É possível que o formulário de avaliação de desempenho usado por sua empresa dispare todos os pensamentos apropriados em sua mente. Entretanto, você precisa pensar na possibilidade de isso não acontecer. Você vai parecer tolo se deixar de tratar de todos os assuntos e tiver que pedir ao funcionário para voltar a seu escritório um dia depois a fim de rever algum ponto importante que você esqueceu.

Faça um resumo dos itens significativos de que você deve tratar. Aqui estão algumas perguntas que você pode fazer enquanto prepara o resumo:

- Que áreas do desempenho ou da atitude desse funcionário você deve mencionar?
- Que áreas não cobertas na avaliação de desempenho você precisa mencionar?
- Quais são alguns dos itens de interesse pessoal sobre esse funcionário que você deve trazer à tona?
- Que perguntas você deve fazer que têm chances de gerar alguma conversa e opiniões sobre o trabalho?

- Como você pode ajudar esse funcionário a fazer um trabalho melhor? Quais são as áreas em que esse funcionário vai estar motivado?
- Como você pode fazer com que esse funcionário saiba que ele é importante para você pessoalmente, não apenas pelo trabalho desempenhado?
- Como esse funcionário se encaixa nos planos futuros da empresa? Essa pessoa tem condições de ser promovida? O que você pode fazer para ajudá-la a progredir?

Esse é o tipo de autoexame que você deve fazer antes de começar a sessão com o funcionário. Alguns minutos passados se preparando para a conversa vão aumentar muito o impacto positivo de suas entrevistas de avaliação de desempenho.

O FUNCIONÁRIO SATISFATÓRIO

Muitos gestores se preparam minuciosamente para entrevistas com funcionários-problema. Sabem que essas entrevistas podem ficar difíceis e que é melhor estarem preparados para sustentar suas avaliações. Você deve ser igualmente minucioso ao se preparar para uma entrevista com um funcionário satisfatório. De vez em quando, você vai se surpreender com um membro excelente da equipe que transforma uma conversa que você achou que seria fácil em um verdadeiro desastre.

À medida que você ganha experiência em gestão, descobre que o funcionário satisfatório às vezes usa essa entrevista para descarregar alguns dos problemas que iam se agravando. Os problemas variam com a situação. Eis aqui alguns exemplos:

- "Não estou progredindo rápido o bastante."
- "Meu salário não é justo pelo trabalho que faço."
- "Você sempre me diz que estou fazendo um ótimo trabalho, mas meu salário não reflete isso."
- "Meus colegas de trabalho não têm um desempenho à altura dos padrões."
- "Como gestor, você não presta atenção suficiente em seus subordinados que estão fazendo o trabalho."

- "Bom desempenho não é apreciado nem reconhecido."

Você deve receber bem essas informações de seus funcionários satisfatórios, embora corra o risco de ouvir o que não quer. Vamos encarar os fatos: muitos funcionários vão dizer a você só o que acham que você quer ouvir; mas alguns, raros e preciosos, vão dizer a verdade, e esses você deve ouvir atentamente. O que esse membro da equipe tem a dizer pode ser valioso para você e pode ajudar a preencher algumas lacunas em seu conhecimento. Não caia na síndrome do "atire no mensageiro". Embora a notícia que um mensageiro lhe entrega o deixe infeliz, a culpa não é dele; puni-lo não vai mudar a verdade da mensagem entregue. A ignorância pode ser uma bênção, mas pode ser fatal em uma carreira de gestão.

Claro, a informação que você está recebendo pode não refletir exatamente os fatos. Você a está recebendo por meio dos filtros de um membro da equipe. Isso não a torna menos valiosa. Você pode não estar ali por tempo suficiente para saber como separar o que é importante e o que é apenas fachada. Se o funcionário satisfatório acredita que é importante o suficiente para levá-la até você, então você deve ouvir. Além disso, esse funcionário sem dúvida sabe que você prefere uma entrevista sem problemas a uma cheia de problemas, então você sabe que o assunto não teria surgido se o funcionário não estivesse muito seguro.

É possível que, de vez em quando, você tenha um encrenqueiro em suas mãos que simplesmente gosta de agitar as coisas, mas essas pessoas em geral não são seus funcionários satisfatórios.

INFLAÇÃO DE AVALIAÇÃO

Uma das maiores falhas do processo de avaliação de desempenho se dá quando gestores consideram quase todos os seus funcionários como satisfatórios ou superiores, embora alguns não o sejam. Isso parece ser motivado por um desejo de evitar conflito. Não caia nessa armadilha. Ao não cuidar de áreas em que o funcionário precisa melhorar, você não está fazendo nem a ele nem a você nenhum favor. Você, em vez disso, está solapando o valor de uma avaliação honesta e criando a falsa impressão na mente do funcionário de que ele está se saindo bem.

Além disso, é muito provável que em algum momento ele compartilhe os resultados de sua avaliação com os colegas. Que efeito você acha que vai ter na motivação de seus funcionários de melhor desempenho quando eles souberem que um membro da equipe que é claramente mais fraco foi avaliado como igual ou próximo a eles?

Finalmente, ao não cuidar dessas áreas que o funcionário precisa melhorar você está criando problemas futuros. O que acontece quando você tem de reduzir o tamanho de sua equipe? Supostamente, você vai precisar demitir seus funcionários de pior desempenho. Você então pode se deparar com uma situação em que o funcionário que você precisa demitir tem um argumento legítimo para reclamação. Eles receberam apenas avaliações positivas de desempenho. Você agora está em terreno jurídico perigoso e aberto a acusações de favoritismo ou pior.

PARA AVALIAÇÕES PROVISÓRIAS

Tenha em mente que nem todas as avaliações de desempenho têm de ser tão formais quanto discutimos até agora neste capítulo. No Capítulo 14 falamos sobre um plano de melhoria que pode ajudá-lo a auxiliar um funcionário de baixo desempenho. Essa ferramenta não é apenas para funcionários-problema. A página simples dividida em três com as categorias *pontos fortes*, *áreas para melhoria* e *objetivos* pode ser de boa serventia para você em muitas situações de gestão de funcionários.

Você pode ter um membro sólido da equipe que o procura para perguntar como pode melhorar suas chances de ser promovido. O plano de melhoria de uma página funciona muito bem nessa situação. Ele também funciona para um membro da equipe que não foi escolhido para uma posição que desejava. Como gestor, você às vezes terá a alegria de trabalhar com funcionários que são sérios e focados em ser o melhor que podem. É um prazer ter esse tipo de colaborador na equipe, mas também pode ser exigente. Mais uma vez, o plano de melhoria de uma página é uma grande maneira de mantê-lo engajado e de ajudá-lo com suas metas de melhoria que facilitarão seu crescimento profissional.

UMA POLÍTICA DE PORTA ABERTA

"Minha porta sempre está aberta." Quantas vezes você mesmo já disse isso? Não demora muito para que os funcionários descubram o que a frase realmente quer dizer.

"Minha porta está sempre aberta, desde que você não venha aqui para me falar sobre nenhum problema novo." Esse é um significado possível. "Minha porta está sempre aberta, mas não venha aqui para falar de dinheiro ou de um cargo melhor." Esse é outro. "Minha porta está sempre aberta, mas não quero saber de seus problemas pessoais." Seus funcionários sabem o que você realmente quer dizer ou descobrem rapidamente.

Há, também, os gerentes propensos a dizer, ou pensar: "Não quero que meu pessoal goste de mim. Só quero que eles me respeitem." Você não acha mais fácil respeitar pessoas de quem gosta?

Suas entrevistas de avaliação de desempenho devem estimular seus funcionários a dizer qualquer coisa que eles tenham em mente. Quanto mais aberta a comunicação entre as duas partes, maior a chance de você ter um relacionamento de trabalho satisfatório.

FATORES SUBJETIVOS

Embora precisemos ser tão objetivos quanto possível e tratar nossos funcionários com justiça, ainda somos humanos. Sendo humanos, permitimos que tendências pessoais penetrem em nossas avaliações sobre outras pessoas. É muito provável que você goste mais de alguns funcionários que de outros. Isso é simplesmente normal. Mas você precisa filtrar seus gostos e suas aversões pessoais ao realizar avaliações de desempenho. Além disso, cuidado com a correção em excesso ao ser especialmente duro com um funcionário que você acha agradável. Dados concretos vão ajudá-lo a ser mais objetivo.

Alguns gestores são culpados pelo "efeito auréola". Imagine que você está avaliando uma funcionária em cinco objetivos diferentes que ela devia alcançar. Digamos que um dos objetivos fosse reduzir em 5% a taxa de erros do departamento. Esse objetivo significa mais para você que qualquer outra coisa. Se a funcionária alcança esse objetivo, você pode se ver dando a ela uma auréola figurativa, como a auréola de um anjo. Em sua cabeça, a funcionária não pode fazer nada de errado. Você fica cego pela auréola. Quando ocorre o efeito auréola, é fácil superestimar todo o resto que a funcionária faz. O efeito auréola ocorre em todas as outras partes da vida. Vamos usar um exemplo escolar. Se a matéria favorita de uma professora é ciências e uma criança é ótima em ciências, a professora põe uma auréola na cabeça dessa criança e dá a ela uma nota mais alta em matemática e história porque ela estava influenciada pela aptidão da criança em ciências.

O oposto do efeito auréola se chama "efeito chifres". Se a funcionária não reduz a taxa de erros, ela em vez disso ganha chifres na cabeça. Tudo o que ela faz, mesmo se for ótimo, pode ser diminuído aos olhos do gestor, porque a funcionária tem os chifres.

Há, também, o "efeito do recente". Como gestores — e como seres humanos — temos a tendência de nos lembrar do que aconteceu mais recentemente. Então, se os funcionários estão realmente preocupados em relação à sua avaliação e sabem que ela vai acontecer em 1º de junho, eles vão fazer um ótimo trabalho durante abril e maio. Isso não é diferente da criança que se comporta melhor quando o Natal está chegando na esperança de receber mais presentes como resultado. Para evitar esse efeito, você precisa documentar e manter registros minuciosos durante todo o período avaliado.

Outro fator de subjetividade em gestão é o "efeito rigidez". Muitos gestores acreditam que um funcionário sempre pode melhorar e que nenhum funcionário é perfeito. A maior parte das pessoas concordaria com essa atitude. Mas muitos desses mesmos gestores nunca dão nota máxima para ninguém (por exemplo, "supera as expectativas"). Isso não faz sentido e pode ser desmoralizante. Se membros da equipe superaram seus objetivos e tiveram um desempenho em nível muito alto, por que não dar a eles a nota máxima? Esses gestores provavelmente não dariam nota máxima nem mesmo para o Pelé se ele fosse seu funcionário. Você provavelmente já viu ou ouviu falar de casos em que uma criança recebe uma nota alta, digamos 99%, em um teste e um dos pais pergunta "O que aconteceu?", em vez de elogiar a conquista. Esses pais obviamente acreditam no efeito rigidez. Eles acham que estão pressionando seus filhos a uma conquista maior se insistem na perfeição, mas você pode imaginar o impacto desmoralizante que isso tem em uma criança?

Há mais um fator ou tendência subjetiva que pode penetrar em suas avaliações de desempenho. Muitos novos gestores — ou gestores em geral que não são familiarizados com os funcionários — são culpados de "tendência central". Digamos que seu sistema de avaliação tem cinco pontuações possíveis — de um a cinco, sendo cinco a mais alta. Se um gestor não tem certeza em que categoria botar um funcionário porque ele não fez seu dever de casa de estabelecer objetivos, fazer avaliações trimestrais, documentar desempenho e assim por diante, o gestor joga o funcionário na categoria intermediária. Isso não é justo porque esse funcionário pode merecer outra nota. Tornar-se vítima da "tendência central" também vai minar sua credibilidade como gerente e passar a mensagem de que você não valoriza o suficiente os membros de sua equipe para fazer a pesquisa necessária a fim de produzir uma avaliação de desempenho válida.

O USO DE COMENTÁRIOS COMPORTAMENTAIS

Quando você escrever comentários no formulário de avaliação, tente usar exemplos comportamentais que demonstrem por que você avaliou alguém de determinada maneira. Por exemplo, não diga "Jason não liga para seu trabalho". Em vez disso, diga, em 8 de janeiro, 4 de fevereiro, e assim por diante, "Jason entregou relatórios após o prazo final com o qual ele tinha se comprometido".

Além disso, tome cuidado com os comentários que você usa. Lembre-se de que esse é um documento legal e você não precisa estar aberto a um processo. Há muitos incidentes documentados de comentários de incrível mau gosto e judicialmente problemáticos escritos por gestores em formulários de avaliação. Trate de nunca escrever um comentário como nenhum dos exemplos seguintes:

- "Ele não é muito inteligente."
- "Falta um neurônio para fazer sinapse."
- "Não tem a menor noção do que está acontecendo."
- "Ela tem tudo o que é preciso, mas não sabe usar."
- "Completamente relapso."

APÓS A AVALIAÇÃO

Quando você termina a entrevista de avaliação, é uma boa ideia examinar como você se saiu para que possa melhorar e fazer melhor na próxima entrevista. Aqui há uma lista que vai ajudá-lo. Pergunte a si mesmo se você:

- Explicou o propósito da entrevista.
- Descobriu as visões e os sentimentos do funcionário sobre seu desempenho.
- Permitiu que o funcionário falasse mais que você.
- Destacou onde o funcionário está se saindo bem.
- Ofereceu sugestões para melhorar o desempenho e pediu sugestões ao funcionário (se necessário).
- Deixou o funcionário à vontade criando um ambiente relaxado.
- Combinou um plano de ação para melhorar o desempenho (se necessário).
- Determinou um prazo para melhorar o desempenho (se necessário).

AVALIAÇÕES DE DESEMPENHO ON-LINE

Há sistemas de avaliação de desempenho disponíveis que merecem ser investigados. Eles têm muitos atributos desejáveis que podem interessá-lo. Além de permitir que pessoas autorizadas acessem as avaliações de qualquer lugar, alguns oferecem auxílio à redação e busca por qualquer linguagem que tenha o potencial de causar problemas jurídicos. Alguns também têm uma função de gestão de objetivos que facilita o acompanhamento e a responsabilização por objetivos estabelecidos durante a entrevista.

PENSAMENTO FINAL

As avaliações de desempenho são trabalho duro. Você precisa manter uma documentação minuciosa, comunicar constantemente durante o ano, seguir orientações jurídicas, preencher os formulários corretamente, conduzir uma entrevista eficaz e em seguida examinar como todo o processo correu. O processo de avaliação também consome tempo. Você não vai se sair bem se correr no último minuto para reunir a informação de que precisa. Mas, se você fizer aqui um trabalho excelente, terá funcionários que sabem o que é esperado deles e que confiam que você vai trabalhar com eles para ajudá-los a ter sucesso. As avaliações de desempenho — se são bem-feitas, levadas a sério e justas — podem ser uma ferramenta de gestão muito eficaz e um grande motivador para cada um de seus funcionários.

30
Administração de salários

Devia ser óbvio que descrições de cargo, avaliações de desempenho e administração de salários se encaixam juntas em um plano geral. Elas são projetadas para oferecer descrições precisas do que as pessoas fazem, fazer avaliações justas de seu desempenho e lhes pagar um salário que seja razoável para seus esforços. Todos esses fatores devem combinar uns com os outros e contribuir para os objetivos maiores da organização.

Se você tem um programa de avaliação de funcionários, provavelmente tem faixas salariais para cada posição na organização. Como gestor, você trabalha dentro dessas faixas.

Faz sentido ter um salário mínimo e um salário máximo para cada posição. Você não pode permitir que ocorra uma situação em que um indivíduo possa ficar no mesmo cargo por anos e receber um salário desproporcional ao que vale a tarefa. É importante garantir que funcionários de longo prazo tenham conhecimento da situação, especialmente quando se aproximam do teto salarial para a função. Para a maioria das pessoas bem qualificadas, isso não é problema, pois elas em geral vão ser promovidas para outros postos com uma faixa salarial mais alta. Talvez elas não queiram ser promovidas. Talvez elas estejam em seu nível de competência e não consigam lidar com a próxima posição na escada.

Essas pessoas precisam saber que há um limite para o que vale a função para a organização. Você precisa dizer a esses indivíduos que, quando eles chegarem ao máximo, o único jeito de ganhar mais dinheiro é se o teto salarial para a função for aumentado. Isso pode acontecer, por exemplo, por meio de um aumento do custo de vida que eleva as faixas salariais em todas as funções em certo percentual.

Se isso ocorre, você tem um pouco de espaço para premiar com aumentos salariais.

Entretanto, funcionários de longo prazo que permanecem na mesma função por um longo período de tempo e estão no nível salarial máximo precisam ter incentivos continuados. Eles são capazes e devem ser mantidos no emprego. Muitas empresas resolveram esse problema instituindo prêmios financeiros anuais relacionados aos anos de serviço. Outra abordagem é um bônus anual discricionário por desempenho.

O programa de administração salarial para todos os outros funcionários geralmente inclui uma recomendação salarial dentro de uma faixa de aumentos salariais, com base no tipo de avaliação de desempenho recebido pelo funcionário. Como os dois procedimentos têm um impacto tão grande um no outro, algumas empresas separam a recomendação salarial da nota na avaliação de desempenho. Assim, a ideia de um gestor de qual deve ser um aumento salarial não pode determinar a avaliação de desempenho feita. Se como gestor você faz as duas determinações ao mesmo tempo, vai ficar tentado a obter a resposta que quer e trabalhar ao revés para justificá-la. Continua difícil separar considerações salariais da avaliação de desempenho, mas finalizar os procedimentos com várias semanas ou meses de diferença pode ajudar.

Vamos supor que sua empresa tenha faixas salariais para cada função e haja certa limitação sobre o que você pode recomendar. Sem dúvida as faixas salariais se sobrepõem. Por exemplo, um funcionário veterano em uma função de nível inferior pode receber mais que um funcionário mais novo em uma função de nível mais alto. Um funcionário de desempenho excelente em um nível pode ganhar mais que um trabalhador medíocre um nível acima.

JUSTIÇA

Como gestor, você está preocupado com justiça. Você deve revisar os salários de todas as pessoas subordinadas a você. Pode começar listando todas as funções em seu departamento, de alto a baixo. Você pode, então, escrever o salário mensal ao lado de cada nome. Com base no que você sabe a respeito dos desempenhos profissionais, os salários parecem razoáveis? Há algum salário que pareça fora da curva?

Outro método que você pode usar é classificar as funções por ordem de importância para o departamento, como você percebe a situação.

Como isso se compara à avaliação dos gestores mais graduados sobre a importância das funções? Se há diferenças que você não consegue conciliar nem aceitar, seria sábio agendar uma reunião com seu supervisor para ver o que pode ser feito em relação a isso.

Nessa questão de classificações, avaliações e salários, é importante destacar um ponto crítico mais uma vez. Como mencionado no Capítulo 29, reconheça — e esteja disposto admitir para si mesmo — que você gosta mais de alguns funcionários que de outros. Você está se iludindo se acha que gosta igualmente de todos eles. Certos tipos de personalidade são mais agradáveis a você do que outros. É vital que você impeça que essas preferências de personalidade influenciem indevidamente as decisões que você toma sobre avaliações, salários e promoções.

Ao recomendar um aumento salarial para vários funcionários, você terá algumas decisões traiçoeiras a tomar. Se a empresa faz todos os seus ajustes salariais ao mesmo tempo a cada ano, fica bem fácil comparar uma recomendação com outra. Você pode tomar todas as suas decisões ao mesmo tempo e ver como elas se comparam umas com as outras. Mas, se decisões salariais ocorrem ao longo do ano — por exemplo, se estão ligadas ao aniversário do funcionário no emprego —, é mais difícil ter todas as decisões abertas à sua frente.

Embora manter a justiça dentro da equipe nesse tipo de situação seja difícil, é possível se você mantiver registros adequados. Guarde cópias de todas as suas descrições de cargo, avaliações de desempenho e recomendações salariais. Algumas empresas estimulam supervisores a não manter esses registros e depender dos registros do departamento de recursos humanos. Manter sua própria cópia, porém, vale o esforço; assim você terá os registros quando quiser. Mantenha esses registros em um arquivo trancado ou protegido por senha e não permita que nenhum funcionário acesse o arquivo — nem mesmo uma secretária ou assistente que trabalhe próximo a você. Esse tipo de informação encontra um jeito de ser compartilhado caso se torne conhecido.

A RECOMENDAÇÃO SALARIAL

Ao fazer uma recomendação salarial, se empenhe o máximo para que seja uma quantia razoável. Não deve ser baixa nem alta demais, e ao mesmo tempo deve se encaixar na estrutura do desempenho que o funcionário entrega à empresa. Um aumento alto demais, por exemplo, pode criar um problema "de bis". Qualquer coisa menos que a mesma quantia oferecida na vez seguinte pode ser considerada um insulto ou uma indicação de desempenho inferior por parte do funcionário. Entretanto, um aumento inusitadamente grande chegando no momento de uma promoção não corre o mesmo perigo do bis, porque ele pode ser ligado a um evento específico e não recorrente. Nesse caso, você deve explicar ao funcionário por que o aumento é tão grande e por que ele não cria um precedente para aumentos futuros.

Como um aumento pequeno pode ser considerado um insulto, talvez seja melhor você não recomendar nenhum aumento do que oferecer uma esmola. Às vezes um aumento pequeno é um engodo, dado quando o supervisor não tem coragem de não recomendar aumento nenhum. Mas isso apenas adia o confronto inevitável; é melhor você enfrentar a situação imediatamente e com honestidade.

Ao considerar o tamanho do aumento, é essencial não permitir que a necessidade do funcionário seja um fator importante. Isso pode parecer desumano, mas pense nessas circunstâncias. Se você baseasse aumentos salariais na necessidade, o funcionário em estado de necessidade mais desesperado teria o salário mais alto. Se essa pessoa também tivesse o melhor desempenho, você não teria problema. Mas e se o desempenho do funcionário fosse apenas mediano?

Isso não significa que você deve ser insensível aos desafios pessoais dos membros de sua equipe. Há coisas valiosas e não monetárias que você pode oferecer para ajudá-los com base em suas circunstâncias. Talvez um funcionário tenha se tornado cuidador de um pai ou esteja com problema para cuidar dos filhos. Permitir que ele faça trabalho remoto ou participe de reuniões por teleconferência pode auxiliá-lo de forma significativa. Horário de trabalho flexível é outra forma não monetária que você pode levar em conta que pode ser muito útil para o membro da equipe sem comprometer a integridade de sua estrutura de remuneração.

O fio comum que deve transpassar a administração salarial é o mérito. Basear suas recomendações salariais em quem está na empresa há mais tempo, quem tem o maior número de filhos ou cuja mãe está doente afasta você de suas responsabilidades como um administrador salarial e o coloca no negócio da caridade. Se tem subordinados diretos com problemas financeiros, você pode ajudar como amigo, um bom ouvinte ou uma fonte de informação sobre onde procurar assistência profissional, mas não pode usar o dinheiro dos salários do qual você está encarregado como método de solucionar os problemas sociais de seus subordinados diretos.

Quando você dá um ajuste salarial para um funcionário que está em dificuldades, há uma grande tentação de acrescentar alguns reais a mais do que você faria em outra situação. Você deve resistir a essa tentação e embasar sua decisão exclusivamente no desempenho individual do funcionário.

GESTÃO DE TALENTOS

Como parte do trabalho de um gestor é antecipar desafios e exigências antes que eles cheguem, você precisa pensar à frente em relação às habilidades e às capacidades de que seu pessoal precisa. Comece perguntando a si mesmo como as tarefas que sua equipe precisa realizar vão ser diferentes no futuro. O que você vê à frente que vai fazer com que a missão de sua equipe mude? Se você não tem certeza, fale com seu supervisor e alguns de seus colegas. Pergunte a eles: "Que mudanças vocês veem chegando que vão fazer o papel de minha equipe mudar?"

Um exemplo poderia ser uma capacidade maior de fazer mais de suas tarefas on-line. É possível que haja aquisições que podem levar sua equipe a ter de fazer as coisas de maneira diferente. Um exemplo podem ser as relações futuras com colegas ou clientes que não falam a mesma língua nativa de sua equipe.

Outra questão pode ser o progresso natural de alguns membros de sua equipe. Alguns dentre seu pessoal podem ser candidatos óbvios para promoção ou podem estar perto da aposentadoria. Você precisa estar pronto para os dois para que sua equipe de repente não se veja menos capaz porque você não planejou com antecipação.

Planejar com antecipação significa olhar para as capacidades de cada um dos membros de sua equipe tendo em mente desafios futuros ou mudanças de pessoal. Esse processo não é tão desafiador quanto você pode pensar. O Modelo de Gestão de Talentos, mostrado aqui outra vez na Figura 30-1, vai deixar isso claro.

1. Primeiro identifique o horizonte de tempo para o qual você está se planejando. Essa é a data projetada no alto do modelo. Podem ser apenas seis meses a partir de agora ou até dois anos. Planejar mais de dois anos à frente é difícil porque há variáveis demais.
2. Liste cada membro de sua equipe na primeira coluna.
3. Na segunda coluna, intitulada *Capacidades atuais*, liste as principais habilidades que eles usam para fazer seu trabalho.
4. Este passo é o que exige mais reflexão. Com as responsabilidades que você vê no futuro para sua equipe, influenciadas por mudanças na organização ou de pessoal, liste as habilidades que eles vão precisar ter no futuro na coluna intitulada *Capacidades futuras exigidas*. Algumas delas vão ser as mesmas de que precisam atualmente para ter sucesso. Talvez para alguns dos membros da equipe nada mude. Isso não é problema. Determinar isso é valioso. Para outros, pode haver a necessidade de acrescentar habilidades que eles atualmente não têm. Liste-as.

FIGURA 30-1. MODELO DE GESTÃO DE TALENTOS					
MEMBRO DA EQUIPE	HABILIDADES (CAPACIDADES) ATUAIS	CAPACIDADES FUTURAS EXIGIDAS	CAPACIDADES QUE FALTAM	MEIOS DE DESENVOLVER CAPACIDADES QUE FALTAM	PARA SER FORNECIDO POR OUTROS
NOME	1._____ 2._____ 3._____ 4._____	1._____ 2._____ 3._____ 4._____	1._____ 2._____ 3._____ 4._____	1._____ 2._____ 3._____ 4._____	☐ ☐ ☐ ☐
NOME	1._____ 2._____ 3._____ 4._____	1._____ 2._____ 3._____ 4._____	1._____ 2._____ 3._____ 4._____	1._____ 2._____ 3._____ 4._____	☐ ☐ ☐ ☐
NOME	1._____ 2._____ 3._____ 4._____	1._____ 2._____ 3._____ 4._____	1._____ 2._____ 3._____ 4._____	1._____ 2._____ 3._____ 4._____	☐ ☐ ☐ ☐

1. Agora olhe para as capacidades que cada membro da equipe vai precisar ter e que agora não tem. Essas entram na coluna intitulada *Capacidades que faltam*.
2. Em seguida você precisa determinar como o membro da equipe vai ganhar essas habilidades. Exemplos podem ser treinamento interno, treinamento externo, cursos on-line, acompanhar alguém que tenha essa capacidade, treinamento no trabalho, treinamento cruzado ou qualquer método que você ache apropriado. Essas entram na coluna *Meios para desenvolver capacidades que faltam*.
3. Sua tarefa final nessa avaliação é determinar se não é realista para um membro da equipe adquirir qualquer das habilidades que serão necessárias. Se esse é o caso, marque na coluna final indicando que essa habilidade vai ter de ser fornecida por outra pessoa — ou outro membro da equipe, alguém novo ou um recurso externo.

Eis aqui um exemplo. Digamos que sua organização está entrando em um mercado que vai exigir que alguém em sua equipe tenha a habilidade de se comunicar em uma língua que, atualmente, eles não falam. Esse, então, vai ser um dos itens listados tanto na coluna de *Capacidades futuras exigidas* quanto na coluna de *Capacidades que faltam*.

A primeira coisa óbvia a fazer é determinar se alguém em sua equipe já tem essa habilidade. Supondo que eles não tenham, você precisa determinar como esse talento será adquirido. Talvez um curso de idiomas on-line seja apropriado. Ou aulas de idiomas à noite, se disponíveis, podem ser apropriadas. Parte do processo de treinamento pode ser mandar a pessoa viajar para um ambiente onde seja falada a língua que ela precisa aprender.

Você também pode descobrir que há outras formas de lidar com essa necessidade. Digamos que você descubra que tudo o que é necessário é a tradução eventual de alguns formulários. Isso é algo que você pode pagar uma fonte externa para fazer, ou talvez haja alguém em sua organização, que não esteja em sua equipe, que possa fazer isso. Talvez seja necessário apenas uma tradução eventual e um serviço externo de tradução em tempo real esteja disponível.

A parte importante é que você está planejando antecipadamente para não ser pego de surpresa. Essa é sua função como gerente. A segunda parte é que um Modelo de Gestão de Talento completado com reflexão será uma ferramenta poderosa quando você estiver conversando com seu supervisor. Pense em como isso pode ajudar em sua necessidade de acrescentar um membro à sua equipe se você colocá-la diante de seu supervisor para explicar seu raciocínio.

PARTE V
Evolução e desenvolvimento pessoal

Além de usar suas habilidades para ajudar outras pessoas a melhorar, procure fazer o mesmo em relação a você.

Inteligência emocional

A inteligência emocional é um conceito de gestão com o qual você precisa estar familiarizado. Cientistas sociais e psicólogos descobriram que gestores e líderes que têm níveis altos de inteligência emocional, ou um alto quociente emocional (QE), parecem se sair muito melhor em seus papéis de gestão e de liderança que seus colegas que têm um nível médio ou baixo de QE. Esses especialistas também descobriram que indivíduos com QE alto experimentam mais sucesso na carreira, constroem relacionamentos pessoais mais fortes, têm saúde melhor graças a técnicas melhores de gestão de estresse, motivam a si mesmo e aos outros a alcançarem realizações maiores e têm a capacidade de confiar nos outros e de que confiem neles. Segundo esses mesmos especialistas, a inteligência medida por testes tradicionais de QI parece não ter influência no sucesso em gestão.

A HISTÓRIA DO QE

O conceito de inteligência emocional tornou-se popular com o livro *Inteligência emocional: a teoria revolucionária que redefine o que é ser inteligente*, de 1995, escrito pelo dr. Daniel Goleman. Desde a publicação do livro, houve muitos artigos e livros escritos sobre o tema. Além disso, praticamente todo programa respeitado de treinamento em gestão agora tem um ou dois módulos sobre como ser emocionalmente inteligente.

QI

O QI, ou quociente de inteligência, abrange competências bem diferentes daquelas do QE. Pessoas com QI alto têm grande habilidade matemática. Elas também têm uma ampla compreensão de vocabulário e linguagem, têm bons resultados em raciocínio abstrato e habilidades espaciais, além de grande capacidade de compreensão. Na maior parte dos casos, o nível de QI é determinado no nascimento. Ou seja, há uma grande predisposição genética em relação a qual vai ser o QI de uma pessoa. Ao longo dos anos, a pontuação do QI pode mudar, mas provavelmente não mais que 15 pontos na média. Em contrapartida, a inteligência emocional é uma postura que se aprende. Uma pontuação de QE pode mudar dramaticamente com o passar dos anos.

QE

Ter inteligência emocional significa basicamente que você tem atitudes emocionais inteligentes. Se puder responder sim às perguntas seguintes, você provavelmente tem altos níveis de inteligência emocional:

- Você consegue entrar em um ambiente e sentir seu estado de ânimo?
- Você consegue reconhecer os estados emocionais dos outros?
- Você sabe quando está ficando emotivo e consegue controlar isso se quiser?
- Em situações estressantes e caóticas, você consegue evocar emoções positivas nos outros?
- Você consegue exprimir e expressar para os outros como está se sentindo e quais são suas emoções?

O TESTE DE QE

Vamos nos divertir um pouco, agora. A seguir há dez itens que determinam níveis de QE. Para cada item, avalie sua própria habilidade em uma escala de um a dez, com dez sendo o mais alto. Se você quiser ter uma pontuação exata, vai precisar ser honesto.

1. Em situações estressantes, eu encontro maneiras de relaxar.
2. Consigo me manter calmo quando outras pessoas me atacam verbalmente.
3. Consigo identificar com facilidade minhas próprias mudanças de estado de ânimo.

4. Para mim, é fácil "voltar" depois de um grande revés.
5. Tenho habilidades interpessoais eficazes como ouvir, dar feedback e motivar os outros.
6. É fácil, para mim, demonstrar empatia pelos outros.
7. Sei quando os outros estão aborrecidos ou aflitos.
8. Mesmo quando trabalhando em um projeto chato, consigo mostrar altos níveis de energia.
9. Simplesmente pareço saber o que os outros estão pensando.
10. Uso "conversa interior" positiva em vez de negativa.

Uma pontuação acima de 85 significa que você já é emocionalmente inteligente. Uma pontuação acima de 75 significa que você está bem encaminhado para se tornar emocionalmente inteligente.

QE E GESTÃO

Sem dúvida você consegue ver a conexão entre QE e ser um gestor de sucesso. Gerir pessoas é muito diferente de gerir tarefas e projetos. As habilidades de QE de reconhecer seus próprios sentimentos e os sentimentos dos outros; de ser capaz de expressar suas emoções de forma apropriada; de motivar a si mesmo e de fazer com que os outros também se motivem; e de ser capaz de lidar com estresse, tensão e caos e ajudar os outros a fazer o mesmo marcam o gestor excelente no local de trabalho de hoje.

32
Desenvolva uma autoimagem positiva

Ter uma opinião positiva de sua própria capacidade não é um problema de ego, se for uma avaliação realista.

As pessoas podem ficar terrivelmente confusas ao lidar com essa coisa de ego. Sempre há pessoas que querem que você se sinta culpado por ter uma opinião saudável de si mesmo. Mas, como diz o velho ditado, "ame seu próximo como você ama a si mesmo". Isso significa que sua capacidade de amar seu próximo é determinada por sua capacidade de amar a si mesmo. Esse princípio também se aplica à gestão.

Muitos livros excelentes foram escritos sobre o tema da autoimagem, e eles têm conceitos importantes para o gestor. E aqui estão alguns elementos básicos que vão ajudá-lo em sua carreira de gestor.

O fato é que nós caímos ou nos erguemos de acordo com nossa autoimagem. Se temos uma opinião baixa sobre nós mesmos e acreditamos que vamos fracassar, nosso subconsciente vai tentar entregar esse resultado. Inversamente, se temos uma opinião elevada de nós mesmos e achamos que vamos ser bem-sucedidos, nossas chances de sucesso aumentam muito. Isso talvez seja simplificação demais, mas transmite a ideia. Se você pensa em sucesso, se parece bem-sucedido, se tem confiança em ser bem-sucedido, você aumenta muito suas chances de sucesso. É principalmente uma questão de atitude. Se você acreditar que é um fracasso, provavelmente é isso o que você será.

O conceito da *profecia autorrealizável* está intimamente ligado a isso. Basicamente, a profecia diz que tratamos as pessoas da forma que nos dizem que elas se comportam ou da forma como achamos que elas vão se comportar.

Para reforçar uma atitude de sucesso, você precisa de algum sucesso pelo caminho. Agora que você chegou a seu primeiro cargo de gestor, todo o sucesso que você tiver vai ajudar a construir novas realizações.

Devia ser óbvio que você não pode substituir realizações reais por sentimentos de sucesso. Você não pode ter a aparência sem nenhuma substância. Isso seria um embuste. Você logo seria desmascarado, para seu próprio prejuízo.

UMA IMPRESSÃO DE ARROGÂNCIA

Um dos problemas mais sérios observados em jovens gerentes recém-chegados ao cargo é a impressão que eles podem passar de arrogância. Cuidado para não lidar mal com seus sentimentos de sucesso para não ser visto como arrogante. Um gestor pode sentir orgulho por ter sido promovido às fileiras de gestores sem parecer convencido. Em vez disso, a impressão transmitida deve ser de confiança tranquila.

Você desconfia que há pessoas em sua organização que não acreditam que você foi a escolha certa e que teriam prazer com seu fracasso? Isso não é só possível, é provável. Uma atitude que pode ser vista como arrogante vai tornar essas pessoas mais propensas a concluir que estão corretas na avaliação que fizeram de você.

ESTRATÉGIAS PARA MELHORAR A AUTOIMAGEM

Qualquer um pode trabalhar para melhorar sua autoimagem. Aqui há três métodos que se mostraram bem-sucedidos. O primeiro método se chama *visualização*. Você tenta visualizar um resultado específico que é importante para você. A visualização é uma ferramenta comumente usada por atletas de sucesso. Esquiadores competitivos não têm permissão de praticar suas descidas em uma pista antes da competição. Quando fizerem sua descida, vão esquiar na pista pela primeira vez. Você pode ter visto esquiadores olímpicos passarem horas em uma pista antes de descê-la, visualizando como querem fazer cada curva. Muitos atletas competitivos fazem o mesmo, inclusive ginastas, praticantes de caiaque e de *snowboard*, paraquedistas e muitos outros.

A mesma ferramenta pode servir a você em situações fora do esporte. Tal como um atleta competitivo, você pode visualizar um resultado específico. Isso pode ser fechar um grande contrato, ganhar uma salva de palmas por conduzir um seminário ou ganhar aquele sorriso de afeição de uma pessoa amada por demonstrar apoio. Você pode precisar visualizar seu CEO entendendo o que você quer dizer, disciplinar um funcionário ou fazer uma apresentação diante do conselho diretor.

O que acontece na visualização, depois de períodos de prática, é que essas imagens visuais se tornam parte de como vemos nossas ações e a nós mesmos. O cérebro grava essas imagens para uso posterior. A visualização não é imaginar um desejo. É programar sua mente para o resultado que você deseja.

O método seguinte se chama *ganha-ganha*. Nesse método, você dá às pessoas muito feedback positivo e trabalha duro para ajudar os outros a ter sucesso. Isso faz com que você se sinta melhor em relação ao trabalho delas assim como a suas habilidades como gestor. Ajudar os outros a ter sucesso não é apenas um jeito de melhorar sua autoimagem; isso também torna a gestão mais recompensadora.

A última técnica é *falar consigo mesmo de forma positiva*. Estima-se que enviamos para nós mesmos mais de mil mensagens por dia. Se você quer melhorar sua autoimagem, faça com que essas mensagens sejam positivas. Quanto mais você fizer isso, mais o cérebro vai construir um sentido positivo do eu. Entre os exemplos de diálogo consigo mesmo de forma positiva estão:

- "Estou melhorando minhas habilidades de gestão a cada dia."
- "Eu consigo lidar com isto."
- "Eu cometi um erro, mas vou me sair melhor da próxima vez."

Falar consigo mesmo de forma positiva é como ter um tocador de MP3 em sua mente que envia para você apenas mensagens positivas.

FICAR NERVOSO POR CAUSA DE ERROS

Ao desempenhar seus deveres como gestor, você vai cometer erros de vez em quando. Você vai fazer maus julgamentos. Isso acontece com todos nós. Como você vê e lida com esses erros é importante não apenas para seu próprio desenvolvimento, mas também para como as outras pessoas percebem você. Sua credibilidade está em jogo. Seja totalmente honesto consigo mesmo e com todos com quem você esteja associado. Não tente encobrir um erro, racionalizá-lo ou — pior — sugerir que pode ser culpa de outra pessoa. Muitos gestores têm problemas para fazer com que as seguintes frases saiam de sua boca: "Eu cometi um erro" e "Desculpe". É como se as palavras estivessem presas em sua garganta. Essas frases não são sinais de fraqueza. São sinais de confiança e um reconhecimento de que você é humano.

Novos gestores frequentemente têm dificuldades para aceitar responsabilidade por erros de pessoas subordinadas a eles. Esses gestores ficam tão nervosos em relação a erros que evitam críticas e cuidam eles mesmos do trabalho mais complexo. Quando fazem isso, criam dois resultados destrutivos: reduzem muito suas possibilidades de promoção e se matam com o excesso de trabalho. Esses são os custos de suas inseguranças.

O jeito de resolver esse problema é construir todo seu papel de gestor. Você escolhe melhores treinadores; torna-se um selecionador melhor de pessoas; desenvolve controles internos melhores que minimizam erros e seu impacto. E, quando erros acontecem e você é o culpado, você reconhece, corrige, aprende com isso e — acima de tudo — não agoniza por isso. Então você e a equipe seguem em frente.

PAIXÃO POR SI MESMO E AUTOCONTRADIÇÃO

Você tem de exibir sua melhor imagem, mas não faça isso tão bem a ponto de, como o astro do cinema, se apaixonar por sua própria publicidade. Esteja disposto a admitir para si mesmo quais são suas limitações. Você se surpreenderia com a quantidade de gestores que não conseguem fazer isso. Eles, é claro, têm limitações. Eles não podem ser especialistas em tudo. Mas, ao subir até sua posição, eles descobrem que muitas pessoas começam a tratá-los bem. É necessário um gestor incomum para perceber que todo o tratamento honroso não aumenta a inteligência nem amplia o conhecimento. É fácil e agradável apenas ficar sentado e aceitar toda a bajulação. O gestor logo se convence de que a adoração é merecida. Talvez o carisma que você considere pessoal seja apenas criado pelo cargo que você tem.

Quando eu estava na sede corporativa de uma grande empresa de tecnologia no Vale do Silício, ouvi uma história de alerta sobre pessoas bajulando um novo gestor. Logo depois que um CEO novo foi selecionado, ele estava a caminho de uma reunião com alguns subordinados quando comentou que o corredor pelo qual eles estavam passando ficaria mais bonito se fosse pintado de verde-claro. Alguns dias depois, quando passou pelo mesmo corredor, ele se sentiu surpreso e embaraçado ao ver que o corredor agora era verde-claro. Ele na verdade nunca tivera a intenção de que ele fosse repintado. Tinha sido apenas um comentário passageiro. Essa experiência lhe ensinou rapidamente uma lição importante — cuidado com suas observações informais. O desejo de agradar de seus subordinados pode levar a resultados indesejáveis e que não eram a intenção do comentário.

A *síndrome da infalibilidade* se torna mais perceptível no nível de CEO. Entre o gestor iniciante e o posto mais elevado há diversos níveis de infalibilidade que parecem acompanhar o cargo. Você precisa manter uma perspectiva honesta sobre quem você é. Ainda assim alguns CEOs caem na armadilha da infalibilidade. Isso pode explicar em parte por que a duração de CEOs das empresas Fortune 500 no cargo é de pouco mais de quatro anos e meio.

Se você for nomeado CEO, não vai automaticamente se tornar mais inteligente do que era um dia antes. Mas as pessoas vão começar a ouvi-lo como se você estivesse distribuindo pérolas de grande sabedoria. Você não vai ficar mais inteligente, apenas vai ganhar mais poder. Não confunda as duas coisas!

Não dê muita atenção ao que os executivos dizem em relação a isso. Dê mais atenção ao que eles fazem. Se um executivo diz "Contrato pessoas que são mais inteligentes que eu", pense no que ele faz. Todas as pessoas que ele contrata parecem ser clones dele? Se um executivo diz "Estimulo meu pessoal a discordar de mim. Não quero estar cercado de pessoas que concordam com tudo", lembre-se do que aconteceu na semana anterior quando o executivo quase arrancou a cabeça de um subordinado que expressou um ponto de vista diferente. Se um executivo diz "Minha porta está sempre aberta", e fica visivelmente aborrecido quando você entra dizendo "Você tem um momento?", as palavras na verdade soam vazias. As palavras são contraditas pelas ações e pela atitude.

Ao longo de sua vida profissional, você vai encontrar executivos que abraçam filosofias incríveis de gestão. O problema principal é se eles exercem sua autoridade usando outros conceitos menos recomendáveis.

LIMITAÇÕES E PENSAMENTOS PRECONCEITUOSOS

Você não precisa anunciar suas fraquezas. Isso é tolice; apenas esteja aberto a admiti-las para si mesmo e a fazer tudo o que puder para corrigi-las. Por exemplo, as coisas que você provavelmente não faz bem são aquelas de que você não gosta. Isso está longe de ser coincidência. Exerça um pouco de autodisciplina e tire as tarefas de que você não gosta do caminho. Lembre-se de que, em sua avaliação de desempenho, a qualidade de seu trabalho não vai relevar erros nas tarefas de que você não gosta. Então, mesmo as tarefas para as quais você não liga exigem um desempenho de qualidade. Todo cargo tem aspectos dos quais você não vai gostar; faça-os bem, de modo que saiam do caminho e você possa chegar às partes de que gosta.

Esteja aberto a admitir que você pode ter pensamentos ou atitudes que são um problema. Você não vai se livrar deles se não os reconhecer. Por exemplo, pense no gestor que tem preconceito com outros gestores que vão embora do escritório às cinco horas da tarde. Ele acredita que, quando as pessoas se tornam gestoras, o trabalho vem em primeiro lugar, e as obrigações familiares e sociais têm de esperar. Ele também acredita que qualquer gestor que vai embora tão cedo não pode de jeito nenhum ter feito todo o trabalho, ou feito bem. Sua atitude provavelmente tem origem em uma incapacidade de fazer o próprio trabalho se for embora do escritório às cinco horas.

Isso é preconceito dele, é sua mentalidade. Isso não é comprovável; é um sentimento emocional que ele tem. Ao lidar com gestores que têm vida fora do trabalho, esse tipo de gestor tem de estar consciente de sua mentalidade e fazer todos os esforços para superá-la — mas sem compensar em excesso por isso. É uma situação difícil, mas primeiro precisamos estar dispostos a admitir um erro ou uma crença forte antes de podermos lidar com eles.

A capacidade de identificar e reconhecer crenças ou tendências profundamente arraigadas é um elemento essencial da maturidade emocional. Você não precisa botá-las de lado, só entender como elas impactam sua percepção dos outros e como você lida com os outros. Você não precisa ser como a pessoa que você quase certamente já experimentou que superlota o ambiente com suas crenças excessivamente reafirmadas. Isso pode não ser problema quando a pessoa está passando seu tempo social com pessoas de mentalidade semelhante, mas não funciona em um ambiente profissional.

A inclinação da maior parte das pessoas quando confrontadas por uma pessoa assim é minimizar sua conexão e o compartilhamento de informação por medo de não se alinhar com sua mentalidade. A pessoa que escolhe mostrar suas crenças muito abertamente sofre por esse estilo.

SUA OBJETIVIDADE

Com o passar dos anos, todos nos deparamos com gestores que nos dizem que estão olhando para um problema com objetividade e começam a explicar suas atitudes ou soluções de um jeito claramente subjetivo. Quando um gestor começa afirmando ser completamente objetivo, você deve se perguntar por que ele diz isso. Quando você ouvir tal afirmação, é sábio ficar mais alerta para o extremo oposto falta de objetividade.

É improvável que você um dia consiga ser completamente objetivo. Nós somos a soma de todas as nossas experiências. Gostamos de alguns de nossos funcionários mais que de outros, e podemos não conseguir explicar o motivo; pode ser química pessoal. Desde que você reconheça isso, pode compensar lidando com justiça com aqueles de quem gosta menos.

Parece melhor para o gestor não levantar o assunto da objetividade ou da subjetividade. Que tal ser tão honesto quanto possível ao lidar com pessoas, e não entrar em todas as nuances de objetividade e subjetividade? O reconhecimento da dificuldade para ser completamente objetivo pode ser um bom lugar por onde começar.

Quando seu gestor pergunta "Você está sendo objetivo?", sua resposta deve ser "Eu tento ser". Ninguém pode garantir ser completamente objetivo, mas um esforço nessa direção é admirável.

CONFIANÇA TRANQUILA

Desenvolva confiança tranquila em sua capacidade de tomar decisões. Quanto mais decisões você tomar, mais ficará melhor nisso. A maior parte das decisões de gestão não exige sabedoria extraordinária; elas exigem sua habilidade em reunir fatos e saber quando tem informação suficiente para tomar a decisão.

Não tome decisões emocionais e as justifique depois. Quando você fizer isso, vai se ver defendendo uma decisão que desejaria não ter tomado. Não vale a pena defender uma decisão ruim, mesmo que você seja a pessoa que a tomou. Quando justifica uma decisão ruim, você fica preso.

Muitos gestores novos acreditam que precisam tomar decisões rápido para serem bem-sucedidos. Isso cria uma imagem de precipitação, que não é uma imagem desejável de se cultivar. O outro extremo é levar tempo demais para tomar decisões.

Moderação e equilíbrio são as chaves. Você não precisa tomar decisões tão depressa que sejam decisões ruins, ou levar uma eternidade para tomar decisões. Reúna a informação de que precisa sabendo que frequentemente você não vai ter informação completa ou perfeita, avalie a situação e decida. Não seja precipitado, mas também não estabeleça requisitos inalcançáveis para a informação. Se você fizer isso, a oportunidade provavelmente terá passado por você antes que você decida.

TOMADA DE DECISÕES

É importante para sua confiança ser capaz de usar uma variedade de métodos de tomada de decisões: solo, participativo, delegado e elevado.

- **A tomada de decisões individual** é quando você mesmo toma a decisão. Esse é o método que você provavelmente vai usar quando for o especialista, o tempo for curto ou envolver membros de sua equipe não for apropriado pela natureza da decisão. Uma decisão de pessoal é um exemplo de assunto que você pode precisar resolver sem envolver membros de sua equipe. Isso não significa que você não deva buscar conselhos com pessoas que você não supervisione. Pode ser útil buscar informação de colegas fora de sua organização, seu supervisor ou mesmo pessoas que não estão em sua empresa antes da tomada de decisão solo.
- **A tomada de decisões participativa** envolve obter informação com os membros de sua equipe e torná-los parte do processo. O método participativo pode ajudá-lo a obter apoio para a decisão, a tomar uma decisão melhor ao envolver aqueles que vão fazer parte da implementação e também pode ter algum

valor de treinamento. Envolver membros da equipe na tomada de decisão pode ajudá-los a entender melhor o processo e permitir que eles melhorem suas habilidades.
- **Decisão delegada** é quando você permite que a equipe a tome por você. Você deve usar esse método quando a equipe sabe mais que você ou você está confortável com qualquer um dos resultados possíveis. Assim como com o método participativo, delegar a decisão tem valor de treinamento e envia uma mensagem clara para os membros da equipe envolvidos de que você confia em seu julgamento.
- **Decisão elevada** é quando você entende que deve ser tomada por alguém acima de você na organização. Isso pode ser porque você não é qualificado para tomar a decisão. Também pode ser apropriado para você elevar uma decisão que terá impacto em pessoas fora de sua equipe. Relute em elevar decisões. Você não precisa ser visto como alguém que não está disposto ou é incapaz de decidir, mas pode haver momentos em que você deve legitimamente se remover do processo.

Não seja o tipo de gestor que usa apenas um método de tomar decisões. Seja flexível em sua abordagem. Quando você for capaz de selecionar o método de decisão correto para a situação, sua confiança e sua autoimagem vão melhorar muito.

LIDERANÇA AUTÊNTICA

Sem dúvida você foi aconselhado a liderar pelo exemplo. É um excelente conselho. Há, porém, outro nível além da liderança pelo exemplo: a liderança autêntica. A liderança autêntica se trata de conquistar o respeito de sua equipe por ser verdadeiro e autêntico. Há dois elementos inseparáveis na liderança autêntica: exibir o comportamento que você busca e fazer com que suas ações correspondam a suas afirmações.

Os membros de sua equipe o observam de perto. Eles têm por você algum respeito e até mesmo deferência porque você é o chefe. Quando lidera de forma autêntica, você conquista respeito de sua equipe por escolha, e não por necessidade. Essa é a verdadeira liderança.

Como você é o chefe, seu pessoal provavelmente vai ser reativo e respeitoso o bastante para não criar problemas para si mesmo. Quando você é um líder autêntico, a dinâmica muda; seu pessoal vai de reativo por necessidade a inspirado e engajado. É poderoso.

Se você exibe padrões pessoais elevados, vai inspirar o mesmo nos membros de sua equipe. Se você for meticuloso e ético em sua tomada de decisões, vai inspirar o mesmo. Se você é respeitoso com seus colegas, inclusive quando discorda deles, vai inspirar comportamento respeitoso. Se você se porta com classe, vai estabelecer um padrão mais alto para sua equipe.

Então seja honesto consigo mesmo; reconheça quem você é e o exemplo que quer dar. E vá em frente. Isso vai fazer de você um líder inspirador e uma pessoa melhor.

POLÍTICA NO ESCRITÓRIO: JOGAR O JOGO

Como já mencionamos, você é julgado pelo desempenho de sua área de responsabilidade. Seus subordinados são tão importantes para seu futuro quanto as pessoas às quais você é subordinado. Isso leva diretamente à questão das políticas da empresa. Elas existem em todos os lugares. As pessoas se encolhem diante da ideia de política na empresa, e isso porque nem todas as pessoas têm a política e os políticos em alta conta. A realidade é que sempre que mais de duas pessoas estão envolvidas, vai haver um elemento de política.

Considere esta definição um tanto positiva de política: o complexo total de relações entre pessoas na sociedade. Sob esse ponto de vista, você pode ver que a política está presente em todos os ambientes que envolvem pessoas. O jogo da política no escritório existe. E a maior parte dos gestores dele participa.

Algumas pessoas são vistas como "frias" por seus subordinados, mas "seres humanos receptivos e generosos" por seus superiores. Isso pode ser porque elas estão realmente jogando o jogo, mas no longo prazo estão trabalhando contra si mesmas. Por mais que consigam ter sucesso em satisfazer suas ambições no trabalho, fracassam como seres humanos.

Se ser promovido é mais importante para você que sua integridade, que ser você mesmo, então é melhor pular o resto deste capítulo porque não vai gostar muito do que ele diz.

Quase todo mundo pode ter sucesso temporariamente sendo oportunista, mas considere o preço pago para chegar lá. Sem dúvida, muitas das decisões tomadas sobre promoções não vão parecer justas para você, e nem todas serão tomadas com base na capacidade. A vida não é justa, então não espere que ela seja.

Frequentemente, indivíduos sentem que muitas promoções são feitas com base em outra coisa, não na justiça e na capacidade. Mas, embora a maior parte das empresas tente tomar decisões justas, as coisas nem sempre saem assim. Além disso, uma decisão que pareça perfeitamente racional para o executivo que a está tomando pode não ser racional para você, especialmente se você achava ser o candidato provável para promoção.

Apesar disso, você ainda precisa se preparar se quiser ser promovido. Se você contar com a sorte ou a casualidade, suas chances diminuem muito. Você tem tudo a ganhar e nada a perder se preparando. Quem sabe, a oportunidade de promoção pode vir de fora de sua empresa. Você também precisa estar preparado para essa possibilidade.

A PREPARAÇÃO DO SEU SUBSTITUTO

Assim que dominar sua função, você precisa começar a procurar um substituto. A razão para isso é clara. Tomadores de decisão ficarão menos propensos a promover você se isso for criar um vazio operacional. Ao ter um substituto preparado para assumir sua posição, você se torna um candidato melhor para promoção.

Encontrar o substituto apropriado pode ser uma questão delicada. Você não deve escolher seu substituto em potencial cedo demais. Se o candidato não se desenvolver adequadamente e não demonstrar as habilidades necessárias para ocupar sua função, você pode ter um sério problema. Mudar de ideia sobre um sucessor que você já escolheu provavelmente vai criar todos os tipos de problema.

Como você prepara seu próprio substituto é de importância fundamental. Se você já tem um membro da equipe que é perfeitamente capaz no emprego, é apenas questão de ajudar essa pessoa a se desenvolver o mais completa e rapidamente possível.

Dê ao candidato partes de seu trabalho para fazer. Em nenhuma circunstância você deve delegar todo seu trabalho para a pessoa e então ficar sentado lendo jornais e revistas de negócios. A empresa obviamente não o botou na posição com esse objetivo.

Permita que seu substituto realize cada vez mais uma coisa ou outra de sua função até que ele tenha aprendido a maior parte delas. Faça com que ele realize cada seção do trabalho com frequência suficiente para não ser esquecida. De vez em quando, convide-o para participar do processo de entrevista quando você estiver contratando novos funcionários.

Supondo que ele tenha um desempenho satisfatório, dê início à sua campanha política em favor de seu candidato a substituto. Faça com que seu chefe saiba o quanto a pessoa está se desenvolvendo bem. Em avaliações de desempenho, use termos e expressões como "candidato a promoção" e "está se desenvolvendo como um excelente candidato a gestor". Claro, nunca diga essas coisas se elas não forem verdade; isso provavelmente resultará em prejuízo para você e para seu substituto. Mas, se ele estiver se desenvolvendo bem, comunique isso ao nível seguinte sem ser ostensivo.

Você corre o risco de que seu substituto seja promovido antes de você. Ainda é um risco que vale a pena correr. Mesmo que isso aconteça com você várias vezes, você vai ficar com a reputação de ser um grande desenvolvedor de pessoas. Isso vai aumentar suas próprias chances de promoção. Além disso, você verá que desenvolver funcionários pode ser uma experiência altamente satisfatória. E, enquanto você se preocupa em preparar seu pessoal para promoção, talvez seu próprio chefe esteja igualmente interessado por você e seu futuro.

O USO DE ESCOLHAS MÚLTIPLAS

Se você ainda não tem um substituto preparado, deve atribuir partes de seu trabalho para várias pessoas e ver como elas se saem com a responsabilidade a mais e a nova oportunidade. Isso na verdade será proveitoso para você, já que treinar vários substitutos simultaneamente torna improvável que todos os candidatos sejam promovidos antes de você. Esse apoio abrangente terá boa serventia para você em emergências.

Não tenha pressa demais para colocar um único candidato na posição de substituto. No momento em que você indicar uma pessoa como seu vice, os outros param de se esforçar pelo posto. Esse é o problema com qualquer promoção. Aqueles que não a conseguem podem deixar de aspirar por ela, o que em geral tem um efeito adverso em seu desempenho, embora isso possa ser temporário.

O seguinte conceito de gestão pode ter valor para você: sempre guarde alguma coisa à qual os membros de sua equipe aspirem. Se você chegar ao ponto de ter que escolher um único membro da equipe como seu herdeiro aparente, informe aos outros candidatos que ainda há oportunidades para eles em outros departamentos, e que você vai auxiliá-los a atingir seus objetivos de promoção.

Embora continue a ter vários candidatos competindo pela posição, você deve tratá-los como iguais. Reveze as tarefas entre eles. Assegure-se de que todos sejam expostos a todos os aspectos de sua função. Se você precisa se ausentar do escritório de vez em quando, reveze e ponha cada um deles encarregado da operação. Dê a todos uma chance de gerir os aspectos pessoais do trabalho também.

Reúna-se com regularidade com todos os candidatos imediatamente e discuta seu trabalho com eles. Não diga: "Vamos discutir minha função." Em vez disso, fale sobre algum problema específico que você encontrou. Todos eles vão tirar proveito da discussão. Se um deles teve de enfrentar um problema de gestão incomum em sua ausência, por que todos os outros não devem ganhar com a experiência?

EVITE OS PERIGOS DE SER INDISPENSÁVEL

Mais uma vez, é importante não se permitir ser indispensável. Alguns gestores se aprisionam nesse tipo de situação. Em seu esforço para garantir a qualidade do trabalho, pedem que todas as perguntas e decisões difíceis sejam levadas a eles. Não demora muito para os funcionários perceberem que qualquer coisa fora do comum logo vai chegar ao chefe. O tempo tomado de você durante o dia não é o único problema. O problema mais fundamental é que seu pessoal logo para de solucionar sozinho problemas mais complexos.

É importante que seu pessoal seja estimulado a encontrar respostas por conta própria. Com isso, eles serão funcionários melhores. Há limites, é claro, às áreas de responsabilidade que lhes podem ser delegadas. É um sinal de boa gestão dar alguma responsabilidade a membros da equipe assegurando-lhes que o executivo é responsável pelo desempenho deles.

Você já ouviu pessoas preocupadas com como a empresa vai andar sem elas enquanto estão de férias. Elas querem dizer o contrário: sua verdadeira preocupação é que a empresa *vai* andar muito bem sem elas. O gestor que está fazendo o tipo certo de trabalho de desenvolvimento de funcionários e de gestores de reserva pode sair de férias com a certeza de que o departamento vai funcionar tranquilamente em sua ausência. O executivo realmente eficiente e dedicado, na verdade, progrediu a ponto de poder partir permanentemente — para uma promoção ou para outra empresa. Há gestores que, em uma visão equivocada das exigências de sua função, tornam-se indispensáveis e passam o resto de suas carreiras profissionais provando isso — nunca sendo movidos daquela posição.

O problema principal com essas pessoas é que elas não entendem do que se trata o trabalho de gestor. Gerir não é fazer, é cuidar para que seja feito.

A MELHOR SUCESSÃO

Ajuda muito quando seu antecessor no cargo foi um verdadeiro desastre que deixou o lugar em ruínas. A menos que seja um fracasso completo, você, em comparação, vai parecer um campeão. Infelizmente, isso é preferível que entrar em uma operação que está funcionando bem. Suceder a um herói da empresa que está se aposentando ou foi promovido para uma posição mais alta em outra organização é difícil porque, por mais que seu desempenho seja bom, é difícil ser comparado com um herói e a lenda que o tempo confere a ele.

Então, se você alguma vez tiver a escolha entre ir para uma área de caos ou assumir uma operação boa e limpa, escolha o desastre. Pode ser uma grande oportunidade para estabelecer uma reputação que vai ficar com você por toda a sua carreira. Você não vai se arrepender disso e provavelmente vai aprender mais com a experiência.

CONTINUE SUA EDUCAÇÃO

Ao se preparar para a promoção, considere expandir seu conhecimento sobre o negócio em que está. Não é suficiente ser um especialista apenas em sua área de responsabilidade. Você precisa entender mais sobre toda a operação de sua empresa.

Você pode adquirir esse conhecimento adicional de diversas maneiras. Por exemplo, pode expandir seu conhecimento por meio de leituras selecionadas. Seu próprio chefe pode ser capaz de recomendar material de leitura que se encaixe bem com a operação e a filosofia da empresa. Nenhum chefe fica insultado quando lhe pedem conselho. Entretanto, uma palavra de cautela: não peça conselhos com muita frequência, porque seu chefe vai desconfiar que você não consegue se decidir sobre coisas demais ou achar que você está atrás de favor. Nenhuma dessas impressões vai ajudar sua causa.

Se sua empresa oferece programas educacionais, inscreva-se neles. Mesmo que você não consiga ver neles um objetivo imediato, eles vão lhe servir bem no longo prazo. Além disso, você está demonstrando avidez para aprender. Assegure-se de que as aulas e o treinamento que você está fazendo têm relação com seu papel e aspirações atuais. Você não precisa ser visto como alguém que se inscreve em todas as aulas oferecidas, independentemente de sua relevância. Além disso, seja razoável no tempo que você tira de suas tarefas primárias para a educação. A melhor maneira de aumentar as chances de ser promovido é fazer um trabalho excelente.

VISTA-SE PARA O SUCESSO

Estilos vêm e vão, então o que é inadequado para o trabalho hoje pode parecer satisfatório em alguns anos, ou mesmos meses, à frente. Como gestor, você não deve tentar ditar moda usando roupas extravagantes, extremas e de vanguarda. Você pode não achar isso justo, mas não vai avançar na carreira se algum executivo se referir a você, em conversas, como "aquele que se veste engraçado no primeiro andar".

O que é aceitável ou extremo varia dependendo do tipo de negócio em que você está ou na região do país. Por exemplo, o que pode funcionar na redação de uma revista de moda pareceria inadequado em uma seguradora ligada ao tradicional. O que é aceito em uma região pode não ser aceito em outra. Obviamente, o que você vestirá como gestor em uma fábrica é totalmente diferente do que você usaria em um escritório. O fato é que, se você vai ter sucesso, faz sentido que pareça bem-sucedido — mas não ao extremo. Sua aparência deve fazer uma declaração em voz baixa, não gritar.

A história a seguir mostra como o que vestir pode variar de uma empresa para outra. Vários anos atrás, um jovem tinha uma entrevista marcada em um dos departamentos mais criativos em um estúdio cinematográfico em Hollywood. Ele telefonou para seu contato lá e perguntou a ela que tipo de roupa devia vestir. Ela respondeu "casual". Então o rapaz chegou de calças compridas e uma camisa bem passada. Ele entrou na sala e todo mundo estava vestindo shorts e camisetas! A palavra *casual* obviamente significava coisas diferentes para o entrevistado e seu contato. Apesar de estar em outra frequência, o jovem ainda conseguiu o emprego.

Essa história prova não só que empresas têm ideias diferentes sobre estilo e vestuário; também mostra que você vai cometer menos erros de moda como uma pessoa de negócios se estiver um pouco bem-vestido demais do que se estiver um pouco malvestido. Se você vai a um evento usando terno e gravata e descobre que ele é casual quando chega, você sempre pode tirar a gravata e o paletó. Se se vestir informalmente e descobrir que todo mundo está de terno e gravata, você não pode acrescentar coisas com facilidade para entrar em sincronia.

Uma regra geral é esta: se você não tem certeza do que vestir, é melhor ir mais formal que informal. Uma segunda regra geral é: quando estiver em dúvida, fique atento a como os líderes seniores em sua organização se apresentam.

FAÇA SUA PRÓPRIA PROPAGANDA, MAS DELICADAMENTE

Você pode ser o máximo, mas, se for o único a saber disso, não vai chegar a lugar nenhum com seus muitos talentos. Você precisa informar isso aos tomadores de decisões de sua organização da maneira mais eficaz possível.

Se você está obviamente fazendo sua própria propaganda, as pessoas vão reagir de forma negativa. Você pode ser visto como um fanfarrão — uma reputação que não será boa para você. Há pessoas com muita habilidade que são ostensivas demais em sua autopromoção. Isso desanima as pessoas e tem o efeito oposto do resultado pretendido.

Você deve ser sutil. Você precisa ser visto como alguém que está se comunicando de forma eficaz.

O exemplo a seguir mostra como lidar com uma situação sem ser ofensivo com os outros e gerar uma reação negativa: digamos que a faculdade comunitária local está oferecendo cursos que você acha que poderiam lhe ajudar a fazer melhor seu trabalho e, portanto, torná-lo mais apto para promoção. Eis algumas maneiras de fazer com que seu chefe e a empresa saibam de seus esforços educacionais. (Qualquer coisa que leve o trabalho a ser feito sem exageros é o objetivo.)

Envie um bilhete para o departamento de recursos humanos, com uma cópia para seu chefe, pedindo para que seus registros pessoais mostrem que você está fazendo o curso. Isso põe a informação em seu arquivo, onde qualquer um examinando seus registros e à procura de candidatos para promoção vá vê-la. Ao completar o curso, notifique novamente o RH de seu término bem-sucedido. Se oferecerem um certificado de conclusão, envie uma cópia ao RH para seu arquivo.

Envolva-se em conversa informal com sua chefe (se ela não confirmou o recebimento da cópia do bilhete para o RH) e mencione alguma coisa na linha de "O professor em minha aula de contabilidade fez uma observação interessante ontem à noite..." A chefe pode perguntar: "Que aula de contabilidade?"

Ponha os livros didáticos em sua mesa. Com o tempo, vão lhe fazer a pergunta desejada.

Peça a seu chefe para explicar um item de discussão da aula que você não entendeu muito bem.

Você entendeu a ideia. Quanto mais sutil você for, menos chance há de seus esforços parecerem excessivos. Sua chefe, que sabe alguma coisa de autopromoção, reconhece que você está comunicando suas conquistas. Se você fizer isso bem, ela pode até admirar seu estilo.

Ser o novo gestor mais qualificado em sua organização é ótimo, mas você não vai estar se ajudando se ninguém souber disso. Pouquíssimos chefes vão abordá-lo e dizer: "Diga, o que você está fazendo para se preparar para promoção?" Então você precisa ajudá-los.

Alguns executivos abraçam a filosofia de que, se você faz um ótimo trabalho, as promoções e os aumentos vão se resolver por si só. Essa é uma estratégia arriscada, e você não pode se dar ao luxo de correr esses riscos. Se seus superiores não souberem o que você está fazendo, como eles podem levar suas conquistas em consideração? Desenvolva um estilo de comunicar os aspectos importantes de seu desenvolvimento, mas faça isso com um grau de suavização para que os outros não fiquem ofendidos nem o vejam como insistente demais.

CONSCIÊNCIA ATRAVÉS DE APRESENTAÇÕES

Uma das melhores maneiras de tornar seus colegas conscientes de suas habilidades é desenvolver sua capacidade de apresentação. Quando você se sente confortável fazendo apresentações, pode buscar oportunidades para ilustrar seus talentos e seu conhecimento. Você vai se destacar da maioria das pessoas que tentam evitar fazer apresentações. Mais importante, todo mundo na plateia vai tomar mais conhecimento de você, de sua posição e de suas capacidades.

Se você é como a maioria das pessoas, não fica muito animado com a ideia de falar em público. Sua relutância provavelmente está ligada a experiências limitadas ou mesmo negativas. O Capítulo 9 apresenta sugestões específicas para passar por essas limitações e melhorar suas habilidades de apresentação.

MAS VALE A PENA PAGAR O PREÇO?

Ser um gestor excelente e simultaneamente trabalhar para chegar ao próximo degrau da escada é uma constante na carreira de quase todo gestor, a menos que ele perca o interesse em subir mais alto. Não há nada de errado em não querer pagar o preço para subir ao próximo nível. Isso é saudável, se é o que você sente, porque significa que você está em contato consigo mesmo. Todos podemos chegar a um ponto em que não somos mais considerados para promoção. Reciprocamente, ainda podemos ser considerados para promoção, mas nos sentimos confortáveis onde estamos e não queremos os aborrecimentos que chegam com a promoção seguinte. Além disso, a pirâmide de promoções fica mais estreita à medida que se aproxima do topo. Lembre-se: o presidente do conselho diretor e o CEO não podem mais ser promovidos — pelo menos na empresa atual.

Em edições anteriores deste livro, mencionamos que você tem direito a saber qual é a sua situação em relação às possibilidades de promoção. Nós até sugerimos que não havia nada de errado em pressionar para obter essa informação. Vamos repensar isso. Se você não liga para ser promovido, por que perguntar? Se lhe oferecerem uma promoção, porém, isso é lisonjeiro, e você pode até mudar de ideia.

Se você quer ser promovido e acha que uma promoção já deveria ter ocorrido há tempos, por que se dar ao trabalho de perguntar e ouvir de algum gerente: "Não, acredito que você não merece ser promovido." Ou fazer seu chefe se esquivar da pergunta e deixar você insatisfeito? E se você perguntar e seu chefe colocar uma nota em seu arquivo que diz: "O gerente Jones me pressionou para saber sobre promoção. Eu disse que ele já chegou ao topo." Agora digamos que seu chefe vai embora para trabalhar em outra empresa, e você está se dando extremamente bem com o novo executivo. Você vai preferir não ter o comentário "já chegou ao topo" em seu arquivo. Por que disparar essa possível resposta — que pode ser incorreta — e fazer com que ela seja gravada em pedra?

Se você deseja promoções adicionais, ajuda ficar de olho no jogo e não se distrair por alguma possibilidade futura. Embora não haja nada de errado em deixar que um tomador de decisões saiba que você adoraria um novo desafio, o maior favor que você pode fazer para sua carreira é ser excelente na função que você tem atualmente. Dominar seu trabalho atual é sua principal prioridade. Toda outra ambição deve ser secundária em relação a esse objetivo.

CONSEGUIR UM PATROCINADOR

Ajuda ter um chefe que o elogia em nível executivo. Desenvolva bom relacionamento com todos os executivos com quem você entrar em contato, para que saibam a qualidade de seu desempenho e reconheçam sua atitude saudável e positiva. Se a única pessoa que o tem em alta consideração é sua chefe e ela sair da empresa, você perdeu sua defensora — a menos que sua chefe lhe ofereça um ótimo emprego em sua nova empresa. Ajuda se muitos executivos na organização conhecerem seu nome em termos positivos. Ser patrocinado por vários executivos estelares é ótimo. Aceite de bom grado compromissos e tarefas que o ponham em contato com gestores e executivos fora de seu próprio departamento, compatíveis com seus outros compromissos.

ESTILO E MÉRITO

Alcançar os objetivos discutidos neste capítulo exige desempenho excelente e autoconfiança de sua parte. Muitas vezes, a diferença entre um trabalho satisfatório e o ótimo trabalho é a imagem ou o estilo. Seu estilo dá cor a uma percepção superior de seu desempenho, especialmente se trata-se de um estilo ao qual seu superior reage positivamente.

Mas um estilo ruim ou ofensivo é igualmente definitivo para provocar uma resposta negativa.

Fazer um ótimo trabalho e maximizar a milhagem que você obtém dele é uma coisa; enganar as pessoas para que elas pensem que você está fazendo um trabalho excelente quando não está é outra bem diferente e vai criar problemas. A mensagem e o desempenho devem estar em sincronia.

Gerencie seu próprio tempo

Você já chegou em casa do trabalho com a percepção de não ter feito nenhuma das coisas que queria fazer no dia? Todos temos dias assim, totalmente passados apagando incêndios. Às vezes não se pode evitar isso, mas, se está acontecendo com você com regularidade, parte do problema pode ser sua própria falta de gestão do tempo.

SEGMENTOS MENORES

A abordagem a seguir da gestão do tempo fez maravilhas para um escritor de não ficção bem-sucedido. Vamos ouvir em suas próprias palavras:

"Quando comecei a escrever seriamente cerca de dez anos atrás, estabeleci a meta de escrever um capítulo por semana, mesmo assim a semana passava sem que eu tivesse escrito uma linha. A razão era minha percepção de precisar bloquear muitas horas para um capítulo. Nada estava acontecendo. Então decidi desmembrar minha meta em segmentos menores. O objetivo passou a ser escrever duas páginas por dia. Às vezes, eu perdia um dia; então estabelecia a meta de quatro páginas no dia seguinte. Se por alguma razão imprevista eu perdesse mais de dois dias, eu não tornava a meta cumulativa, do contrário estaria de volta ao bloqueio que eu tinha com o capítulo inteiro.

"Depois de estabelecer metas mais razoáveis, comecei a ter material escrito, embora outras demandas de meu tempo permanecessem inalteradas. A única mudança foi minha atitude em relação ao problema e minha abordagem a ele. Às vezes eu me sentava para escrever minhas duas páginas e acabava escrevendo muito mais, dez ou 15. Se tivesse estabelecido um objetivo para esse dia de 15 páginas, eu não teria começado a escrever."

A mensagem é que você pode se sobrecarregar até a inação ao pensar que precisa ser capaz de completar um projeto inteiro ao mesmo tempo antes de começar. Aceite que você provavelmente vai precisar desmembrar o projeto em segmentos menores que possam ser terminados em períodos menores de tempo.

A LISTA

Você já ouviu falar do industrial norte-americano falecido Henry Kaiser? Entre suas muitas conquistas, estava estabelecer uma empresa que construía navios de carga chamada "Navios Liberty" durante a Segunda Guerra Mundial. Esses navios eram totalmente construídos em questão de dias — uma realização realmente espetacular.

A primeira coisa que Kaiser fazia ao entrar no escritório de manhã era se sentar à sua mesa com um bloco no qual listava as coisas que queria realizar naquele dia, com os itens em ordem de prioridade. Durante o dia, a lista permanecia em cima de sua mesa. Conforme um objetivo era alcançado, ele o riscava. Objetivos não alcançados no dia entravam na lista do dia seguinte. Kaiser sempre procurava trabalhar primeiro com seus itens prioritários.

Experimente essa abordagem simples na organização de seu dia e você ficará agradavelmente surpreso com o quanto mais consegue fazer. Você é forçado a planejar as atividades diárias enquanto escreve os objetivos do dia. Esse provavelmente é o maior valor dessa técnica.

Hoje temos muitas outras ferramentas que não estavam disponíveis para o sr. Kaiser que facilitam sua lista de coisas a fazer. Você pode escolher manter sua lista no telefone, tablet ou computador, e há aplicativos com esse propósito. Uma pesquisa na internet por "Software de gestão de metas" mostra páginas de resultados. Talvez um documento simples em seu aplicativo de texto que você atualize com regularidade seja suficiente. À medida que as telas de computador vão ficando maiores e mais baratas, você pode escolher manter sua lista sempre postada no canto de uma de suas telas.

Os smartphones têm grande capacidade de manutenção de listas e aplicativos desenvolvidos para listar metas e tarefas específicas. Uma busca por "lista de metas" na loja da Apple ou em um telefone com Android exibe dezenas de aplicativos.

É possível que prefira usar um bloquinho simples que você possa guardar no bolso e ter sempre ao seu alcance. Use a ferramenta que funcionar melhor para você, mas use uma.

DETERMINAÇÃO DO HORÁRIO PARA A TAREFA

Há uma modificação que você pode fazer em seu sistema de lista de tarefas que pode torná-lo ainda mais útil. Você conhece seu próprio corpo melhor que qualquer outra pessoa. Se você está no pico de seus níveis de energia no início do dia, deve fazer as tarefas que exigem muita energia no início de cada dia. Em contrapartida, se você não entra no ritmo até mais tarde no dia, tente encaixar as tarefas com seus diferentes níveis de energia. Também ajuda se disciplinar para fazer as coisas com as quais você não se importa quando está em momentos de alta energia, mas sem deixar de se concentrar em fazer os itens de alta prioridade primeiro. Os itens menos importantes podem esperar.

Há outro fator a se considerar enquanto você planeja seu dia. Algumas tarefas em sua lista exigem que você seja mais criativo, e outras, mais lógico ou sequencial na abordagem da tarefa. Uma tarefa criativa pode ser escrever uma proposta de projeto ou criar uma apresentação. Preparar um relatório de produção ou fazer cálculos orçamentários são exemplos de tarefas lógicas ou sequenciais.

Dividir tarefas dessa maneira está relacionado com o que são normalmente chamadas de atividades do cérebro direito e do cérebro esquerdo. As tarefas do cérebro direito são as criativas e as do esquerdo são as baseadas na lógica. O hemisfério de seu cérebro que você está usando não é tão importante quanto se lembrar de que há tipos diferentes de tarefas. Outra maneira de pensar no processo que você usa para abordar tarefas é como *circulares*, para as criativas, ou *lineares*, para as baseadas na lógica.

Algumas pessoas acham que conseguem melhor desempenho em tarefas criativas em determinados momentos do dia, como no início da manhã ou no fim da tarde. Por sua vez, elas podem ser mais eficientes desempenhando tarefas lógicas durante outros períodos do dia. Tenha isso em mente quando for observar quando você é mais produtivo. Há uma tarefa que você estava tentado terminar há algum tempo que na verdade correu muito bem assim que você se dedicou a ela? Tome nota da hora do dia e se era uma tarefa criativa ou lógica. Observações múltiplas desse tipo podem lhe dar insights que vão ajudá-lo a ser mais produtivo.

Algumas pessoas são mais produtivas quando agrupam tarefas criativas e tarefas lógicas. A ideia é que encarar tipos diferentes de tarefa exige processos de pensamento diferentes. Você pode se beneficiar se tentar fazer tarefas criativas antes do almoço e tarefas lógicas depois, ou ao contrário. Conheço pessoas que acham muito difícil voltar a tarefas criativas depois de começarem tarefas lógicas, por isso tentam marcar hora para as tarefas criativas primeiro.

A LISTA DE TAREFAS INFLAMÁVEL

Quem lê isso provavelmente acha ótimo listas de tarefas e de objetivos, mas meus dias são tão loucos que às vezes não consigo fazer uma única tarefa planejada independentemente do método que eu use para manter minha lista. Verdade. Em alguns dias, parece que sua lista de tarefas é inflamável — assim que o dia começa, ela pega fogo. Isso acontece mesmo, mas não é uma razão válida para você não se submeter à disciplina de planejar seu dia.

Parte da razão por que você foi escolhido para ser gestor é que você demonstrou ter discernimento. Uma das maneiras que você vai precisar usar seu discernimento é para saber quando se aferrar à sua lista de tarefas, quando deixá-la de lado e quando revisá-la. Você provavelmente terá de revisá-la durante o dia — e frequentemente muitas vezes no mesmo dia. Sua habilidade de fazer isso bem influencia de forma significativa seu nível de sucesso. Muitos executivos seniores bem-sucedidos parecem ter uma habilidade inata de mudar suas prioridades com base nas mudanças de circunstâncias. Observe os líderes em sua organização que fazem isso bem e aprenda com eles.

PRIORIZAR TAREFAS

Alguns gestores dividem sua lista de tarefas em três categorias: A, B e C. Os itens A são os itens cruciais que precisam ser feitos primeiro. Se você tem vários itens A, precisa priorizar as tarefas dentro dessa categoria. Os itens B podem esperar até você ter tempo. Os itens C não são urgentes. Há gestores que gostam de fazer seus itens C primeiro porque eles ficam com uma sensação de realização. Não caia nessa armadilha. Quando você faz isso, não está apenas realizando muito pouco, como também corre um risco sério de deixar alguns itens fundamentais em sua categoria A sem fazer e criar problemas significativos.

Tenha em mente que as circunstâncias podem mudar e resultar na mudança de prioridade de uma tarefa da categoria A para uma tarefa de categoria B. Tirar alguns minutos ao longo do dia para validar e atualizar sua lista de tarefas vai compensar muito em aumento de produtividade.

Se um item A é grande, complexo ou assoberbante demais, desmembre-o em algumas partes, como o autor do exemplo fez com sua escrita. Em vez de haver uma tarefa em sua lista, vai haver algumas. Um exemplo seria desenvolver seu orçamento operacional para o ano seguinte. Essa é uma tarefa grande. Se vir "Criar orçamento para o próximo ano" em sua lista traz tanta pressão que você não está começando, você pode precisar desmembrá-la em algumas tarefas menores como:

- Criar projeções de receita trimestrais para o próximo ano.
- Determinar possíveis preenchimentos de vagas para o próximo ano.
- Conseguir o custo de materiais projetados para o próximo ano com as compras.

Muitas pessoas obtêm um estímulo psicológico riscando as tarefas que foram terminadas. Se você está usando um programa ou aplicativo de acompanhamento de metas, pode precisar dar a si mesmo uma sensação de realização ao movê-las para uma lista de itens terminados em vez de apagá-las. Algumas pessoas usam um grande marcador para riscar itens terminados. É ótimo ficar ali sentado no fim das atividades e ver aquelas grandes linhas riscando tantas tarefas.

Se você escrever sua lista à mão, não a jogue fora quando for embora do escritório. Na manhã seguinte, a lista do dia anterior vai servir a dois propósitos. Vai lembrá-lo de tudo o que você fez na véspera — não há nada errado com isso — e vai informar você sobre o que permanece inacabado. Esses itens, então, entram na lista nova. Isso é especialmente importante para projetos de longo prazo que podem ficar acidentalmente fora da lista. Muitas ideias e projetos criativos nos escapam por que não os escrevemos.

Você já foi dormir com um problema de trabalho em mente só para acordar no meio da noite com uma solução? Aí você desperta de manhã e não se lembra — você não consegue recuperar a ideia em sua memória. Um papel e uma caneta em sua mesa de cabeceira para anotar esses pensamentos durante a noite resolve esses problemas de recuperação.

A TIRANIA DO IMEDIATO

Um dos maiores desafios para ser eficiente e produtivo são as interrupções. Algumas delas são legítimas, e é preciso lidar com elas assim que acontecem. Isso exige a mudança de prioridades habilidosa mencionada anteriormente.

Na verdade, não é preciso lidar imediatamente com a maior parte das interrupções, quando é preciso. A tecnologia nos apresentou oportunidades infinitas para sermos interrompidos. E-mails, mensagens de texto, ligações no celular, mensagens instantâneas, tweets e solicitações de reuniões são apenas alguns exemplos de interrupção facilitados pela tecnologia e pelos quais as gerações anteriores não eram desafiadas.

O que todos eles têm em comum é a aparência, pelo menos inicialmente, de que são urgentes. Embora alguns possam realmente ser urgentes, é muito provável que a maioria não o seja. Quando uma coisa parece ser urgente, é tentador dar a ela prioridade. De repente, a coisa voa para o topo de sua lista mesmo que ali na verdade não seja seu lugar. Em questão de instantes, ela sabota todo seu planejamento e priorização cuidadosa. Essa é a tirania do imediato — o que é percebido como imediato manda.

Para ter sucesso e permanecer na tarefa, não se torne vítima dessa tirania. Seja muito seletivo antes de permitir que uma mensagem de texto de repente recrute sua tarde. Antes de deixar que isso aconteça, pergunte a si mesmo: "Qual é o lugar dessa questão em minha lista de tarefas — categoria A, B, C ou não tem lugar?" É tentador responder como um motorista de ambulância a um novo desafio. Isso pode ser empolgante. Mas, antes de fazer isso, assegure-se de que é o que você realmente precisa estar fazendo. Não se torne vítima da tirania do imediato.

O PERÍODO FECHADO

Algumas organizações seguem um procedimento de escritório fechado que você pode precisar usar para mapear seu próprio dia a fim de realizar mais. Por exemplo, um escritório terá um período de duas horas fechado no qual os negócios não param, exceto que ninguém no escritório sai para ver qualquer outra pessoa. Ninguém faz ligações para outros escritórios e nenhuma reunião da empresa é marcada durante esse período fechado. Cuida-se rapidamente de emergências verdadeiras; ligações de clientes, consumidores ou outras pessoas de fora são aceitas.

Essa ideia tem muito mérito. Ela significa que você terá duas horas por dia em que ninguém na empresa vai telefonar nem chegar a seu escritório. Ela lhe dá uma oportunidade de controlar o que faz durante o período especificado. Se respeitada, ela também deve reduzir o impacto de interrupções facilitadas pela tecnologia de fontes internas que podem levar à tirania do imediato.

Talvez alguém tenha tido essa ideia trabalhando no escritório no fim de semana e percebendo o quanto mais tinha conseguido fazer do que no mesmo período de tempo durante a semana. Mas a ideia só é exequível se você não se desconectar de seus clientes ou consumidores durante o período fechado. É uma ideia que pode ser vantajosa para toda uma organização.

A NECESSIDADE DE REFLEXÃO

Planeje ter um período tranquilo todos os dias. Você pode não conseguir todo dia, mas é importante que separe algum tempo no dia para devaneios e reflexão. Isso é vital para a pessoa interior. Além disso, problemas que parecem insuperáveis frequentemente se reduzem à sua própria perspectiva durante esses momentos de sossego.

Há um nível além de separar algum tempo tranquilo para reflexão: um conceito poderoso chamado "liberação de ideias" de *Business Lessons from the Edge: Learn How Extreme Athletes Use Intelligent Risk Taking to Succeed in Business* ["Lições do limite: aprenda como atletas radicais usam o risco inteligente para ter sucesso nos negócios", em tradução livre], de McCormick e Karinch. A liberação de ideias é uma estratégia de criatividade usada por muitos atletas e executivos de sucesso mencionados no livro e que envolve dois passos simples. O primeiro é tomar nota quando ideias surgirem naturalmente em sua mente. Provavelmente é no momento em que você tem menos distrações e não quando está no trabalho. Entre as atividades que costumam permitir que surjam ideias estão caminhar, andar de bicicleta, fazer trilhas, praticamente qualquer tipo de exercício, tomar banho, meditar, dirigir, se sentar em um banco de parque, olhar para um lago ou para o oceano. Você entendeu a ideia. Há atividades em sua vida durante as quais ideias novas têm mais chances de surgir em sua mente. Identifique as suas.

O segundo passo da liberação de ideias é se colocar conscientemente e com regularidade nesses ambientes e estar preparado para anotar as ideias que surgirem. Isso provavelmente vai exigir que você não leve ou desligue o telefone e pare de mandar mensagens e checar e-mails.

A premissa é que as ideias estão sempre girando em sua cabeça. A maior parte do pensamento criativo é colhê-las. Quando estamos constante e intensamente engajados, nós raramente as percebemos.

A ação aqui é observar quando novas ideias emergem, e se colocar com frequência nesse ambiente atento às ideias que vêm à mente. Você vai ficar satisfeito com as ideias criativas que colherá.

OUTRAS DICAS DE GESTÃO DO TEMPO

Eis aqui algumas dicas recomendadas por gestores de diversos campos. Você também pode achá-las úteis:

- Reconheça que todos nós temos a mesma quantidade de tempo: 168 horas por semana. Ninguém tem mais tempo que você. O que você faz com esse tempo faz a diferença.
- Estabeleça prazos para seus projetos. Isso ajuda especialmente se você é do tipo procrastinador. Evite trabalhos apressados de última hora. Algumas pessoas dizem que trabalham melhor sob estresse e com prazos curtos. Talvez elas trabalhassem ainda melhor se não estivessem sob estresse. Elas precisam experimentar isso.

- Lembre-se da diferença entre algo ser urgente e ser importante. Todos temos coisas urgentes a fazer, mas sempre pergunte o quão importante elas são. Sua habilidade de diferenciar entre urgente e importante é fundamental para seu sucesso. É melhor se concentrar no que é importante. Isso vai ao encontro da discussão anterior sobre a tirania do imediato.
- Tente manter um registro por uma semana de como você gasta seu tempo. Mantenha registro dos horários e anote tudo. Você pode se surpreender ao ver para onde muito de seu tempo está indo. Se não analisarmos nosso uso do tempo, não vamos conseguir geri-lo melhor. Ou peça feedback a outras pessoas sobre como você usa seu tempo. Elas frequentemente conseguem ver o que você não consegue.
- Planeje seu dia. Fazer isso na noite anterior é ainda melhor do que fazer isso a cada manhã. Desse jeito, você já sabe em que vai se concentrar no início do dia seguinte. Se esperar até a manhã para fazer esse planejamento, você pode ser pego por coisas menos importantes. Mas, seja na noite anterior ou de manhã, faça isso.
- Planeje sua semana. Mesmo que você trabalhe aos fins de semana, vale a pena tirar alguns minutos no sábado ou no domingo para planejar a semana. Ter seu plano para a semana antes de ir para o trabalho na segunda-feira de manhã vai ser de grande serventia e vai manter você centrado quando as emergências quase inevitáveis surgirem, seja na segunda-feira de manhã, seja mais tarde na semana.
- Siga a regra do 70/30: marque coisas para no máximo 70% de seu dia. Deixe o resto do tempo para tarefas não planejadas, urgências dos outros ou emergências. Se você planejar cada minuto de seu dia, vai ficar frustrado quando não conseguir completar todo o seu plano.
- Estabeleça horários para fazer e retornar ligações telefônicas, ler, enviar e-mails, trabalho de escritório e assim por diante. Isso é bom por dois motivos. Você poupa tempo fazendo itens semelhantes juntos, e os outros vão acabar aprendendo seu horário.

- Não espere por aquele momento perfeito para estar no estado de ânimo certo para trabalhar em um item de alta prioridade. O momento e o estado podem não chegar nunca.
- Recompense a si mesmo quando completar um dos itens de prioridade A. Saia para almoçar, deixe o trabalho um pouco mais cedo nesse dia ou ligue para um amigo com quem você pretendia se reconectar.
- Desenvolva hábitos de pontualidade. Chegue na hora, cuide das coisas quando devido e estimule seus funcionários a fazer a mesma coisa. Seja o modelo para o controle do tempo em seu departamento.
- Pense em trabalhar de casa, em um escritório remoto, em uma sala de reunião pouco utilizada ou um escritório vazio — algum lugar onde as pessoas não vão esperar encontrá-lo quando você precisar trabalhar em uma tarefa que exige foco total e um mínimo de interrupções. Como exemplo, uma tarefa que pode levar alguns dias no escritório em meio a todas as suas outras responsabilidades frequentemente pode ser terminada em meio dia de trabalho de casa.

34
A palavra escrita

É causa de surpresa e alguma diversão que muitas pessoas articuladas fiquem reduzidas a incompetentes balbuciantes quando é preciso que ponham seus pensamentos na forma escrita.

Algumas pessoas ficam intimidadas por uma página ou uma tela de computador em branco. Vamos examinar por que essa sensação de pânico se apodera de indivíduos que, fora isso, parecem ser competentes e confiantes.

Primeiro, temos a *síndrome do teste*. Algumas pessoas entram em pânico quando fazem provas. Tudo o que elas têm é uma folha de papel em branco e o material dentro de suas cabeças. Agora elas precisam traduzir essa informação sobre o papel. Sua "nota" vai depender do que está na folha de papel quando ela sair da impressora.

Uma segunda razão pela qual as pessoas podem não se sentir confiantes em usar a palavra escrita é que elas mesmas não leem muito. Elas encaram o que consideram necessário para o trabalho, mas não leem por prazer nem por desenvolvimento pessoal e profissional. Em vez disso, assistem à televisão demais ou passam muito tempo on-line, duas coisas mais passivas que ler. Você não aprende muito sobre escrever bem assistindo à televisão ou navegando na internet. Você aprende sobre escrever bem lendo. A televisão e a internet não são culpadas de todos os males sociais atribuídos a elas, mas as duas reduziram o tempo que muitas pessoas passavam lendo, o que por sua vez teve um efeito adverso em suas habilidades de escrita. Em geral, e-mails e mensagens de texto não ajudaram. Muito do texto nessas modalidades é picotado e cheio de frases incompletas e abreviaturas.

Além disso, como hoje em dia as pessoas não escrevem muito — exceto quando estão enviando e-mails ou mensagens de texto —, elas ficam intimidadas quando precisam escrever um documento longo ou mesmo enviar a alguém uma carta manuscrita. Uma analogia com falar em público pode explicar isso. Se raramente faz um discurso em público, você provavelmente fica intimidado pela situação. E, quando está intimidado, você não está relaxado; está tenso e nervoso. Sua maneira de falar é rígida e desconfortável. Você comunica sua apreensão para a plateia; as pessoas podem até se sentir desconfortáveis por você. Seus modos destroem a confiança delas em você e na mensagem que está tentando transmitir.

A mesma coisa acontece com a comunicação escrita. Se você fica intimidado pela situação, seu texto vai ser rígido e nada natural. Sob essas circunstâncias, você pode tentar encobrir a situação escrevendo de maneira mais formal, usando palavras que nunca usaria em uma conversa com um amigo.

Livros e cursos ensinam a escrever cartas comerciais e memorandos. Eles podem ser de grande ajuda. Se escrever é um desafio para você ou se você apenas gostaria de fazer isso melhor, sem dúvida procure livros ou treinamento para ajudá-lo. Você tem muito mais chance de ter sucesso e progredir em sua carreira se expressar seus pensamentos bem e de forma persuasiva por escrito.

UTILIZE O PODER DAS HISTÓRIAS

Quando estiver tentando explicar alguma coisa, sempre leve em consideração contar uma história. As histórias são mais poderosas até mesmo que um argumento bem pensado. Usar uma história também vai tornar suas afirmações mais memoráveis. Como humanos, nós nos conectamos com histórias. É por isso que palestrantes e oradores de talento quase sempre vão usar histórias para sustentar o que dizem. Você pode ter percebido que alguns pontos deste livro são reforçados por exemplos que são, em essência, histórias. É muito provável que você se lembre desses pontos melhor que de outros. O hotel em Singapura, o membro da equipe que está estudando espanhol e os encaixes de marcenaria são todos exemplos do uso de histórias para transmitir uma ideia.

IMAGENS MENTAIS AJUDAM

Um dos melhores métodos para melhorar suas habilidades de escrita é usar imagens mentais. Em vez de ficar intimidado pela tela ou folha de papel vazias, produza uma imagem mental da pessoa para quem você está escrevendo. Veja essa pessoa em sua mente. Você pode até chegar ao ponto de imaginá-la sentada em uma cadeira confortável no escritório bebendo uma xícara de café e lendo sua nota. Ou você pode visualizar a si mesmo sentado em um café dizendo à pessoa a mensagem que quer transmitir.

Imagine que você está tendo uma conversa com a pessoa em um ambiente amistoso. Agora fale. Use palavras que usaria em uma conversa. Se você não usa palavras complicadas em suas conversas, não as use em sua comunicação escrita. Psicólogos nos dizem que as pessoas que usam certas palavras, esse tipo elegante de palavras quando querem impressionar outras com seu texto, na verdade estão demonstrando sinais de um complexo de inferioridade. Mesmo que você se sinta desconfortável com sua escrita, não alardeie isso — guarde para si mesmo.

Ao conjurar a imagem mental da pessoa para quem você está escrevendo, sempre imagine um rosto amigável. Mesmo que esteja, por exemplo, enviando um e-mail para alguém que você não suporta, imagine que está escrevendo para um amigo. *Nunca* conjure sentimentos hostis porque eles podem transparecer em seu texto. Imaginar um rosto amigável vai trazer um tom amigável e cálido para sua comunicação.

Agora vamos ver uma situação mais ampla: enviar um e-mail para todas as pessoas em seu departamento ou divisão. Você não precisa imaginar 45 pessoas sentadas em um auditório esperando que você fale. Essa é uma situação formal demais. A menos que você seja um orador excelente e relaxado, a imagem vai tornar seu texto formal e rígido.

Em vez disso, crie um quadro mental de dois ou três dos funcionários mais amigáveis que você tem subordinados a você. Imagine que você está em uma pausa para o café ou no almoço com eles. Agora diga a eles o que você tem a dizer. É isso o que você escreve. Se está escrevendo para outros gestores em outros departamentos, você pode usar imagens mentais semelhantes.

Agora vamos supor que você tem de escrever um relatório atualizado para a presidente da empresa, e vamos supor que ela seja um tanto inabordável e intimidadora. Produzir uma imagem mental da presidente só vai deixar a situação pior. Pense, em vez disso, em alguém que não o intimida. Imagine essa pessoa como presidente. Agora escreva o relatório. O tom será completamente diferente.

Escrever de maneira informal não significa usar frases incompletas nem erros de gramática. Alguns e-mails enviados por executivos instruídos deixariam com vergonha seus professores de língua portuguesa do oitavo ano. Muitas empresas oferecem cursos internos de treinamento especificamente sobre como escrever e-mails adequados. Ao escrever um e-mail, você precisa se assegurar de que sua gramática e sua ortografia estão corretas. Alguns e-mails podem ser curtos e não especialmente bem escritos. Mas isso não significa enviá-los com erros de ortografia e frases mal estruturadas ou incompletas. Fazer isso dá a impressão de falta de profissionalismo e de método.

Também há ocasiões em que um e-mail tem de ser muito bem escrito. Isso ocorre quando você está buscando convencer, e o e-mail provavelmente vai ser lido por muitos. Sempre tenha em mente que um e-mail não apenas representa você para os outros, mas provavelmente será arquivado permanentemente. E-mails podem ser reenviados inúmeras vezes. Uma coisa mal escrita pode chegar a colegas que você nunca conheceu. Você não precisa iniciar com uma opinião negativa sobre você quando os conhecer porque eles leram um e-mail mal escrito que enviou. Do lado positivo, um e-mail bem escrito fala bem de você e marca sua reputação como pessoa cuidadosa, profissional e persuasiva.

Se você está desconfortável em relação ao uso de gramática, vocabulário e escolha de palavras na comunicação escrita, aprenda o básico. Isso não é tão difícil e sem dúvida não vai cansar muito. Ler um livro de gramática de preço baixo ou fazer um curso em uma faculdade ou escola locais vão ajudá-lo com isso. Dicionários ou sites de sinônimos podem realmente ajudar você a encontrar as palavras precisas quando estiver escrevendo. Não confie em um assistente ou colega para ajudá-lo nessa área. Essa é a saída fácil e pode fazer com que você adie alcançar competência nessas habilidades importantes.

Há uma razão adicional para você se assegurar de que sua gramática e sua ortografia estão corretas em seu texto. Se não estiverem, há uma chance de que elas também estejam incorretas em sua fala formal e mesmo em conversas informais. Se esse é o caso, isso vai ter um impacto adverso no sucesso futuro e nas possibilidades de promoção.

Então faça todo o possível para escrever e falar sua língua corretamente, dê a ela a dignidade que ela merece e represente a si mesmo bem. Acima de tudo, lembre-se: escreva para aquela imagem mental amigável.

A rádio corredor

Este capítulo poderia ter o subtítulo de "A comunicação mais eficaz". Qualquer organização com mais de cinco pessoas tem uma rádio corredor. Rádios corredor existem porque as pessoas se comunicam umas com as outras, e têm uma grande necessidade de saber o que está acontecendo. Se elas não souberem, vão especular a respeito. Você nunca vai dar fim a uma rádio corredor, então precisa aceitar sua existência e o fato de que suas ramificações chegam a todos os setores da organização. Não é importante avaliar se a rádio corredor é boa ou ruim; ela simplesmente é. O importante é entender como ela funciona para que você não se torne vítima dela.

Pense na rádio corredor como uma segunda — e em muitos casos mais eficiente — rede de comunicação em sua organização. Se a estrutura formal de comunicação de memorandos, e-mails ou publicações na intranet da empresa é uma autoestrada, a rádio corredor é a rodovia secundária que corre em paralelo. As duas estradas levam ao mesmo lugar, e às vezes os carros na estrada secundária chegam antes. Há vezes em que você fica parado no trânsito na autoestrada enquanto vê os carros passarem voando por você na rodovia secundária. De forma semelhante, às vezes a rádio corredor distribui a informação antes de a estrutura formal de comunicação fazê-lo.

Um jeito de um gestor evitar ser vítima da rádio corredor é fazer um bom trabalho de comunicação. Transmitir informação com clareza e eficácia vai reduzir as oportunidades para a rádio corredor distribuir informação imprecisa sobre sua operação. Sempre vai haver especulação e fofoca. Mas, sendo um comunicador eficaz, você pode reduzir a especulação *incorreta*. Você nunca a detém completamente e precisa aceitar esse fato.

A rádio corredor acontece até fora do horário do expediente por meio de telefone ou e-mail. Um exemplo de um e-mail noturno poderia ser assim: "Você não sabe da última, está acontecendo agora. Soube que você estava no dentista. Você não vai acreditar nisso, mas..." E por aí vai.

Como um novo gestor, você provavelmente vai se identificar com esta história: alguns gestores iniciantes trabalhando em um banco comercial estavam se perguntando a velocidade e a eficiência com que a rádio corredor podia lidar com um boato. Eles sabiam que um dos principais participantes estava no quinto andar. Eles mandaram um dos gestores do grupo ir até o quinto andar e contar a essa pessoa um boato ultrajante que podia ser remotamente possível. Então o gestor tornou a descer para o primeiro andar onde ficava sua área de trabalho. Ele tinha ficado ausente por menos de dez minutos. Quando ele voltou para sua mesa, a secretária disse: "Você nunca vai acreditar no que eu acabei de ouvir." Ela repetiu o boato que o gestor tinha transmitido no quinto andar, com o acréscimo de algumas modificações criativas.

USE A RÁDIO CORREDOR DE VEZ EM QUANDO

Como gestor, você pode usar a rádio corredor tanto para emitir quanto para receber. Se você desenvolver um bom relacionamento com seu pessoal, eles vão lhe dizer o que está acontecendo. Na verdade, alguns deles vão disputar a oportunidade de contar a você a última notícia.

Você também pode enviar mensagens por meio da rádio corredor. Vai haver momentos em que você vai precisar explorar a eficiência dela. Tenha em mente que, quando você fizer isso, não vai conseguir controlar a precisão da mensagem enquanto ela circula. Por essa razão, a ênfase deve ser na comunicação direta com sua equipe para poder evitar os exageros que são normalmente acrescentados pela rádio corredor.

Se quiser botar alguma coisa na rádio corredor para testar, primeiro identifique quem você vai usar para acessar a rede. Pergunte a si mesmo: "Para quem na organização eu contaria se quisesse que minha informação fosse distribuída o mais depressa possível?" A resposta à sua pergunta vai levá-lo a um dos "radialistas". Confiar informação a eles vai garantir que ela entre na rádio corredor — e provavelmente assim que você se afastar da mesa deles.

A melhor maneira de dar a partida na informação é preceder sua afirmação com "Mantenha isso em segredo, mas...", ou "Isso é altamente confidencial, mas..." Isso vai garantir seu movimento rápido através do sistema. Lembre-se: a única vez em que um item é completamente confidencial é quando você não conta a ninguém.

Sua melhor amiga: a delegação

Não é possível destacar o quanto é importante para um gestor saber como delegar e usar essa ferramenta indispensável. Quando você delega de forma apropriada, pode se concentrar menos em fazer tarefas e mais em gerir e liderar. Delegar não é distribuir tarefas entre as outras pessoas. Delegar é pegar algo que você atualmente faz e passar isso para um de seus funcionários com o propósito de desenvolver suas habilidades e tornar sua organização mais eficaz. Distribuir suas tarefas é dizer a um funcionário: "Estou ocupado demais; você precisa assumir parte da carga do trabalho." Nunca tente passar uma distribuição de tarefas por uma delegação.

BENEFÍCIOS DA DELEGAÇÃO

Há muitos benefícios na delegação. Você consegue funcionários mais envolvidos e motivados porque estão adquirindo novas habilidades, se desenvolvendo e se tornando mais envolvidos no sucesso da organização. A delegação é eficaz em termos de custos para a organização. A empresa agora tem em seus quadros alguém capaz de fazer um trabalho que antes só você conseguia fazer. E isso libera você para fazer outras coisas que representam um melhor uso de seu tempo e de seus talentos.

A delegação também pode ajudá-lo a ampliar sua perspectiva. Ser um gestor de sucesso exige que você seja capaz de ver desafios e oportunidades enquanto eles estão se aproximando e antes que cheguem. Delegar tem o potencial de liberá-lo para ver mais longe. Pense nisso dessa maneira: sua visão à distância é bem limitada quando você está nas trincheiras. Delegar ajuda você a sair das trincheiras figurativas de desempenhar tarefas recorrentes que não são o melhor uso de suas habilidades.

Finalmente, a delegação é uma das ferramentas de treinamento mais poderosas à sua disposição. Mandar um membro da equipe para uma aula a fim de expandir suas habilidades é ótimo, mas realmente dar a ele a oportunidade de encarar uma tarefa de verdade com todos os desafios que ela apresenta vai resultar em muito mais aprendizado e desenvolvimento profissional que qualquer aula.

POR QUE OS NOVOS GESTORES NÃO DELEGAM

Se delegar é tão bom, por que os gestores não fazem isso com mais frequência? A primeira razão é que eles não sabem como; é uma habilidade que precisa ser praticada. Há também os gestores inseguros. Eles temem que o funcionário faça melhor do que eles ou acham que sua equipe vai dizer: "Se ele está delegando para nós, o que ele faz o dia inteiro?" E, claro, há aqueles que simplesmente gostam tanto do trabalho que não querem abrir mão dele. De longe a razão mais comum para os gestores não delegarem é por não estarem seguros do resultado. Quando desempenham uma tarefa, sabem exatamente como ela vai ser feita e qual vai ser a aparência do produto final. Quando fazem com que outra pessoa lide com ela, o resultado não vai ser exatamente o mesmo que se eles mesmos a tivessem feito.

Nenhuma dessas é boa razão para não delegar. A única vez em que você não deve delegar aos outros é se alguém acima de você disser para não fazer isso ou se você tem alguém que não está pronto ou está ocupado demais para aceitar a delegação.

O QUE NUNCA DEVE SER DELEGADO

As coisas que nunca devem ser delegadas, mesmo que você seja o CEO, são todas as suas responsabilidades pessoais. Você sempre guarda para si as avaliações de desempenho, as revisões salariais, dar feedback positivo, *coaching*, disciplina, demissão e assim por diante. Entrevistas são uma exceção. Como mencionado anteriormente, incluir um membro da equipe em uma entrevista de candidato a emprego pode ser uma boa oportunidade de aprendizado para o membro da equipe. Além disso, se algo tem uma natureza secreta ou sensível como a redução de pessoal de uma empresa, você não delega essa tarefa. Tenha consciência de quem delega. Tente delegar 100% do que você pode *possivelmente* delegar.

A QUEM DELEGAR

Você pode potencialmente delegar para todos os seus funcionários. Mas você tem de lidar com isso de forma um pouco diferente dependendo de quem vai assumir a tarefa. E lembre-se, mais uma vez, de que você não precisa sobrecarregar seus melhores funcionários porque sabe que eles conseguem fazer as tarefas. Se você continuar a sobrecarregá-los, eles vão ter *burnout* e você vai perder seus funcionários com melhor desempenho. Ao delegar para os membros menos experientes ou menos habilidosos, procure explicar com clareza o que tem de ser feito e monitore seu progresso muito mais do que você faria com um de seus funcionários mais experientes ou habilidosos. Você também pode delegar para um funcionário que se saiu mal em uma delegação anterior. Ao receber outra oportunidade, esse funcionário pode recuperar a confiança perdida. Tente delegar, também, para seus funcionários-problema. Um novo desafio ou projeto pode fazê-los mudar sua perspectiva das coisas.

OS PASSOS DA DELEGAÇÃO

O que vem a seguir é uma sequência especial que você pode achar útil quando delegar — veja se esse processo funciona para você:

1. Comece analisando qual de suas tarefas, projetos ou trabalhos atuais você poderia possivelmente delegar. Pense no que é necessário para fazer o trabalho, quanto tempo leva, que recursos são necessários e assim por diante.
2. Decida para quem você pode delegar a tarefa. Pense em quem ficaria mais motivado pela oportunidade, quem tem o tempo, quem tem capacidade ou pode adquirir as habilidades e quem pediu responsabilidades adicionais.
3. Quando você se decidir, sente-se com o funcionário e descreva o máximo possível dos detalhes da tarefa. Além disso, destaque os benefícios de ele assumi-la. Obviamente, se a pessoa é nova ou inexperiente, você deve passar mais tempo com ela e lhe fornecer mais detalhes.
4. Cheguem a um acordo sobre o objetivo da tarefa e o cronograma a ser seguido. Isso é vital e deve estar por escrito. Um

e-mail de acompanhamento que descreva o resultado específico combinado e a data de término vai cobrir isso. Você pode precisar que o membro da equipe que está assumindo a tarefa escreva o e-mail para que você possa verificar que ele entendeu com clareza. Uma tarefa complexa pode envolver múltiplas datas de entrega e resultados provisórios. A importância desse passo nunca será suficientemente destacada. Delegar com sucesso exige uma clareza absoluta de objetivo.
5. Finalmente, discuta como você vai monitorar o progresso do funcionário.

A ARMADILHA DO PERFECCIONISMO

Como a razão mais comum para gestores não delegarem é sua incerteza quanto ao resultado, é preciso tratar mais a fundo a questão do perfeccionismo. Muitas pessoas pensam equivocadamente que o perfeccionismo é um atributo positivo. Não é. Altos padrões pessoais são um atributo positivo. Isso não é o mesmo que perfeccionismo.

Uma definição comum do perfeccionismo é considerar inaceitável qualquer coisa menos que a perfeição. Pense nisso. Primeiro, a perfeição quase nunca existe. Falhas quase sempre podem ser encontradas em qualquer produto ou resultado. Segundo, insistir em um resultado que você vê como perfeito, embora não seja, significa que a pessoa para quem você está delegando não tem entendimento de como prosseguir com a tarefa.

Se você começa o processo de delegação dizendo à pessoa que está recebendo a tarefa exatamente o que ela tem de entregar até o mínimo detalhe, ela provavelmente não vai ficar muito empolgada para assumir a tarefa. Você está transformando-a em um robô e, no processo, a está desmotivando. Você também está renunciando aos benefícios da experiência, da perspectiva e da criatividade dela — que são todos diferentes dos seus.

Delegar com sucesso exige que você aceite e valorize o fato de que a pessoa que vai assumir a tarefa o fará de um jeito diferente do que você faria. Pense nisso como combinar a data e o horário que uma pessoa vai chegar a um destino distante, mas permitindo que ela escolha o próprio caminho. Agora, obviamente, se, com base em sua experiência, você sabe de caminhos para o destino que são problemáticos, informe a ela. Mas confie em seu julgamento para escolher um caminho que funcionará e provavelmente será diferente daquele que você escolheria. Se não confia no julgamento dela nisso, ela é a pessoa errada para a tarefa.

Quando se trata de seu desejo de alcançar um resultado perfeito em suas próprias tarefas, há alguns fatores importantes a serem levados em conta. Algumas tarefas realmente exigem um resultado quase perfeito. Muitas, não. O segredo para gerir uma inclinação a buscar a perfeição e, no processo, aumentar sua eficiência é discernir quais tarefas exigem quase a perfeição e quais não.

Aqui está um exemplo. Digamos que você tem de fazer uma apresentação para o conselho diretor de sua empresa a fim de obter financiamento para uma nova iniciativa. Uma tarefa de perfil tão alto e tão importante realmente exige seus melhores esforços. Embora a perfeição não possa ser alcançada, nesse caso almejá-la é uma boa ideia. Você provavelmente tem justificativa para investir muito tempo na preparação, no ensaio e na interpretação de como responder às perguntas que provavelmente vão fazer a você.

Em comparação, digamos que você vai fazer uma apresentação para sua equipe sobre um processo novo. Embora importante, um resultado quase perfeito não é vital. Isso significa que o mesmo nível de preparação para a apresentação ao conselho diretor não se justifica. Se você se vir tentado a dedicar o mesmo nível de esforço, precisa avaliar com sinceridade seus problemas pessoais com o perfeccionismo.

EVITE DELEGAR PARA CIMA

Resista a aceitar delegações de seus subordinados diretos. Eles vão procurá-lo e dizer que estão ocupados demais, que o trabalho é muito difícil ou que você consegue fazer o trabalho melhor que eles. Se isso acontecer com você, ajude-os com o projeto ou consiga um especialista no assunto para ajudá-los; não assuma. Como gestor, você quer estar no negócio de desenvolver outras pessoas, não as resgatar.

NO FUTURO

A delegação pode ser uma grande amiga para você, sua equipe e a organização. É vital para seu desenvolvimento como gestor. Não delegar vai dificultar significativamente seu progresso. Comece pensando no que você pode delegar hoje, amanhã ou em algum momento no futuro. Aprenda a delegar e faça isso. Tanto você quanto os membros de sua equipe vão se beneficiar desse gesto.

37
Senso de humor

Muitos novos gestores se levam a sério demais. A vida é desafiadora e pode ser desagradável. Sem senso de humor, ela pode ser mortal. Novos gestores precisam aprender a não se levar a sério demais e a desenvolver um senso de humor.

Uma das razões para muitos de nós se levarem tão a sério é o imediatismo do mundo em que circulamos. Nossas atividades diárias são importantes para nós porque são elas as que conhecemos com mais intimidade. Portanto, tudo o que acontece no escritório assoma grande em nossas vidas. Devemos tentar fazer nosso trabalho com o máximo de nossa capacidade, mas, assim que tivermos a mente segura de ter agido dessa forma, não devemos nos preocupar com isso. A expressão-chave é esta: *assim que tivermos a mente segura*. A maior parte de nós é nosso pior crítico.

Claro, o trabalho que fazemos é importante. Se não fosse, ninguém pagaria dinheiro em troca de nossos esforços. Mas devemos manter o que fazemos em perspectiva. Isso pode ser importante em nosso escritório e pode ser importante para as pessoas que lidam com ele, mas pode não parecer terrivelmente significativo quando comparado à história da humanidade. Quando você teve um dia ruim e tudo parece perdido, lembre-se de que dentro de cem anos ninguém vai ligar; então por que você deve deixar que isso destrua seu ano, mês, semana — ou, também importante, sua noite? Nossos trabalhos são importantes, mas vamos manter o que fazemos em perspectiva.

O autor inglês Horace Walpole (1717-1797) disse: "O mundo é uma tragédia para aqueles que sentem, mas uma comédia para aqueles que pensam."

É muito mais fácil não se levar a sério demais se você tem senso de humor. Quase todo mundo tem algum tipo de senso de humor, mas ele é mais fortemente desenvolvido em algumas pessoas que em outras. Mesmo que sinta que seu senso de humor é fraco, você pode melhorá-lo.

DESENVOLVA UM SENSO DE HUMOR

Eis aqui uma notícia que dá alguma esperança: muitas das pessoas que são conhecidas por ser engraçadas, inteligentes e com uma criatividade bem-humorada na verdade não têm essas características. O que elas têm é uma memória excelente e um bom sentido de evocação. Elas podem procurar rapidamente em suas memórias e encontrar uma tirada engraçada que ouviram ou leram e é apropriada para a situação. Elas ganham a reputação de ter senso de humor e têm, mas não são necessariamente criativas. É como um arremesso perfeito no beisebol, que alguns acham nascer com a pessoa, e um arremesso que pode ser desenvolvido e praticado.

Então você pode desenvolver um senso de humor lendo, vendo o tipo certo de filmes engraçados e estudando comédia. Assista a personalidades da TV consideradas engraçadas. Observe pessoas que são engraçadas "de ouvido". Uma torta de creme na cara ou cair sentado no chão podem ser visualmente engraçados, mas você não usa esses recursos no escritório, e raramente em sua vida social.

ENCORAJE O RISO

Além de desenvolver seu próprio senso de humor, como gestor você também precisa construir um ambiente de trabalho divertido e onde o riso seja bem-vindo. Se o local de trabalho é um lugar divertido e agradável, seus funcionários vão comparecer mais, trabalhar mais duro e ser mais produtivos. Há muitas maneiras diferentes de estimular o riso em seu departamento. Eis aqui algumas ideias:

- Comece cada reunião com uma piada ou faça com que um de seus funcionários conte a piada.

- Tenha um mural dedicado ao riso. As pessoas podem publicar nele charges, tirinhas de quadrinhos ou piadas para que seus colegas leiam e riam.
- Um gestor da Califórnia transformou um almoxarifado em sala de riso. Ele pôs um aparelho de DVD na sala e o abasteceu com discos de comédias e humoristas. Quando ele ou algum membro de sua equipe precisava rir, eles iam para a sala, botavam um DVD por alguns minutos e saíam dela rindo.

Você pode precisar experimentar esses métodos ou encontrar os seus.

HUMOR — NÃO SARCASMO

Conquistar a reputação de ter um senso de humor seco é aceitável. Adquirir a reputação de ser o palhaço do escritório, não. A maior parte das pessoas entende essa diferença. Fazer gracejos é uma coisa; ser um bufão é outra bem diferente. Mas um alerta: se você nunca disse nada engraçado no escritório, use o humor de forma moderada; do contrário, alguém pode querer avaliar se você é realmente engraçado ou não.

Muitas pessoas confundem sarcasmo com senso de humor. Algum sarcasmo pode ser engraçado, mas ser sarcástico apresenta um duplo problema. Primeiro, você ganha a reputação de ser um cínico, que não é um traço bem-vindo na suíte dos executivos. Segundo, o sarcasmo frequentemente é engraçado à custa de alguém. Você não precisa que as pessoas achem que você investe sobre as fraquezas ou idiossincrasias dos outros. Além disso, você não precisa ofender alguém e fazer um inimigo. Como regra, evite qualquer tipo de humor que seja à custa dos outros. Se você não fizer isso, vai parecer mesquinho e inseguro.

É melhor que suas observações bem-humoradas apontem para si ou sejam neutras. Rir de si mesmo ou de seus próprios defeitos faz de você uma pessoa com humor autodepreciativo, o que não ofende ninguém. Trocar insultos com outra pessoa pode ser divertido, mas não é uma prática para iniciantes e deve ser evitada.

HUMOR PARA ALIVIAR TENSÃO

Senso de humor é muito valorizado quando as coisas se tornam agitadas e tensas. Uma observação bem-humorada na hora certa pode aliviar o clima e a tensão. É como abrir uma válvula de vapor para que a pressão possa escapar. É saudável perceber humor nessas situações. Mesmo quando parece impróprio fazer uma observação engraçada em voz alta, pensar nela pode fazer surgir um sorriso em seu rosto e poupá-lo de ter uma enxaqueca.

Estamos cercados de situações engraçadas todos os dias, mas precisamos percebê-las. Da mesma forma que acontece com a beleza à nossa volta, se você não faz questão de procurar por ela, provavelmente vai perdê-la. Com a prática, porém, você vai começar a ver humor no que acontece à sua volta.

Por fim, há uma razão atraente para não levar a vida e a nós mesmos a sério demais: nenhum de nós vai mesmo sair vivo dela. Tenha em mente que nunca se soube de uma lápide gravada com as palavras: "Eu queria ter passado mais tempo no escritório."

38
Gerir, participar de e liderar reuniões

No Capítulo 33 mencionamos empresas que têm **períodos fechados** durante os quais as pessoas dos escritórios não ligam uma para as outras e não participam de reuniões. Isso lhes dá uma certa quantidade de tempo sem interrupções a cada dia. Na verdade, a produtividade de todo o país aumentaria muito se todas as reuniões de trabalho com mais de duas pessoas, em empresas ou no governo, fossem banidas por um ano. Reuniões são muito caras. Você está tirando pessoas de seu trabalho. Sempre leve em conta as alternativas que você tem em vez de fazer uma reunião. Se as reuniões tiverem apenas propósitos informativos, você pode enviar um e-mail com anexos. Se você quer que ocorram discussões e tomadas de decisões, uma reunião ainda pode ser desnecessária. Você pode, em vez disso, usar um documento on-line para facilitar uma discussão virtual por meio do acompanhamento de comentários. Mesmo quando não puder substituir totalmente uma reunião final para tomada de decisão, esse método pode permitir que essa reunião seja mais curta e mais eficiente. A comunicação de mão única não exige uma reunião a menos que os participantes da reunião nunca se vejam. Aí, de vez em quando, é bom reunir o grupo.

O CUSTO DE UMA REUNIÃO

Você pode justificar sua reunião em termos de custos versus benefícios? Digamos que você tenha uma reunião planejada para um grupo de dez pessoas, incluindo você mesmo. Você precisa conseguir reações a novos procedimentos efetivados na semana anterior e tratar de alguns itens pendentes. Você programou duas horas para a reunião. Vamos calcular o custo dessa reunião. Supondo que o salário médio de todo mundo seja de R$6 mil. Com base em 22 dias úteis de trabalho por mês, isso resultaria em um remuneração diária de cerca de R$270, e o custo por pessoa por duas horas, aproximadamente R$70. Multiplicando esse número por dez, temos cerca de R$700. Então acrescente qualquer custo de aluguel de sala, de lanche e de café, e assim por diante. Alguma das pessoas presentes também pode ter precisado viajar para o local de sua reunião. Isso as afasta do trabalho por um período ainda mais longo. Faça a si mesmo a mesma pergunta com a qual começamos esta seção: "Você pode justificar sua reunião em termos de custos versus benefícios?" Se puder, vá em frente com ela. Se não puder, encontre uma alternativa.

AVISO ANTECIPADO

Uma ideia que ajuda a gerar reuniões mais produtivas é enviar a pauta proposta aos participantes da reunião alguns dias antes de ela acontecer. Ir para uma reunião despreparado é contraproducente. Muitas reuniões acontecem por necessidades surgidas no calor do momento, mas uma reunião programada deve ter uma pauta.

Se você é a única pessoa que sabe o que vai ser tratado, isso pode alimentar seu ego, mas prejudica a qualidade da reunião. Sua pauta deve abordar todos os tópicos a serem discutidos e o período de tempo para cada tópico. Sempre que possível atenha-se a esse período de tempo para que você possa encerrar a reunião no horário. Nada desespera mais as pessoas que reuniões que duram além do combinado ou acabam após o horário de término anunciado.

Se você está se aproximando do horário previsto para o fim da reunião e tem mais a tratar, é apropriado permitir que os participantes decidam se devem prolongar a reunião, marcar outra ou lidar mais tarde com as questões não resolvidas. No mínimo, nessa situação pode ser apropriado revisar rapidamente a pauta, escolhendo lidar com os itens mais importantes no tempo limitado que resta.

É bom que diferentes participantes conduzam diferentes itens da pauta. Isso os torna mais envolvidos e os ajuda a desenvolver suas habilidades de liderança e facilitação. Você também pode envolver as pessoas presentes de outra maneira. Peça a elas para contribuir com sugestões de itens para reuniões vindouras. Observe que você provavelmente não tem conhecimento de todas as questões e oportunidades dentro de sua organização.

Procure começar suas reuniões na hora. Você desperdiça tempo e recursos valiosos quando deixa as pessoas sentadas esperando o início da reunião. Quando você se torna conhecido por começar suas reuniões na hora, as pessoas vão perceber isso e ser mais pontuais. Além disso, você nunca precisa que qualquer dos participantes da reunião sinta que não é tão importante quanto as pessoas que você está esperando.

OS ERROS QUE OS GESTORES COMETEM

Muitos gestores novos no processo de reuniões se sentem obrigados a dar uma opinião em todas as questões. Isso não é necessário. Tenha opinião onde sua motivação é a questão, não a aparente necessidade de falar. É muito melhor fazer alguns comentários bem pensados do que falar sobre tudo. É preferível que um executivo presente na reunião diga "John é uma pessoa ponderada" em vez de "John sempre tem alguma coisa a dizer, mas não necessariamente a acrescentar".

O outro extremo, ficar em silêncio durante toda a reunião, é igualmente ruim. Isso sugere que você está intimidado pela situação, não tem nenhuma contribuição a dar ou simplesmente não está interessado. Essa não é uma imagem que você precisa projetar. Mesmo que a situação o intimide um pouco, nunca deixe que percebam seu nervosismo. O Capítulo 39, que trata de falar em público, vai ajudá-lo em relação a isso.

Nunca diga nada de negativo em uma reunião sobre ninguém de sua equipe. Isso será recebido como deslealdade de sua parte. Lide com situações, não personalidades. Carreiras em gestão foram interrompidas por um gestor que falou mal de um funcionário diante de um executivo de alto escalão. Assim como o humor inadequado, esse tipo de comportamento reflete mal quem você é.

Alguns gestores veem uma reunião com executivos de mais alto escalão como um espaço para exibir habilidades e discernimento. Tudo bem se você fizer isso da forma correta. Entretanto, se você vê a reunião como uma competição com outros gestores de seu nível, sua ênfase está errada. Seu objetivo é ser um membro produtivo e colaborativo da equipe, não superar outros gestores. A competição é o elemento errado para se botar na mesa.

Outro erro que muitos gestores cometem é ver para que lado está tendendo o chefe em determinada questão, de modo que suas posições sejam as mesmas. A ideia é que seus chefes vão ter uma opinião melhor sobre um gestor que concorda com eles, ou pensa como eles. A maior parte dos chefes identifica esse jogo imediatamente, e o gestor pode ser visto como fraco. Claro, se você tem um ponto de vista diferente do de seu chefe, apresente-o de um jeito diplomático e bem embasado — mas não deixe de apresentar. Se todo mundo concorda com o chefe, não é preciso ter reunião.

Por falar nisso, muitos gestores não têm a coragem de assumir uma posição diferente da de seus chefes. Provavelmente, na grande maioria das situações, a coragem para defender uma posição pensada, mesmo que diferente da do chefe, ajuda mais uma carreira que a concordância pura e simples. Há até executivos que deliberadamente apresentam uma posição falsa só para ver quem vai atrás dela, e então concordam com alguém que teve a coragem de apontar a posição correta. (A maior parte dos executivos não chegou à sua posição sendo estúpida.)

Qualquer executivo na liderança de um projeto ou uma reunião com membros inferiores hierarquicamente faria bem se não revelasse sua própria decisão até *depois* que todos os outros emitissem seus pensamentos e opiniões. Exemplo: a presidente de uma empresa comandou uma equipe em um projeto de reorganização corporativa consistindo de sete pessoas. A presidente sabiamente não anunciou sua opinião até ter pedido a de todo mundo. Essa abordagem impede que qualquer um puxe o saco da presidente ou oculte informação contrária por preocupação de como ela seria recebida.

Um executivo não precisa de funcionários ou membros de uma equipe que puxem seu saco. Essa abordagem também pode dizer a novos gestores que não há problema em ter um ponto de vista diferente. Claro, como mencionado antes neste livro, alguns executivos dizem não gostar de pessoas que sempre concordam com eles, mas suas ações indicam o contrário. Esses executivos acabam formando equipes e funcionários que concordam sem pensar, que apenas fornecem cobertura para o executivo, o que, sem dúvida, é um desperdício de tempo corporativo e de gestão.

VANTAGENS DE ESTAR EM EQUIPES DE PROJETOS

De vez em quando, vão chamá-lo para participar de uma equipe de projeto. Quase sempre esse chamamento é feito na forma de um convite que você pode recusar se quiser. Sempre pense bem a que equipes de projeto e comitês você se junta. Eles todos vão botar demandas adicionais em seu tempo e afastá-lo de suas responsabilidades primárias. Dito isso, há várias vantagens em ser colocado em uma equipe de projeto.

Primeiro, alguém acredita que você pode fazer uma contribuição ou você não teria sido chamado. Se você escolher participar, tire disso todo o proveito possível.

Segundo, você pode entrar em contato com gerentes e executivos em um amplo espectro da organização. Esses contatos podem ser valiosos e ampliar sua exposição.

Terceiro, você pode ter a oportunidade de se envolver em decisões que vão além de sua área de responsabilidade. Isso alarga sua experiência com a organização como um todo e ajuda você a desenvolver uma perspectiva mais ampla de como sua equipe se encaixa na organização maior.

COMO CONDUZIR UMA REUNIÃO

Quando você se torna o líder da reunião, deve tomar isso como elogio: alguém vê liderança ou pelo menos potencial de liderança em você. Não se esquive de uma oportunidade dessas.

Um dos melhores treinamentos para conduzir uma reunião é estar exposto a algumas malconduzidas. A maior parte das reuniões demora demais. Você não consegue deixar de se perguntar se algumas pessoas acham ficar sentado em torno de uma mesa melhor que trabalhar. Mas provavelmente a razão principal para reuniões durarem tanto é que elas são mal planejadas e mal lideradas.

Além da sugestão prévia sobre fazer circular uma pauta antecipadamente, distribua as atas da reunião anterior. A maior parte das pessoas lê as atas nos minutos antes de ir para a reunião, e, exceto por uma pequena correção eventual, a aprovação das atas é resolvida rapidamente. Compare isso com todo mundo sentado por 15 minutos lendo as atas e se sentindo levados a criticá-las nos mínimos detalhes.

Obviamente, todas as agendas indicam o horário inicial das reuniões. Acrescenta disciplina a uma reunião se você também indicar o horário esperado de término. As pessoas têm a tendência de permanecer concentradas nos assuntos à mão se a reunião tem um horário de encerramento esperado.

A maior parte das reuniões é feita de maneira bastante informal. Você raramente preside um comitê que exija de você as habilidades de um grande parlamentar. Se ela ficar formal, você vai precisar se familiarizar com o livro *Robert's Rules of Order* ["As regras de ordem de Robert", em tradução livre]. Ter essa referência à disposição é uma boa ideia, mas você raramente vai precisar dela. Em todos os anos em que você participou de reuniões de trabalho, provavelmente não se lembra de nenhuma questão parlamentar ser levantada, exceto de brincadeira.

As regras do bom senso devem prevalecer ao se liderar uma reunião. Mantenha-se tranquilo. Não deixe que ninguém aperte seu botão do pânico. Seja cortês com todos os participantes da reunião. Evite rebaixar as pessoas. Aja como facilitador, não como ditador. Atenha-se ao assunto. Não interrompa as pessoas antes que elas digam o que têm a dizer, mas não permita que elas se afastem do assunto. Sempre lide com o problema mais imediato. Um líder de reunião objetivo desestimula que as mesmas coisas sejam expressas repetidamente.

Não se envolva com personalidades, mesmo que outros façam isso. Esteja mais bem organizado que qualquer outra pessoa na reunião. Desenvolva o tipo de relação refletida com participantes que vá motivá-los a procurar você de antemão com itens incomuns, evitando, portanto, surpresas desagradáveis. Seja justo com todo mundo, mesmo nos casos de opiniões minoritárias com poucas chances de aprovação. O ponto de vista não deve atropelar a opinião da minoria, pelo menos até que essa opinião seja ouvida com justiça. Se você é justo com todos os pontos de vista, vai ganhar o respeito de todos os participantes e deixar as pessoas confortáveis em revelar suas ideias. Uma organização que receba bem ideias tende a ser mais inovadora. Liderar reuniões de sucesso é mais uma chance de demonstrar a alta qualidade de suas habilidades em gestão.

OUTRAS DICAS PARA REUNIÕES

Estabeleça regras básicas no início de uma reunião. As regras básicas são combinadas a partir de comportamentos que todos seguem. Elas ajudam a reunião a transcorrer sem percalços e ajudam a reduzir os comportamentos disruptivos. Entre as regras básicas estão não falar quando outra pessoa está falando, a combinação de que comentários vão ser sobre o tópico e não sobre a pessoa que apresenta o tópico, a combinação de respeitar as solicitações do condutor da reunião para encerrar os comentários e evitar conversas paralelas. Reuniões têm regras básicas sobre permanecer no assunto, permitir que todos participem, comentar a sugestão, mas não quem a apresentou, e assim por diante. Regras básicas são muito úteis e seria sábio para você desenvolver um conjunto delas com os participantes da reunião. Entre essas regras está se telefones e laptops vão ser usados durante a reunião para o envio de e-mails ou mensagens de texto. A fim de evitar consumir tempo valioso da reunião, isso pode ser feito antecipadamente em uma troca de e-mails com os participantes.

Pedir a alguém para capturar ideias e posições e escrevê-las em um quadro branco ou folha de papel em um cavalete ajuda os participantes a se sentirem confiantes de que seus pensamentos foram registrados e capturados. Isso também vai reduzir as chances de que as pessoas sintam necessidade de se repetir. Se alguém fizer isso, você pode simplesmente apontar para o local onde o que ele disse foi registrado e perguntar se há alguma informação a mais que ele gostaria de acrescentar.

Quando você está conduzindo uma reunião e múltiplos participantes expressam desejo de falar, reconheça o desejo deles e lhes informe que serão ouvidos em uma certa ordem. Isso faz com que eles saibam que vão ter sua vez e podem relaxar sabendo que ela logo vai chegar. O mesmo método funciona se você tem um problema de alguém interrompendo um participante. Simplesmente diga que ele terá uma oportunidade de falar, mas "Todos queremos ouvir o que Shannon tem a dizer".

Se houver uma discussão que é nitidamente apenas entre dois participantes e não envolve mais ninguém presente, peça aos dois envolvidos para continuar com sua discussão em outra hora. Se o resultado de sua discussão está relacionado com os assuntos tratados na reunião, eles podem relatar o resultado por e-mail ou na reunião seguinte. Assim, a discussão apenas entre os dois não toma o tempo de todas as outras pessoas. Você pode se surpreender com a frequência com que isso acontece e como é raro que os dois envolvidos percebam que estão se desviando do propósito da reunião para tratar de algo que só se aplica a eles.

Para facilitar uma discussão, é válido perguntar a uma pessoa antes que ela comece a falar se dois, três, cinco ou dez minutos — quantos forem apropriados — vão ser suficientes para seus comentários. Dessa forma, ela concorda com um "orçamento de tempo" para suas observações e sabe que precisa ser eficiente. Se ela usou a quantidade de tempo que pediu, deve-se interrompê-la delicadamente e perguntar de quanto tempo mais vai precisar. Ao fazer isso, você lembrou respeitosamente que ela precisa encerrar para que a reunião continue nos trilhos.

Tire cinco ou dez minutos no fim de uma reunião para discutir com o grupo como foi a reunião. Você precisa ter retorno para poder melhorar a qualidade da próxima reunião que você fizer.

Tenha os propósitos e os objetivos da reunião no alto de sua agenda.

Convide apenas aqueles indivíduos que realmente devem estar presentes. Como regra geral, chame o menor número de pessoas possível. Além disso, indivíduos não precisam ficar pela reunião inteira. Eles podem estar interessados ou precisar estar ali apenas para alguns dos assuntos da pauta.

É preciso que suas reuniões sejam o mais curtas possível. Tenha em mente que depois de duas horas a capacidade de atenção das pessoas fica prejudicada. Se sua reunião for mais longa, você precisa fazer intervalos. Isso pode consumir muito tempo e ser ainda mais custoso.

Prepare um plano de acompanhamento com itens de ação para os diferentes participantes. Faça com que todo mundo receba uma cópia para que cada pessoa saiba quais são as responsabilidades das outras.

Marque reuniões com relutância. Orgulhe-se de fazê-las curtas e eficientes. Com isso, você provavelmente vai obter um nível mais alto de participação e resultados superiores.

REUNIÕES REMOTAS E VIDEOCONFERÊNCIAS

Com frequência você vai incluir em sua reunião pessoas que não estão fisicamente presentes no local e precisarão participar apenas por videoconferência. Essa situação apresenta desafios únicos para manter a reunião significante e produtiva. Evite que as pessoas participem apenas por áudio a menos que seja uma reunião muito curta. Usar uma conexão apenas de áudio priva os participantes remotos e presenciais dos elementos visuais de vital importância na comunicação.

Alguns pontos básicos a ter em mente ao conduzir reuniões com participantes remotos são:

- Essas reuniões não são iguais a reuniões presenciais. Não cometa o erro de tratá-las como se todo mundo estivesse na mesma sala.
- Reuniões remotas exigem planejamento mais antecipado.
- Mesmo com videoconferência, a comunicação não verbal é prejudicada. Isso significa que seu estilo de comunicação vai precisar ser mais claro e mais específico.
- Tenha consciência dos fusos horários de participantes remotos. Procure encontrar um horário para a reunião que seja conveniente para todos. Se não há como evitar que algumas pessoas participem fora do horário de trabalho, sempre altere a hora das reuniões para que a inconveniência de reuniões fora do horário de trabalho seja igualmente distribuída e não recaia sempre sobre a mesma pessoa.
- Pode ser muito valioso ter conversas pessoais antecipadamente com os participantes remotos para iniciar o diálogo, determinar expectativas e obter um sentido de seus objetivos e preocupações. Fazer isso vai permitir que você evite ter de esclarecer os pensamentos deles durante a reunião quando a comunicação é menos que ideal.
- Há momentos em que reuniões remotas não são aconselháveis. Reuniões longas e com múltiplos tópicos não funcionam bem em formato remoto. *Brainstorming* ou sessões de estratégia que exigem um fluxo mais livre de informação e muita explicação de ideias não funcionam bem com participantes remotos.

Estas regras básicas vão ajudar suas reuniões remotas a ter mais sucesso:

- Como sempre, seja claro com todos os participantes sobre os objetivos da reunião. Isso é ainda mais importante quando alguns dos participantes estão localizados remotamente.
- Distribua uma pauta, materiais e regras básicas da reunião para todos antecipadamente.
- Faça com que a reunião tenha apenas alguns tópicos.

- Peça a seus participantes remotos para encontrar um ambiente tranquilo sem ruído de fundo ou distrações. Isso significa que seu café ou lanchonete locais não são apropriados.
- Comece a reunião com uma saudação agradável para cada participante, então peça que eles se apresentem pelo nome e pelo cargo. Isso vai ajudar a manter um tom pessoal e impedir que a reunião fique enfadonha.
- Peça que todos desliguem os celulares ou os silenciem conforme você sentir que é apropriado. Se os celulares permanecerem ligados, os participantes remotos vão frequentemente enviar mensagens de texto para outros participantes remotos durante a reunião. Cabe a você determinar se isso é positivo ou negativo.
- O líder da reunião precisa empregar um esforço extra para ajudar participantes remotos a permanecer no fluxo da reunião. Isso pode significar que ele precise eventualmente tirar um momento para relatar ao participante remoto qualquer coisa significativa que ele não consiga ver ou ouvir. Ele também pode precisar perguntar de vez em quando a esses participantes remotos se eles precisam de algum esclarecimento.
- Se você vai precisar de informação ou de feedback, peça a cada participante remoto, um de cada vez, para garantir que eles tenham uma oportunidade. Evite surpreendê-los avisando-os antecipadamente que vai fazer isso.
- O condutor da reunião precisa garantir que as pessoas não falem simultaneamente.
- Peça a participantes presenciais e remotos para se identificar todas as vezes que falarem caso não estejam aparecendo no quadro do vídeo ou haja apresentação com gráficos na tela.
- Faça um breve intervalo a cada meia hora para evitar que as pessoas tenham de se retirar sem serem anunciadas.

Vai ser bom para você estabelecer expectativas distribuindo antecipadamente a etiqueta para a reunião. Isso pode parecer um pouco excessivo, mas é fácil que os participantes não tenham consciência de como podem ter um impacto negativo em uma reunião. A etiqueta sugerida para uma reunião com participantes remotos inclui:

- Pedir para os participantes remotos se logarem 15 minutos antes para validar sua conexão e confirmar que o aplicativo de reuniões está funcionando para eles.
- Peça que os participantes se concentrem na reunião. Isso significa não fazer outras tarefas ao mesmo tempo, enviando e-mails, mensagens de texto ou navegando na internet enquanto a reunião se desenrola. Os cliques do teclado são uma dica óbvia. Muitos sugerem que as notas sejam tomadas à mão para evitar os cliques de teclado ao fundo.
- Da mesma forma que o contato visual é importante pessoalmente, ele também é durante uma videoconferência. Isso significa olhar para a câmera.
- Vista-se de maneira apropriada. Seu pessoal está em uma reunião e deve se vestir adequadamente. Isso não significa necessariamente um traje formal de trabalho, a menos que isso seja o que todos vão estar usando, mas significa não estar de pijama.
- Peça aos participantes para informar ao líder da reunião se precisarem se ausentar.

Outra dica: tenha noção do que está atrás de você em uma videochamada. Você não quer um fundo que distraia ou não seja profissional. Se seu ambiente de trabalho torna isso difícil, você pode comprar um biombo dobrável para botar às suas costas durante as chamadas. Finalmente, tenha consciência da luz no local. Luz ruim pode fazer com que você pareça velho ou doente. Nenhum dos dois é bom.

Mesmo que sua equipe seja toda presencial em um local, provavelmente você ainda precisará incluir participantes remotos em algumas de suas reuniões. Você deve a si mesmo e à sua equipe ser cuidadoso em relação a como tornar essas reuniões produtivas e agradáveis.

Você no centro do palco: o papel de falar em público em sua carreira

É incrível haver tantos gestores que não conseguem lidar bem com uma situação em que tenham de falar em público. De pé sobre a plataforma eles parecem obtusos, inseguros e com talento limitado. A impressão que a plateia recebe é que eles também não são muito bons no trabalho. Essa impressão pode não ser válida, mas, como discutimos antes, as pessoas agem com base em suas percepções.

PREPARAÇÃO ANTECIPADA

Muitos gerentes são oradores ruins porque esperam até precisar falar em público para fazer qualquer coisa em relação a isso. A essa altura, é tarde demais. Você pode ser o melhor gestor do mundo, mas isso vai ser um segredo bem guardado se você não se preparar para ser um orador.

Como pouquíssimas pessoas em cargos de gestão se preparam para falar em público, você terá uma vantagem sobre todas elas se souber como fazer isso bem. Falar em público assusta muitas pessoas, por isso elas o evitam. Muitas pessoas — não apenas gestores — têm medo de falar em público. Na verdade, falar em público está entre as principais fobias que as pessoas têm.

Como um novo gestor, você pode ter a opção de não fazer apresentações ou falar em público para grupos externos, mas provavelmente não vai ter essa escolha dentro de sua própria organização. Pode ser uma reunião em seu departamento na qual você tenha de explicar uma nova política da empresa. Pode ser um jantar de aposentadoria para alguém em sua área de responsabilidade, e espera-se que você faça "algumas observações apropriadas". Você pode ter de fazer uma apresentação para um cliente ou para o conselho diretor. Sua chefe pode estar doente e você ter de substituí-la no último minuto. Gestores frequentemente fazem coisas quase inacreditáveis para evitar esse tipo de situação em que têm de falar. Eles vão usar estratagemas como arranjar viagens de trabalho de última hora para outra cidade ou marcar suas férias para esse período. Eles vão passar o resto de suas vidas profissionais tramando maneiras de não ter que ficar de pé e falar diante de um grupo. Eles ficariam melhor se obtivessem as habilidades necessárias e tornassem essas situações vantajosas.

O que muitas pessoas não percebem é que aprender a ser um orador excelente também vai melhorar sua habilidade de falar de improviso. Como você responde quando, inesperadamente, pedem a você para dizer algumas palavras?

O treinamento em apresentações não vai livrá-lo do nervosismo, mas vai impedir que ele faça com que você pareça menos capaz do que é.

ONDE OBTER TREINAMENTO EM APRESENTAÇÕES

Há três maneiras específicas que podem ajudar você a ser um apresentador eficaz. A Toastmasters International é uma organização sem fins lucrativos dedicada a ajudar as pessoas a desenvolver habilidades de oratória e liderança por meio de prática e de feedback em clubes locais. A Toastmasters é uma opção de custo muito baixo, e há grupos disponíveis em todo o mundo. Uma simples busca na internet vai identificar clubes que se reúnem em sua área. Seu site é: www.toastmasters.org.[3]

Não há profissionais nem membros de equipes nos clubes da Toastmasters, só pessoas com o interesse comum de desenvolver sua capacidade de falar. Por uma modesta taxa semestral, você recebe o material de que vai precisar para iniciar o processo. Você avança em sua própria velocidade, e vai descobrir um grupo de apoio de pessoas que ajudam umas às outras não apenas fornecendo uma plateia, mas também se envolvendo em sessões de avaliação formais quando você estiver pronto para receber sua informação.

Outro aspecto valioso do treinamento da Toastmasters chama-se de Tópicos de Mesa. Essa parte da reunião é criada para desenvolver

---

3 O site da Toastmasters Brasil é: www.toastmastersbrasil.org. (N.E.)

sua capacidade de falar de improviso. O Mestre dos Tópicos chama várias pessoas (normalmente aquelas não previstas para fazer um discurso formal nessa noite) para falar por dois ou três minutos sobre um assunto surpresa. Você tem apenas alguns momentos para preparar seus comentários. É um exercício muito valioso que não só melhora suas habilidades de oratória, mas também aumenta sua confiança.

Outro benefício de participar da Toastmasters é que você vai conhecer pessoas de outras organizações em sua área, oferecendo uma oportunidade excelente para um *networking* informal. Com clubes da Toastmasters por todo o mundo, é muito provável que você encontre um em sua área.

A maneira seguinte de desenvolver sua capacidade de falar em público é fazer um curso de treinamento em habilidade de apresentação ou uma faculdade. Se sua organização tem um programa de treinamento estabelecido, ele provavelmente oferece treinamento em técnicas de apresentação. Há também muitas organizações de treinamento que oferecem programas excelentes.

A terceira maneira de se tornar um orador eficaz é obter treinamento particular. Aqui, sua empresa contrata um indivíduo para lhe dar aulas e orientação particulares. *Coaches* de oratória estão facilmente disponíveis e têm o potencial de ajudá-lo de forma significativa — não só com suas habilidades de apresentação, mas também com o conteúdo de sua apresentação. Eles são caros, mas podem ser muito valiosos. Seu departamento de RH pode ajudá-lo a localizar um *coach* de oratória qualificado.

Essas três sugestões, de forma alguma, são suas únicas alternativas. Você pode ler livros, observar profissionais em ação, encontrar alguém na empresa cujas apresentações você admira e pedir à pessoa que o ajude, alugar ou comprar cursos de treinamento em vídeo ou acessar vídeos on-line de oradores profissionais. Mas, na verdade, melhorar suas habilidades de apresentação se resume a se levantar diante de pessoas e falar. Todo o conhecimento e a preparação no mundo não vão substituir realmente essa ação. A parte empolgante é que, assim que superar qualquer hesitação ou incerteza, você vai descobrir que fazer isso é um poderoso formador de confiança.

A APRESENTAÇÃO DA SEMANA SEGUINTE

Você pode estar dizendo a si mesmo que essas são todas boas sugestões para o futuro, mas e se você tem de fazer uma apresentação na próxima semana? Eis aqui algumas coisas básicas para você lembrar e fazer em uma apresentação diante de um grupo grande:

- **Decida qual o propósito de sua apresentação e escreva isso em uma frase.** Isso não deve ter mais de uma frase e deve ser claro para qualquer um que o escute ou leia. Há dois resultados básicos para apresentações: transferência de informação, inspiração ou um pouco dos dois. Se você está transferindo informação, pode precisar que a pateia se lembre de certas coisas, saiba um procedimento em particular ou seja capaz de demonstrar o uso de algo. Se seu objetivo é inspirar, está buscando ter um impacto positivo na atitude das pessoas na plateia. Tenha esses dois resultados gerais em mente ao criar a frase única que capture o propósito de sua apresentação.
- **Desenvolva um esboço do seu assunto.** A maior parte dos estudos mostrou que plateias se lembram apenas de um tema principal e três subtemas. Mantenha a apresentação a mais breve e amarrada possível.
- **Durante o planejamento e a realização da apresentação, tenha em mente essas palavras conhecidas sobre apresentações.** Diga a eles o que você vai lhes dizer (faça isso na abertura), diga isso a eles (faça isso no corpo principal de sua fala), depois diga o que você lhes disse (faça isso em sua conclusão). Embora não seja nada original, essa estratégia será útil para você. A grande maioria de nós precisa que nos digam uma coisa mais de uma vez para retê-la. Além disso, apresentar um resumo durante sua abertura do que você vai tratar ajuda as pessoas de seu público a estar mais bem preparadas para receber sua mensagem.
- **Antes de planejar sua fala, tente fazer uma análise do público.** Descubra quem eles são, suas razões para estar ali, seus interesses e níveis acadêmicos, suas atitudes, sua origem cultural, idades e assim por diante. Quanto mais você souber antecipadamente sobre o público, mais bem vai conseguir se

preparar para a fala. Se é vital que conquiste o benefício dos pensamentos dos membros da plateia em uma questão específica antes que você a apresente, você pode precisar perguntar a membros da plateia antecipadamente com alguns telefonemas ou uma enquete on-line. A informação que você obtém de tal esforço pode ser muito valiosa para entender os pensamentos e as atitudes dos membros da plateia.

- **Durante a apresentação, observe seu público.** Eles estão sorrindo e atentos ou irrequietos, confusos e se envolvendo em conversas com seus vizinhos, enviando mensagens de texto, e-mails ou indo embora? Você pode precisar mudar seu estilo falando mais alto ou mais baixo, mais rápido ou mais devagar, reduzindo as coisas ou explicando-as com mais profundidade, mudando seu tom de voz e assim por diante. Esteja preparado para adaptar sua apresentação conforme o necessário.
- **Se você está usando elementos visuais como slides do PowerPoint, não fale com os slides, fale com o público.** Muitos novos gestores cometem esse erro. Os elementos visuais devem ser um apoio para o público. Você precisa ser a atração principal. Ficar ali parado lendo seus slides do PowerPoint vai deixar sua apresentação menos interessante e fazer com que você pareça alguém sem nenhuma experiência. Seus slides devem apenas reforçar seus pontos principais, não servir como substitutos para suas anotações ou roteiro. Se você estiver usando o PowerPoint ou um aplicativo semelhante, mantenha o conteúdo de cada slide em um mínimo e use fontes grandes. Poucas coisas destroem uma apresentação mais rápido do que slides ilegíveis. Um dos piores exemplos que vi foi alguém que recortou e colou uma planilha quase indecifrável em um slide, e então foi para a sua frente com um apontador a laser tentando explicá-la. Em vez disso, deviam fazer um slide que mostre os três ou quatro pontos-chave derivados da planilha.
- **Pratique, pratique, pratique.** Se você está preparado e confortável com o que está apresentando, você vai ficar muito mais relaxado e vai experimentar muito menos medo do palco. Entretanto, não cometa o erro de decorar sua apresentação. Isso pode ser desastroso se você se perder. Não há nada errado em

usar alguns cartões com orientações ou um resumo da apresentação impresso em fonte grande para ajudar você a não se perder e se lembrar da coisa seguinte que vai falar.
- **Esteja pronto para se adaptar a todas as situações.** Você nunca sabe o que pode acontecer em uma apresentação. O equipamento pode estar defeituoso, tornando inúteis seus slides ou vídeos. Você precisa estar pronto para reorganizar rapidamente a apresentação. Ou suponha que seu plano inclui dividir o público em pequenos grupos com propósitos de discussão durante sua apresentação, mas o auditório tem cadeiras que não podem ser movidas. Você precisa ter um plano alternativo ou sua apresentação vai desmoronar antes de começar. Um dos melhores testes para saber se você está bem preparado é se desafiar a fazer a apresentação em metade do tempo previsto. Fazer isso como treino para suas apresentações tem dois benefícios. Vai deixar claro que você entende os elementos essenciais da apresentação e vai prepará-lo para a possibilidade de que o tempo que você tem para sua apresentação seja reduzido na última hora. Isso acontece com frequência, especialmente se uma executiva graduada que não sente necessidade de respeitar o limite de tempo para sua apresentação está na agenda à sua frente.
- **Seja enérgico, vivo e demonstre ao público que você está gostando de sua fala.** Se você não está, então não deve esperar que eles estejam entusiasmados e interessados. Quanto mais ela for uma conversa que uma apresentação em tom e energia, melhor. E sorria.

BENEFÍCIOS EXTRAS

Quantos oradores excelentes você conhece, dentro ou fora de sua organização? Provavelmente, não muitos, se houver algum. Por que você não decide ser um deles? Pense nas possibilidades não apenas para promoção em sua empresa, mas também para posições de liderança na comunidade e em sua atividade. Na verdade, as oportunidades de desafios em liderança podem aparecer mais rapidamente fora da empresa. Pense no que pode se abrir para você: há muitos seguidores por aí à espera de alguém para liderá-los. Uma característica da maioria dos líderes de destaque é a capacidade de falar persuasivamente em ocasiões públicas. Não há razão para você não ser um desses poucos líderes.

Alguns insights sobre linguagem corporal

Saber o básico sobre linguagem corporal vai ajudar você a ser mais eficaz como gestor. A informação aqui é muito básica. Se você quiser aprender mais sobre linguagem corporal, há muitos livros bons sobre o assunto.

Ter ao menos um conhecimento básico dessa linguagem vai dar a você uma vantagem com a leitura eficaz de outras pessoas e a transmissão com eficácia de suas próprias mensagens. Dizendo de maneira simples, há dois tipos gerais de linguagem corporal: aberta e fechada.

A linguagem corporal aberta é convidativa e receptiva. Ela envolve movimentos e características vocais que deixam as pessoas à vontade e as inspiram a confiar em você. Você provavelmente já esteve perto de gente que simplesmente parece recebê-lo bem com o sorriso, os olhos e a posição corporal. Você pode ser uma dessas pessoas. Exemplos de linguagem corporal aberta são:

- Um sorriso que envolve os olhos. Isso significa que você verá algumas rugas em torno dos olhos.
- Gestos que incluem palmas abertas e braços confortavelmente afastados do corpo em vez de escudá-lo ou parecer protegê-lo.
- A cabeça meneia e há um contato visual atento que estimula a conversa.
- Uso mínimo ou uso nenhum de gestos nervosos ou para se acalmar; uma sensação de calma na conversa.
- Barreiras mínimas ou barreira nenhuma. Há uma sensação de conforto com a outra pessoa, uma sensação de interação fácil que torna as barreiras desnecessárias.

A linguagem corporal fechada reflete repressão, até mesmo tentativa de evitar os outros. Ela envolve movimentos e características vocais que tendem a botar as pessoas na defensiva. Inverta todos os exemplos anteriores para uma espécie de linguagem corporal contrária e aqui está o que você obtém:

- Um sorriso falso e forçado. Olhos que andam sem rumo e não se envolvem com os outros.
- Gestos que incluem mãos cerradas e braços perto do corpo, talvez até mesmo cruzados na frente.
- Evitar contato visual ou olhar fixamente.
- Mexer com as mãos, ou ações como clicar uma caneta ou esfregar os dedos — o que pode sugerir impaciência ou nervosismo.
- Barreiras físicas entre você e a outra pessoa, como uma mesa, um computador ou um telefone. Outro tipo de barreira é se virar para o lado enquanto a pessoa está falando — isso é o famoso dar as costas.

Os dois estilos de linguagem corporal têm lugar em gestão, dependendo da natureza da interação. Linguagem corporal aberta é quase sempre o melhor estilo se você quer envolver alguém positivamente. Linguagem corporal fechada pode ser apropriada para aquelas ocasiões em que você precisa transmitir a mensagem de que quer distância de um funcionário. Cuidado quando usar linguagem corporal em um ambiente profissional. Embora seja subliminar, ela é poderosa e provavelmente será percebida em algum nível pelo receptor.

Independentemente da mensagem que você quer transmitir, evite gestos nervosos o tempo inteiro. A melhor maneira de fazer isso é identificar todas as coisas que você faz quando se sente desconfortável ou estressado. Elas podem ser esfregar as mãos, tocar a orelha, passar a mão pelo cabelo, brincar com um papel ou um clipe, remexer os pés ou muitas outras coisas. A maior parte de nós as tem. Não é nada demais, a menos que você não tenha consciência das suas. Peça a alguém em que você confie para ajudá-lo com as suas. Essas são, provavelmente, coisas que você faz inconscientemente.

Ao ler pessoas, procure por linguagem corporal aberta e fechada e observe quando vir mudanças de uma para a outra. Pergunte a si mesmo o que pode ter ocorrido na conversa para provocar a mudança na linguagem corporal da outra pessoa. Observe como uma mudança no ritmo ou no tom de sua voz, ou em sua própria postura corporal, pode influenciar a pessoa falando com você.

Mais uma vez, isso é apenas um início básico sobre linguagem corporal. Procure mais informação se isso interessar você.

PARTE VI
A pessoa completa

Gerir é desafiador. Você não pode se esquecer de dar apoio a si mesmo.

41
Aprenda a lidar com o estresse

Muitos novos gestores acreditam que devem ser capazes de organizar sua vida no trabalho de modo que não haja estresse. Estresse não pode ser evitado; de vez em quando, ele vai surgir. A chave é como você reage a ele. Você nem sempre pode controlar o que acontece. O que você pode controlar é como reage ao que acontece com você.

O QUE CAUSA ESTRESSE RELACIONADO AO TRABALHO

Há inúmeras causas para estresse ligado ao trabalho. Todos reagimos de forma diferente a situações difíceis. Qualquer coisa que afete negativamente nosso corpo ou nossa mente é estressante. Eis aqui alguns elementos estressantes típicos relacionados ao trabalho:

- Não receber orientações ou receber instruções conflitantes do chefe.
- Problemas com o computador.
- Interrupções constantes.
- Mudanças frequentes de prioridades.
- Mudanças recorrentes nos gestores do alto escalão.
- Fusões.
- Reduções.
- Reorganizações.
- Políticas organizacionais.
- Pressões de tempo.
- Pressões de desempenho.
- Má gestão do tempo.
- Levar problemas pessoais para o trabalho.

- Trabalhar muitas horas além do expediente por longos períodos de tempo.

Sem dúvida você consegue se identificar com muitos desses elementos estressantes.

ALGUM ALÍVIO

Eis aqui um fator interessante que pode fazer com que você se sinta melhor em relação ao estresse que sente no início da sua carreira em gestão: a maior parte do que parece estressante quando você é novo em gestão vai parecer comum e até rotineira depois que você se torna experiente. Essa possibilidade reforça a ideia de que podem ser sua reação e sua inexperiência que levam você a considerar isso estressante, e não a situação em si. Isso pode ser um detalhe, mas a distinção é significativa.

Retroceda em sua memória até os dias em que você estava fazendo aulas de direção para aprender a conduzir um automóvel de forma segura. A primeira vez que você ficou atrás do volante foi bem estressante. Com experiência, sua habilidade de dirigir melhorou ao ponto que dirigir agora parece tão natural quanto escovar os dentes. A situação não mudou, mas sua experiência e sua reação a isso mudaram.

Como você reage a situações estressantes é parte de seu estilo de gestão. Alguns gestores reagem parecendo estar mergulhados em pensamentos profundos. Ficam de cenho franzido. Em silêncio. Infelizmente, esse comportamento é contagiante para todos os que trabalham com você, e é contagiante de um jeito negativo. Entretanto, gestores que conseguem sorrir e ser agradáveis no que parece ser uma situação de estresse inspiram confiança em todos os que eles estão liderando.

É difícil pensar com clareza quando você está irritado e nervoso, de modo que a reação torna a situação pior. Isso é um duplo negativo. Primeiro você tem uma situação estressante, depois sua reação reduz sua habilidade de levá-la a uma resolução bem-sucedida.

O terceiro negativo é o conhecimento de que você será julgado por como lida com a situação, o que acrescenta ainda mais pressão. Dizer a si mesmo para não ficar tenso é como dizer a alguém para não se preocupar. É muito mais fácil falar do que fazer.

Há aqueles que acreditam que situações estressantes inspiram criatividade e extraem o melhor das pessoas. Há um ditado que diz: "Quando as coisas ficam difíceis, os fortes seguem em frente." Isso é verdade assim que você supera o medo de uma situação estressante. O medo não deixa o melhor das pessoas fluir.

REAJA AO PROBLEMA, NÃO AO ESTRESSE

Para ter sucesso, você precisa converter o medo de uma situação estressante no desafio de uma situação estressante. Se vai ser um gestor que enfrenta periodicamente situações estressantes, aqui há sete sugestões para você:

1. *Não torne as coisas piores.* Não aja movido pelo pânico. Isso pode piorar as coisas.
2. *Respire.* Respire fundo várias vezes e tente relaxar. Fale devagar, mesmo que você não sinta vontade de fazer isso. Isso inspira calma naqueles ao seu redor e diz: "Ele não está perdendo a cabeça, portanto eu também não devo perder."
3. *As prioridades primeiro.* Reduza a situação a dois ou três pontos-chave com os quais seja possível lidar imediatamente para reduzir a urgência do momento. Isso, então, vai permitir que você processe o resto das questões de maneira oportuna, mas não emergencial.
4. *Distribua a carga.* Atribua três ou quatro elementos importantes para membros de sua equipe processarem em partes e depois serem combinados no todo.
5. *Procure conselhos.* Peça sugestões e ideias a colegas ponderados fora de sua equipe imediata e de membros experientes de sua equipe.
6. *Seja equilibrado.* Pense sobre o problema e não sobre sua reação a ele.
7. *Visualize sabedoria.* Veja a si mesmo como um ator interpretando o papel do líder sábio, calmo e decisivo. Interprete esse papel até o limite; depois de um tempo ele vai deixar de ser uma interpretação e será você.

TENHA CONFIANÇA EM SUAS HABILIDADES

Como gestor, você lida com questões mais difíceis do que lidava antes de sua promoção. Se elas fossem todas fáceis, qualquer um poderia resolvê-las. Você está ali porque alguém viu em você a capacidade para lidar com essas situações mais difíceis. À medida que você sobe a escada corporativa, os problemas se tornam mais complexos, ou pelo menos é o que parece. O importante a lembrar é que sua experiência vai eliminar a maior parte do estresse. Quando você já tem algum tempo de gestão, não reage da mesma maneira à mesma situação como reagiu nos primeiros meses de sua carreira de gestor. *Isso vai melhorar.* E você será mais capaz.

Nos primeiros dias na gestão, só ter o cargo já traz elementos de estresse. Por isso, novos gestores parecem intensos, como se estivessem carregando o peso do mundo. Embora a preocupação e o desejo de ter um bom desempenho sejam recomendáveis, a intensidade dificulta a realização do trabalho. Você está gerindo pessoas nas tarefas que elas precisam completar para alcançar o resultado desejado. Afinal de contas, você não as está liderando para sair de trincheiras com baionetas caladas, através de um campo minado, para entrar em combate corpo a corpo com o inimigo.

O melhor conselho para você seguir como um novo gestor é: "Leve as coisas com mais leveza."

42
O equilíbrio em sua vida

O gestor iniciante muitas vezes fica tão envolvido nas novas responsabilidades que o trabalho ocupa praticamente todo o tempo em que ele está acordado. Essa dedicação é admirável, porque indica que a pessoa está determinada a fazer um trabalho excelente como membro da equipe de gestão.

Uma vida saudável, porém, precisa ter equilíbrio; embora sua carreira seja importante, ela não é toda a sua vida. Na verdade, você vai ser um gestor mais completo se for uma pessoa mais completa. Você não pode separar os dois.

Quando você pergunta às pessoas o que elas fazem, elas vão automaticamente lhe dizer sua profissão. Elas podem ser um dentista, um contador, um advogado, um vendedor, um gerente, um barbeiro ou um caminhoneiro. Mas nós somos muito mais do que aquilo que fazemos profissionalmente — ou, se não somos, devíamos ser.

Há muitas histórias tristes de pessoas que se aposentam e perdem seu sentido de identidade e de valor pessoal. O trabalho era sua vida, e, quando se aposentam, elas perdem a sensação de propósito. Uma pessoa que tem essa reação à aposentadoria não é uma pessoa completa. Todos os seus interesses, além de suas famílias, giram em torno de sua carreira. É compreensível sentir falta do trabalho, especialmente se você gostava dele, mas a aposentadoria nunca deveria ser o fim de toda a vida significativa.

Uma pessoa cujo único interesse é o trabalho é unidimensional, e uma pessoa unidimensional não é um gestor tão eficaz quanto uma pessoa multidimensional. Não estou falando de seus primeiros meses no cargo. Mas, depois de passar com sucesso pelo período inicial, você precisa ampliar seus interesses e suas atividades.

TRABALHO COMUNITÁRIO

Aqueles que almejam funções de gestão precisam estar envolvidos com sua comunidade. Você não precisa receber de uma comunidade sem dar algo de si mesmo em troca. O mesmo é verdade para sua categoria. Retribua algo à sua categoria por meio de associações profissionais. Essas não são recomendações completamente altruístas. O principal objetivo é auxiliar a comunidade e a causa de sua categoria, mas há outros benefícios. Você se torna conhecido em sua comunidade e sua categoria. Você aumenta sua base de conhecimento e faz contatos e amigos. Isso não só torna você um gestor com uma base mais ampla, mas também um gestor com mais chances de promoção. E, quanto mais alto você sobe na organização, mais importante se torna a liderança. Posições de liderança em associações comunitárias ou profissionais são vistas favoravelmente entre os executivos da maior parte das empresas.

Houve inúmeras situações em que duas pessoas que estavam sendo consideradas para promoção eram ambas qualificadas em relação ao trabalho. Embora a decisão fosse difícil, a diferença foi a liderança dentro e *fora* da empresa. Hoje em dia, em muitas empresas os funcionários são liberados para se envolver em programas de serviço comunitário sancionados pela empresa.

LEITURAS EXTERNAS

Ao mesmo tempo em que é vital que você leia sobre seu negócio, também é importante que você leia sobre outros assuntos. Um gestor deve ser um cidadão bem informado e deve saber o que está acontecendo em sua cidade, estado e país. Isso significa se manter atualizado lendo sites de notícias, jornais, revistas, blogues corporativos e revistas de negócios. Um gestor precisa estar bem informado sobre o mundo: o que está acontecendo no mundo afeta sua organização.

Também ajuda ler um bom romance de vez em quando. Ler livros bem escritos vai melhorar a qualidade de seu texto. Além disso, bons autores de ficção costumam ter ótimas sacadas sobre a condição humana. E mais: esses livros são divertidos, e isso também é positivo. Alguns gestores fazem com que sua equipe leia o mesmo livro, que então é discutido em uma reunião ou encontro. O livro pode ser sobre liderança, comunicação ou um assunto relacionado a seu negócio.

Essa prática leva a grandes descobertas sobre cada um dos membros da equipe e ajuda a construir uma equipe de alto desempenho.

Todas as pessoas em todos os estágios de suas vidas precisam permanecer mentalmente desafiadas e alertas. É muito mais fácil fazer isso se você tem uma base ampla de interesses. Ler é apenas um jeito de fazer isso.

UMA SEPARAÇÃO SAUDÁVEL

Você deve ter a habilidade e a determinação para separar o trabalho do resto do dia. É importante ser capaz de deixar o trabalho no trabalho e prosseguir com o resto de sua vida. Você precisa ter interesses, hobbies e outras coisas a fazer fora do trabalho. Um programa de exercícios que atenda às suas necessidades e o mantenha interessado tem grande valor. Exercícios são um jeito excelente de aliviar o estresse.

Você inevitavelmente vai ter de levar trabalho para casa, às vezes. No mínimo, você vai se ver à noite em casa atualizando e-mails. De forma ideal, não seria necessário fazer trabalho em casa, mas na realidade isso é quase inevitável. Trabalhe duro para minimizar o trabalho que você faz em casa. Tente não cair na armadilha de fazer menos no escritório sabendo que você pode compensar em casa. Quando precisar trabalhar em casa, estabeleça limites claros como separar blocos de tempo para o trabalho e respeitá-los. Acima de tudo, não deixe o trabalho que leva para casa tomar o lugar de sua vida pessoal, que você precisa preservar para manter um equilíbrio saudável. A tecnologia torna isso ainda mais desafiador.

EQUILÍBRO TRABALHO/VIDA EM UM MUNDO SEMPRE CONECTADO

Manter o equilíbrio entre sua vida profissional e sua vida pessoal vai exigir que você seja muito propositado e específico com seus colegas. Para o bem e para o mal, hoje somos acessíveis a qualquer hora. O desafio de não deixar que essa conectividade tome sua vida tem dois componentes. O primeiro é sua autodisciplina para decidir quando não está disponível. Se você sente necessidade de verificar e-mails toda hora e ler mensagens de texto independentemente da hora da noite em que elas chegam, você nunca terá sucesso em estabelecer um equilíbrio.

O segundo componente é treinar seus colegas. Não hesite em deixar claro para eles que você não está disponível em certas horas a menos que seja uma emergência absoluta. Isso pode exigir que você silencie seu telefone à noite ou o mantenha em outro aposento para não o escutar a menos que ele toque repetidamente. Entre os desafios nesse domínio estão colegas e clientes em outros fusos horários. Não há nada errado em lembrar a eles que durante algumas das horas de trabalho deles você não está no escritório e precisa de tempo pessoal ou de sono.

Outro desafio é o colega sem consideração que não vê nada demais em enviar mensagens de texto e telefonar a qualquer hora. Cabe a você deixar claro para esse tipo de pessoa que você não está disponível em certas horas. Às vezes, a melhor maneira de treinar um colega é não responder mensagens fora do horário até o próximo dia de trabalho. Até uma pessoa sem noção, e sem consideração, vai descobrir com o tempo que não vai ter notícias suas durante certos períodos do dia.

Tudo isso começa com você. Se não for capaz de se disciplinar para ficar desconectado durante certas horas e ser direto com seus colegas, você precisará aceitar que sua vida pessoal não lhe pertence. A escolha é sua.

43
Um toque de classe

Há muitos significados para a palavra *classe*. Como gestor, pense em classe como "estilo e elegância no comportamento". A classe em um gestor ou executivo consiste no que é feito e, muitas vezes com mais importância, no que *não é feito*:

- Classe é tratar as pessoas com a dignidade que sua humanidade merece, não as tratar como objetos de produção.
- Classe nada tem a ver com seu status social na vida. Ela tem tudo a ver com seu comportamento.
- Classe não usa linguagem chula, mesmo quando irritado. Classe significa ter o vocabulário que torna palavrões desnecessários.
- Classe não precisa ser o centro das atenções. Ela pode permitir que outros gozem da glória sem se sentir menosprezada.
- Classe não conta piadas grosseiras nem racialmente degradantes.
- Classe separa qualquer desejo sexual do local de trabalho, e nunca faria uma observação para uma pessoa do sexo oposto que não poderia ser dita na frente de sua mãe, se ela estivesse ali ao lado.
- Classe não diz nada depreciativo sobre a organização, por mais que você se sinta justificado por estar em um momento de decepção.
- Classe não permite que as ações insatisfatórias ou as palavras negativas dos outros coloquem alguém para baixo.
- Classe nunca perde a tranquilidade. Ela nunca queima suas pontes.
- Classe não justifica erros. Ela aprende com eles e segue em frente.
- Classe em um gestor enfatiza o *nós* e reduz a importância do *eu*.

- Classe são boas maneiras.
- Classe significa respeito próprio como a base do respeito pelos outros.
- Classe nunca faz uma observação derrogatória sobre o cônjuge ou parceiro de outra pessoa. Essas observações dizem mais sobre quem fala do que sobre a pessoa de quem estão falando.
- Classe em um gestor significa lealdade à sua equipe.
- Classe significa não acreditar ser superior aos funcionários; cada um simplesmente tem responsabilidades diferentes.
- Classe não toma atitude quando está com raiva. Ela espera até que a razão tranquila retorne. A classe não é impetuosa.
- Classe reconhece que a melhor maneira de se construir é primeiro construir os outros.
- Classe não fica demasiado preocupada com receber crédito e reconhece que às vezes uma pessoa recebe mais crédito do que merece. Ajuda equilibrar esses momentos quando não há elogios.
- Classe é autêntica e trabalha duro para fazer ações consistentes com suas palavras.
- Classe não se ergue destruindo outros.
- Classe lidera pelo exemplo.
- Classe sabe a importância e o valor de um sorriso cálido.

Conclusão

Uma variedade de tópicos foi abordada neste livro sobre como liderar pessoas, mas certamente nem todas as situações com as quais você vai se deparar em sua carreira de gestor — ou mesmo em suas primeiras semanas no novo papel — foram examinadas.

Não há como um livro deste tipo abarcar tudo. Esperamos que você tenha obtido alguma compreensão das técnicas de gerir pessoas que vão tornar o trabalho mais significativo, agradável e compreensível. Você pode achar que passamos demasiado tempo em atitudes, em como você se vê e os problemas que você enfrenta, mas é exatamente aí que seu sucesso ou fracasso em trabalhar com pessoas vai ser determinado: em sua cabeça.

Se você é o tipo de pessoa que acredita ser controlado principalmente por eventos, então qual a utilidade? Nesse caso, você é apenas uma marionete, com algum titereiro gigante puxando os cordões. Mas, na verdade, não é assim. Embora acontecimentos fora de seu controle tenham um impacto em sua vida, você pode controlar como e o que você pensa. Isso, por sua vez, controla sua reação a esses eventos.

Nós fomos bem diretos neste livro. Não dissemos a você que se trabalhar duro e não fizer bobagem você vai subir até o topo. Entretanto, você terá mais chance se seguir algum desses conceitos do que se ignorar verdades básicas. Você não chegou a este mundo com nenhuma garantia de que tudo seria justo e que os merecedores sempre conseguiriam o que merecem. Isso não acontece! Mas você obviamente não tem chance de alcançar seus objetivos se apenas ficar aí sentado esperando que um raio caia.

Nós precisamos crescer. Este livro é dedicado a explorar como você gere seu pessoal, mas igualmente importante é ver você crescer como uma pessoa completa. Sua carreira pode acrescentar a seu crescimento total, já que é parte tão grande de sua vida. Não devíamos trabalhar em empregos de que não gostamos, mas, por outro lado, devemos ser realistas ao reconhecer que todas as carreiras incluem aspectos de que não gostamos. O equilíbrio que é importante. Se a maior parte do emprego é agradável, satisfatória e desafiadora, então você consegue aguentar a parte que não lhe interessa. Se é o contrário e você não gosta da maior parte do que tem de fazer, está obviamente na carreira errada e devia mudá-la. A vida é curta demais para gastar tempo e energia em uma carreira que o esgota e destrói.

Você conhece pessoas que se agarram a um emprego do qual não gostam porque um dia ele vai proporcionar grandes benefícios na aposentadoria. Que bem fazem esses benefícios de aposentadoria em perspectiva se as pessoas destroem sua saúde antes de se aposentar? E o pior, elas podem não viver tanto ou o plano de aposentadoria pode não ser tão desejável quanto elas pensavam.

Também há pessoas que reclamam constantemente de um trabalho, mas nunca procuram um emprego melhor porque seu medo de mudança e do desconhecido é mais poderoso que sua aversão ao emprego. Algumas pessoas preferem o previsível (mesmo que seja ruim) a algo novo ou desconhecido.

Talvez Abraham Lincoln estivesse certo quando disse: "A maior parte das pessoas é tão feliz quanto decide ser." Isso resume do que tratou este livro sobre a primazia das atitudes.

Muitas pessoas, ao se aproximarem da meia-idade, começam a pensar no tipo de contribuição que estão fazendo para o mundo. Elas frequentemente ficam desanimadas porque acreditam que o que estão fazendo não é muito importante. Elas perguntam a si mesmas: "O que há de significativo em ser gestor de uma empresa que faz parafusos?" Nesse contexto, pode não parecer muito significativo. Mas a pergunta que elas devem fazer é: "Que tipo de impacto estou tendo nas pessoas com as quais entro em contato, tanto no meu trabalho quanto na minha vida pessoal?"

Se você pode responder a essa pergunta de um jeito positivo, não importa se a empresa à qual você está associado faça parafusos ou remédios que salvam vidas. O sistema não é a compensação; o produto não é a compensação; seu impacto nas pessoas cujas vidas você toca é o importante. Além disso, ter uma posição que é um pouco mais alta no organograma de sua organização *não torna* você mais importante que os outros. Um executivo ou gestor é uma combinação de líder e de servo. Alguns executivos não estão dispostos a aceitar os aspectos servis de suas responsabilidades, porque isso interfere com sua opinião elevada sobre sua posição.

Ao desenvolver sistemas para seu pessoal usar, você está na verdade servindo a ele. Ao manter uma administração de salários e um sistema de avaliação de desempenho eficazes, você está servindo a ele. Ao encontrar cuidadosamente maneiras de juntar as necessidades de sua organização com as aspirações profissionais de seu pessoal, você está servindo a ele. Ao organizar programações de férias que permitam que seu pessoal maximize os benefícios de seu tempo de relaxamento, você está servindo a ele. Ao contratar e treinar profissionais de qualidade para seu departamento, você está servindo aos que já estão ali.

A maior parte das pessoas não tem dificuldade de entender a ideia de que o presidente ou o primeiro-ministro de um país tem poder imenso, mas também deve ser um servo — na verdade, o servidor público número um do país. O mesmo conceito se aplica a cargos de gestão. Isso é uma combinação do que parecem ser conceitos contraditórios: autoridade e responsabilidade de servir. Se consegue manter os dois em algo próximo do equilíbrio, você evitará ter uma visão inflada de sua própria importância. E também vai fazer um trabalho melhor.

À medida que avança como gestor, você não fica necessariamente mais inteligente. Você ganha mais experiência, o que tem o potencial de se transformar em sabedoria. Não importa como você chame, desde que você se torne continuamente mais eficaz. Você pode se tornar mais eficaz ao desenvolver uma maior variedade de experiências de trabalhar com pessoas. Ao repetir as mesmas experiências, você tem a oportunidade de desenvolver uma suavidade que, do contrário, talvez não conseguisse.

E esse ponto, embora elementar, merece ser repetido. Há muito a ser ganho em desenvolver empatia pelas atitudes e pelos sentimentos dos seus funcionários. Você consegue realmente sentir como gostaria de ser tratado se estivesse na posição deles?

Desejamos a você todo o sucesso enquanto dirige pessoas no que é cerca de metade das horas em que elas estão acordadas. Seu sucesso como gestor começa com você e sua atitude em relação a essa responsabilidade. Esperamos que este livro tenha sido útil para você no início de um capítulo novo e empolgante de sua vida. Boa sorte para você e aproveite a viagem.

DIREÇÃO EDITORIAL
Daniele Cajueiro

EDITORA RESPONSÁVEL
Ana Carla Sousa

PRODUÇÃO EDITORIAL
Adriana Torres
Júlia Ribeiro
Adriano Barros

REVISÃO DE TRADUÇÃO
Alvanisio Damasceno

REVISÃO
Fernanda Lutfi

DIAGRAMAÇÃO
Alfredo Rodrigues

Este livro foi impresso em 2023, pela Corprint, para a Agir.